Inspirar amor à terra

Uma história ambiental da colonização moderna no Brasil, o caso de Campo Mourão, Paraná, 1939-1964

Ely Bergo de Carvalho

Inspirar amor à terra

Uma história ambiental da colonização moderna no Brasil, o caso de Campo Mourão, Paraná, 1939-1964

alameda

Grafia atualizada segundo o Acordo Ortográfico da Língua Portuguesa de 1990, que entrou em vigor no Brasil em 2009.

Edição: Haroldo Ceravolo Sereza
Editora assistente: Danielly de Jesus Teles
Editora de livros digitais: Clarissa Bongiovanni
Projeto gráfico e diagramação: Dafne Ramos
Assistente de produção: Jean Ricardo Freitas
Assistente acadêmica: Bruna Marques
Revisão: Isabella Schempp
Imagem da capa: commons.wikimedia.org

Esta obra foi publicada com apoio da CAPES.

CIP-BRASIL. CATALOGAÇÃO NA PUBLICAÇÃO
SINDICATO NACIONAL DOS EDITORES DE LIVROS, RJ

C3221

Inspirar amor à terra : uma história ambiental da colonização moderna no Brasil, o caso de Campo Mourão, Paraná, 1939-1964 / Ely Bergo de Carvalho. - 1. ed. - São Paulo : Alameda, 2017.

236 P. ; IL ; 23 cm.

Inclui bibliografia
ISBN 978-85-793-9440-9

1. Agricultura - Brasil. I. Título

17-38865 CDD: 325.3
CDU: 631

ALAMEDA CASA EDITORIAL
Rua 13 de Maio, 353 – Bela Vista
CEP 01327-000 – São Paulo, SP
Tel. (11) 3012-2403
www.alamedaeditorial.com.br

Para as dezenas de pessoas que todos os anos são assassinadas em conflitos no campo no Brasil, prova maior de "amor à terra"

Para minha família, cuja memória aqui eu compartilho

"Há no Brasil a necessidade de se começar a fazer a história sistemática das ideias que regeram e regem as relações entre a(s) sociedade(s) e a natureza."

Antonio Carlos Diegues

"Pois não existe desenvolvimento econômico que não seja ao mesmo tempo desenvolvimento ou mudança de uma cultura. E o desenvolvimento da consciência social, como o desenvolvimento da mente de um poeta, jamais pode ser, em última análise, planejado."

E. P. Thompson

"Racionalização é a construção de uma visão coerente, totalizante do universo, a partir de dados parciais, de uma visão parcial, ou de um princípio único, assim, a visão de um só aspecto das coisas (rendimento, eficácia), a explicação em função de um fator único (o econômico ou o político)".

Edgar Morin

Sumário

Introdução

Aqueles que pretendiam modernizar o Brasil falaram sobre a necessidade de inspirar amor à terra entre os lavradores brasileiros. A tragédia está em que os projetos modernizadores desconectavam os lavradores da terra, de forma que isolados, ambos, pudessem ser vendidos no mercado. Todavia, tal processo não foi pacífico, os lavradores tinham suas próprias práticas e termos para adentrar e conviver com o *sertão* e com os projetos de modernização.

Modernização e *sertão* podem ser tomados como opostos. O *sertão* é justamente o local em que falta a modernização. Mas a modernização do *sertão* no Brasil é o local, material e simbólico, em que se constituiu em grande parte a sociedade e o ambiente contemporâneo brasileiro. Uma sociedade moderna, industrial, às vezes é pensada a partir e como exclusivamente urbana, silenciando as transformações na natureza e nos seres humanos que, no Brasil, plasmaram a modernidade na experiência de vida de grande parte da população que viviam no campo, em especial quando a colonização secular se conjugou com as tentativas de modernização. Ou seja, colonização dirigida conjugada com industrialização nacional, com a incorporação do que os geógrafos chamam de "fundos territoriais",[1] espaços que faziam e fazem parte apenas nominalmente do território do Estado.

Em parte, graças a tais fundos territoriais, o Brasil dispõe de uma enorme sociobiodiversidade, que cria uma oportunidade ímpar de produzir uma verdadeira sustentabilidade.[2] Afinal, ainda hoje o Brasil é um país de fronteira aberta, em que podemos ter a oportunidade de continuar a colonização moderna, com o domínio

---

1 MORAES, Antonio Carlos Robert. *Território e História do Brasil*. 2ª ed. São Paulo: Annablume, 2005.

2 SACHS, Ignacy. "Crise e oportunidade". *Revista Desafio Sustentável*, nº 1, vol. 1, set. 2009, p. 1-4.

de terra e dos seres humanos; ou de construirmos oportunidades de desenvolvimento viável a longo prazo de *coabitação* com a natureza e nossos semelhantes, como se esboça em experiências, como a das reservas extrativistas.

Talvez esteja em nosso horizonte de possibilidade hoje interromper a colonização e passarmos a conviver com na natureza e com seres humanos produzindo uma sociedade mais justa e sustentável. Sem reduzi-los ao principio único da produção e da eficácia econômica. Por isso é importante estudar os processos de modernização do *sertão*, não para aprender com o passado, pois a história não nos ensina nada, os seres humanos do passado tinham seus campos de possibilidades específicos, nós temos os nossos; mas podemos aprender com a História, pois a partir do momento que compreendemos a alteridade e entendemos as implicações das lutas do que já não é, podemos pensar soluções específicas e ampliar nosso campo de possibilidades para o futuro.[3]

Donald Worster sugere que "a tarefa mais importante para os acadêmicos da história da agroecologia moderna consista em traçar o que Karl Polanyi chamou de 'a grande transformação', tanto em termos planetários gerais como em todas suas permutas de um lugar a outro."[4] A "grande transformação", para usar a linguagem de Polanyi, é o processo no qual terra e trabalho são transformados em "mercadorias fictícias".

> Trabalho é apenas um outro nome para atividade humana que acompanha a própria vida que, por sua vez, não é produzida para venda, mas por razões inteiramente diversas, e essa atividade não pode ser destacada do resto da vida, não pode ser armazenada ou mobilizada. Terra é apenas outro nome para a natureza, que não é produzida pelo homem. [...] Nenhum deles é produzido para a venda. A descrição do trabalho, da terra [...] como mercadorias é inteiramente fictícia.[5]

O livre mercado significaria, para Polanyi, submeter a vida humana e a natureza a regra básica do mercado. O que se deu no caso inglês, para ele, apenas no XIX, pois socialmente o mercado local esteve sempre "encapsulado" pelas relações sociais. Como o trabalho e a terra nada mais são do que os "próprios seres humanos nos quais consistem todas as sociedades, e o ambiente natural no qual elas existem. Incluí-los no mecanismo de mercado significa subordinar a substância da própria sociedade às leis de mercado."[6] No Brasil, a terra e o trabalho, da esmagadora maioria do país, sofreu uma grande resistência em se transformar em uma merca-

---

3 ALTIERI, Miguel. *Agroecologia: bases científicas para uma agricultura sustentável.* Guaíba: Agropecuária, 2002.

4 WORSTER, Donald. "Transformações da terra: para uma perspectiva agroecológica na história". *Ambiente & Sociedade*, nº 2, vol. 5, 2003. p. 23-44.

5 POLANYI, Karl. *A grande transformação: as origens da nossa época.* 8ª ed. Rio de Janeiro: Campus, 2000, p. 94.

6 *Ibidem*, p. 93.

doria fictícia. Mesmo com a Lei de Terras de 1850 e com a abolição da escravidão em 1888, não houve um processo automático de criação de um mercado de terras e trabalho. As relações de trabalho por toda a Primeira República ainda foram fortemente marcadas pelas formas de coerção extra-econômicas, sendo que as leis trabalhistas foram negadas aos trabalhadores rurais.[7] A plena existência do mercado de terras foi obstaculizada pela própria elite fundiária, sendo que somente no Estado Novo, há uma legislação realmente inserindo plenamente, pelo menos em termos legais, a terra no mercado.[8] Dessa forma, diferente do caso inglês abordado na obra clássica de Polanyi, no Brasil o processo de inserção da terra e do trabalho como "mercadoria fictícia" se dá em um momento em que se formava um "projeto fordista-keynesiano periférico",[9] o qual buscava, por meio de um vasto aparelho público, estimular a produção e ao mesmo tempo corrigir os efeitos perversos do "moinho satânico", do livre mercado.[10] O que se dá na dinâmica entre teorias modernas/impessoais e práticas tradicionais/personalistas que caracterizam a cultura brasileira, dinâmica na qual uma sociedade fortemente hierárquica/desigual se "reelabora" e se reproduz.[11]

Partindo desses processos mais gerais nosso estudo tem como problema de pesquisa entender: *quais as estratégias e representações que informaram o processo de apropriação das terras na colonização dirigida associados ao processo de industrialização do Brasil?*

Poderia repropor a problemática de pesquisa a partir da colonização. Como afirma Alfredo Bosi: "a colonização não pode ser tratada como uma simples corrente migratória: ela é a resolução de carências e conflitos da matriz e uma tentativa de retomar, sob novas condições, o domínio sobre a natureza e o semelhante que tem acompanhado universalmente o chamado processo civilizatório."[12] Sendo assim, a

> [...] colonização é um projeto totalizante cujas forças motrizes poderão sempre buscar-se no nível do *colo*: ocupar um novo chão, explorar os seus bens, submeter os seus naturais. Mas os agentes desse processo não são apenas suportes físicos de operações econômicas; são também crentes que trouxeram nas arcas da memória e da linguagem aqueles mortos que não

7 FRAGOSO, João Luis. "Economia Brasileira no século XIX: mais do que uma *plantation* escravista-exportadora". In: LINHARES, Maria Yedda. (org.). *História Geral do Brasil*. Rio de Janeiro: Campus, 1990, p. 131-176.

8 LINHARES, Maria Yedda; SILVA, Francisco Carlos Teixeira da. *Terra Prometida: uma história da questão agrária no Brasil*. Rio de Janeiro: Campus, 1999.

9 LINHARES; SILVA, 1999, *op.cit., passim*; HARVEY, David. *Condição Pós-Moderna: uma pesquisa sobre as origens da mudança cultural*. 11ª ed., São Paulo: Loyola, 2002, *passim*.

10 LINHARES; SILVA, 1999, *op. cit.*

11 DAMATTA, Roberto. *Carnavais, Malandros e Heróis: Para uma sociologia do dilema brasileiro*. 5ª ed. Rio de Janeiro: Guanabara, 1990.

12 BOSI, Alfredo. *Dialética da colonização*. 4ª ed. São Paulo: Companhia da Letras, 1992, p. 13.

> devem morrer. Mortos bifrontes, é bem verdade: servem de aguilhão ou de escudo nas lutas ferozes do cotidiano, mas podem intervir no teatro dos crimes com vozes doloridas de censura e remorso.[13]

Vasculho, aqui, estas "arcas da memória e da linguagem" para reconstituir as lutas, colaborações e negociações no processo de colonização. Buscar entender quais as "carências e conflitos" que motivaram o processo colonizador e a apropriação de recursos naturais, e em que termos buscava-se o "domínio da natureza" e "do semelhante" neste processo de colonização. Mas diferente de Bosi, não estou preocupado com "as potencialidades universais da arte e da religião",[14] nem com o domínio da natureza como algo "peculiar a todas as sociedades humanas"[15] e sim, há a preocupação com a historicidade, portanto a pesquisa aborda um fenômeno mais específico, a colonização dirigida, em um dado local e tempo.

O recorte espacial da pesquisa é a região de Campo Mourão. Tal região pertencia ao Município de Guarapuava e em 1943 passou a pertencer ao Município de Pitanga, desmembrado daquele em 1943. O Município de Campo Mourão foi desmembrado de Pitanga através da Lei Estadual nº 2, de 10 de outubro de 1947.[16] Apesar de tal definição precisa da região estudada, a análise não vai seguir tal nível de preciosismo, uma vez que a região de Campo Mourão, tal como aqui definida, modificou sua área total durante o período.[17] Ademais, trago exemplos que extra-

---

13 *Ibidem*, p. 15.

14 *Ibidem*, p. 63.

15 *Ibidem*, p. 20-13.

16 Do primitivo Município de Campo Mourão ou de Municípios derivados dele e que foram desmembrados, durante a segunda metade do século XX, que pertencem à mesorregião Centro Ocidental Paranaense, inclui-se: Peabiru (1951), Araruna (1954), Cruzeiro do Oeste (1954), Engenheiro Beltrão (1954), Terra Boa (1955), Goioerê (1955), Moreira Sales (1960), Ubiratã (1960), Campina da Lagoa (1960), Iretama (1960), Roncador (1960), Nova Cantu (1963), Fênix (1960), Quinta do Sol (1964), Barbosa Ferraz (1960), Corumbataí do Sul (1986), Mamborê (1960), Juranda (1981), Janiópolis (1960), Boa Esperança (1964), Luiziana (1987), Farol (1991), Rancho Alegre do Oeste (1990) e Quarto Centenário (1992). O único Município da mesorregião Centro Ocidental Paranaense, que não foi derivado da área primitiva do Município de Campo Mourão, é Altamira do Paraná (1982). Ver: ONOFRE, Gisele Ramos. *Campo Mourão: colonização, uso do solo e impactos sócioambientais*. Dissertação (mestrado em Geografia) - Universidade Estadual de Maringá, UEM, Maringá, 2005, p. 66.

17 Por região de Campo Mourão, posso estar entendendo a atual Mesorregião Centro Ocidental Paranaense, conforme definida pelo Instituto Brasileiro de Geografia e Estatística – IBGE, que totaliza uma área de 11.938 quilômetros quadrados, ou seja, 1.193.800 hectares. Ou a região de Campo Mourão pode se referir à Microrregião de Campo Mourão, tal como definida pelo IBGE nas décadas de 1960 e 1970, com 12.218 quilômetros quadrados, ou seja, 1.221.800 hectares. Ou, ainda, pode se referir à área primitiva do Município de Campo Mourão, quando da sua criação em 1947, que, correspondia a 16.830 km^2, ou seja, 1.683.000 hectares. Ver: IBGE. Departamento Estadual de Estatística. Sinopse Estatística do Município de Campo Mourão. Curitiba, 1950.

polam a área definida. Dessa forma, a região de Campo Mourão não é o espaço estudado nessa pesquisa, mas o espaço a partir do qual estudo alguns fenômenos.

FIGURA 1 – ESTADO DO PARANÁ – MICRO-REGIÕES HOMOGÊNEAS 1967

FONTE: IBGE. Divisão do Brasil em Micro-Regiões Homogêneas 1968. Rio de Janeiro, 1970. – Adaptado por Ely B. de Carvalho.

Quanto a biogeografia da região, basicamente, a cobertura florestal da região de Campo Mourão era formada por dois tipos de florestas, ambas legalmente pertencentes ao bioma da Mata Atlântica.[18] Ao Norte, bem como em faixas que acompanham os vales do Rio Ivaí e Piquirí predominam a Floresta Estacional Semidecidual, classificada por Reinhard Maack como floresta pluvial tropical do terceiro planalto; no Sul e na área central predomina a Floresta Ombrófila Mista (ou mata de araucária). Havia ainda uma vegetação de cerrado, na área intermediária entre os dois tipos de florestas anteriores, que segundo Maack cobriria 102 km^2 e seria uma "relíquia do Quaternário Antigo", ou seja, o remanescente de um tipo de vegetação que foi dominante na área em outras épocas.[19]

18 BRANNSTROM, Christian. "Repensando a Mata Atlântica brasileira: cobertura vegetal e valor da terra no Oeste Paulista, 1900 a 1930". *Varia História*, Belo Horizonte, nº 26, p. 58-76, jan. 2002.

19 MAACK, Reinhard. *Geografia física do Estado do Paraná*. 2º ed. Rio de Janeiro: José Olympio, Curitiba: Secretaria da Cultura e do Esporte do Governo do Estado do Paraná, 1981, p. 127-128.

A delimitação temporal tem início em 1939, com as primeiras tentativas, na região, de implantação de uma colonização dirigida, ou seja, de colonização como um "processo de ocupação de novas terras por meio de planejamento governamental ou privado",[20] e o término em 1964, quando o processo de colonização dirigida na região estava terminado ou em vias de terminar. Todavia, tal como no caso da delimitação espacial, as datas são apenas balizas e não limites, pois busco inserir a análise em várias escalas, e pensar processos mais amplos de transformações socioambientais.

Em termos da questão de terras, neste intervalo há uma conjuntura específica da questão agrária no Brasil. A década de 1930 marca o início de uma questão agrária no Brasil, ou seja, o Brasil deixa de ser pensado, de forma hegemônica, como um país de "vocação agrícola" e a agricultura passa a ser pensada no interior de um projeto de industrialização. Será dado uma ênfase muito grande, em todo o período abordado, na criação de um universo de agricultores familiares no Brasil, por meio da colonização dirigida das regiões de fronteira agrícola. O Golpe Civil-Militar de 1964 inicia uma outra conjuntura da questão agrária, pois a ênfase dos esforços governamentais se desloca para a modernização tecnológica do campo.[21]

As terras estavam inseridas em um projeto de modernização, e a modernização é um processo que identifica não apenas o processo de industrialização, mas todo um conjunto sócio-cultural-ambiental de transformações nela implicada. Sendo que, a maior característica da modernidade é justamente a sua mudança permanente, na frase famosa de Marx, usada por Berman: tudo o que é sólido desmancha no ar.[22] De forma mais ampla, dada à corrida de aceleração histórica que emergiu com a sociedade industrial, é possível se referir a projetos de modernização como as tentativas de adaptar o presente ao futuro, ou para países da periferia do sistema-mundo, como o Brasil, trata-se, antes de tudo, de se adaptar ao modelo de modernidade representado pelos países do centro do sistema.

Para Bosi foi no Rio Grande do Sul, depois da Constituição Estadual de 1891, que seria implantada a primeira experiência de um proto-Estado Providência no Brasil. Ou seja, a experiência da formação de "um vasto e organizado aparelho público que ao mesmo tempo estimula a produção e corrige as desigualdades do mercado".[23] Isso porque ocorreram, naquele período, políticas voltadas para: 1 – a taxação da terra, com uma forte crítica à estrutura fundiária e propondo retalhar o campo em pequenas glebas com cultura intensiva, inspirado nas zonas coloniais gaúchas; 2 – isenção à manufatura; 3 – *socialização dos serviços públicos*, já que,

20 DIAS, Guilherme Leite da Silva; CASTRO, Manoel Cabral de. *A colonização oficial no Brasil: erros e acertos na fronteira agrícola*. São Paulo: IPE/USP, 1986, p. 12.

21 LINHARES; SILVA, 1999, *op. cit.*

22 BERMAN, Marshall. *Tudo que é sólido desmancha no ar: a aventura da modernidade*. São Paulo: Companhia das Letras, 1986.

23 BOSI, 1992, *op. cit.*, p. 274.

afinal, eram os interesses agroexportadores dos cafeicultores que postulavam fortemente um certo liberalismo, e a economia sul-rio-grandense estava fortemente ligada à parte da fração não-hegemônica da Primeira República, e 4 – *a incorporação do proletariado à sociedade moderna*, mesmo que fosse uma incorporação autoritária que ao garantir direitos como trabalhadores negasse os direitos como cidadãos. Para Bosi, foi a *ideologia positivista* que informou o processo de formação de um Estado-Providência no Brasil, a começar pela pioneira experiência sul-rio-grandense. Nesse ponto ele segue a hipótese que os processos de modernização não são decorrências automáticas da "revolução industrial", mas em cada país eles devem ser justificados e produzidos culturalmente. Dessa forma, para o citado autor, tal modelo de centralização estatal, plasmado no Rio Grande do Sul, na Primeira República, e defendido por políticos como Getúlio Vargas e Lindolfo Collor, foi o modelo/germe "vivo no Brasil de 1930 a 1964, e sobrevivente entre 64 e nossos dias," sendo que "já é um ilustre centenário".[24]

Todavia, para além de uma ruptura com o liberalismo, o que estava em tela era o fordismo, ou pelo menos me parece um modelo conceitual adequado para entender tal período. E aqui cabe seguir as pistas dadas por Antonio Gramsci. Dessa forma, o fordismo não é tomado apenas como um sistema de produção de massa no qual através de uma linha de produção se reduz o trabalho básico da fábrica a funções repetitivas e passa-se a produzir em maior quantidade com menor custo, ao mesmo tempo em que cria demanda para a produção em massa, produzindo o consumo em massa. Pois, como desejava Ford, todo operário seu deveria ser capaz de comprar um carro. O fordismo é mais que isto, pois se espraia da fábrica e procura reorganizar todo o ambiente. "Assim, a vida familiar, a diversão, a economia doméstica, as percepções de mundo, todo o cotidiano do trabalhador são englobados no novo projeto de normatização do trabalho".[25] O fordismo, dessa forma, é um "modo de vida total"[26] que busca produzir um "homem novo". Aliás, o Estado Moderno, como já indicaram alguns autores é um Estado Jardineiro, pois busca deslegitimar a condição das populações, desestruturando suas formas de reprodução e auto-equilíbrio, a partir de um planejamento central.[27]

E no fordismo-keynesiano há elementos para entender porque as estratégias de gestão de terras implantadas a partir do Governo Vargas, em especial durante um regime autoritário, o Estado Novo, têm uma continuidade na fase democrática pós-1945, apesar de terem ocorrido descontinuidades. Não é no suposto "fascismo" do Governo Vargas que aqui se busca caracterizar este momento da história brasileira, mas na produção de uma sociedade de consumo de massa. Como argumenta Linhares e Silva:

---

24 *Ibidem*, p. 306.

25 LINHARES; SILVA, 1999, *op. cit.*, p. 107.

26 HARVEY, *op. cit.*, p. 131.

27 BAUMAN, Zygmunt. *Modernidade e ambivalência*. Rio de Janeiro: J. Zahar, 1999, p. 29.

> Coube ao presidente Franklin Roosevelt, 1933-1945, dos Estados Unidos, sem dúvida país fora da possibilidade de se apontar como antigo, corporativista ou fascista, inaugurar, no âmbito das grandes nações capitalistas, uma política de forte intervenção estatal – o *New Deal*. A chave de compreensão da nova política estaria no estabelecimento de um *tripé* de garantia para uma nova arrancada da economia americana face à crise econômica: a associação entre grande Capital, grande Estado e grande Trabalho – este entendido como as garantias dadas aos operários, mediante o reconhecimento dos sindicatos como interlocutores do Estado, quanto ao valor do salário, à criação de vários mecanismos de proteção social e à disponibilidade e distribuição de recursos do Estado. Criava-se, então, uma série de órgãos onde trabalhadores e patrões sentavam-se lado a lado, intermediados pelos representantes do Estado. Tratava-se da associação clara de políticas keynesianas com práticas fordistas, da produção de massa, garantindo-se, assim, a transformação do mundo do trabalho em sustentação, através do consumo de massa, de uma expansão contínua da economia capitalista. Estão aí as origens do que viria a ser denominado de sociedade ou Estado do Bem-Estar Social, *The Welfare State*.[28]

Mas o Brasil estava e está na periferia do sistema-mundo. O país não possuía as condições que existiam nos Estados Unidos, os operários não possuíam os mesmos recursos de poder capaz de voltar os empresários para o mercado interno. Num "momento de aguda depressão do mercado externo, sem uma poupança privada capaz de impulsionar o processo de investimentos – quando não havia oferta externa de capitais –, Vargas utilizava-se do único mecanismo disponível: o Estado." Nesse contexto, o Estado surge como "demiurgo, criador das condições mais justas de desenvolvimento, incluindo-se aí a decidida intervenção na questão agrária, no inteiro do capitalismo; o tripé que Roosevelt organizou, Vargas deveria criar".[29] Evidentemente, a incapacidade do Estado de dar conta de todas estas demandas é previsível. A não extensão dos direitos trabalhistas para os trabalhadores rurais, o que só é feito legalmente com o Estatuto do Trabalhador Rural, 1963, é um bom exemplo, pois, afinal, o Estado não poderia enfrentar os interesses dos latifundiários. "Entretanto, o próprio avanço e a dinâmica da ação estatal, em especial as exigências da nova regulação econômica, abriam novas áreas de atrito e resistência por parte dos setores tradicionais, obrigando o Estado, assim, a superar tais resistências e ampliando sua ação para além de seus objetivos iniciais. Era um projeto ou projetos fortemente pautados nas tecno-ciências, os quais tinham como pressuposto geral, uma visão de mundo mecanicista.[30]

O mundo moderno é marcado pelo mecanicismo. Desde, pelo menos, a chamada Revolução Científica dos séculos XVI e XVII, a máquina se tornou a grande metáfora para se entender a natureza. Como afirma Morin, a lógica das máquinas

28 LINHARES; SILVA, *op. cit.*, p. 133.

29 *Ibidem*, p. 134.

30 *Ibidem*, p. 155.

artificiais, as quais são incapazes do desvio, do erro, tem como pressuposto que a realidade é simples, ou seja, que ela é objetiva e contém um conjunto de leis que podem ser formalizadas e que permitiriam controlar o objeto estudado, pois possibilitam a previsão de seu funcionamento. Mas a lógica da máquina artificial foi aplicada não apenas na relação dos seres humanos com a natureza, mas entre os próprios seres humanos. Dessa forma, tanto o Estado como a sociedade civil moderna se pautam em esquemas da máquina artificial, ou seja, baseiam-se em uma racionalidade pautada na centralização, na especialização e na hierarquia. Ou seja, baseiam-se no que outros autores chamam de uma racionalidade burocrática-técnica.[31] O que forma uma visão de mundo pautada na lógica da máquina artificial, o que Morin chama de racionalização. A lógica das máquinas artificiais não suporta a desordem, que se por um lado é fonte de destruição, por outro é fonte de liberdade. Como a criação pressupõe uma desordem criadora, a autoprodução permanente da sociedade não é comportada pela lógica da máquina artificial. Dessa forma, os "processos de criatividade e de invenção não são redutíveis à lógica da máquina artificial".[32]

A visão de mundo moderna pautada na lógica da máquina artificial, ao buscar uma racionalização do mundo, gera incessantemente dissonância, gera "efeitos perversos" diante dos quais a posição tipicamente moderna é procurar incessantemente fragmentar o mundo e aumentar o controle procurando eliminar toda a dissonância e todo o não controlável a um controle central, o qual poderia moldar o mundo. Dessa forma, uma posição tipicamente moderna é conceber o mundo como "plástico, apto a ser adaptado e modelado".[33] O que por um lado constitui a responsabilidade moderna pela constituição do mundo; e por outra a arrogância moderna de tentar dominar os seres humanos e a natureza, que poderiam ser manipulados em nome de algum princípio como o de eficácia econômica. Por mais que tal modelo seja uma simplificação brutal da história do pensamento científico, o que se quer ressaltar são características muito gerais e não a contingência específica.

A tentativa de construir uma visão do universo totalizante, a partir de um princípio único, tornava insuportável tudo que escapava do controle, com o *sertão* que deveria ser racionalizado, segundo os princípios da produção e da eficácia.[34] Mas é claro que tal "visão de mundo" não produziu a história da colonização dirigida de Campo Mourão, ela foi reproduzida/reelabora neste processo por alguns agentes. Em especial pela tecnoburocracia do principal órgão estadual responsável pela gestão de terras e florestas, o Departamento de Geografia, Terras e Colonização

31 HARVEY, op. cit., p. 131; . LEFF, Henrique. *Racionalidade ambiental: a reapropriação social da natureza*. Rio de Janeiro: Civilização Brasileira, 2006, p. 252.

32 MORIN, Edgar. *Ciência com Consciência*. 3ª ed. Rio de Janeiro: Bertrand Brasil, 1999, p. 110-111, *passim*.

33 THOMAS, Keith. *O homem e o mundo natural: mudanças de atitude em relação às plantas e aos animais, 1500-1800*. São Paulo: Companhia das Letras, 1996, p. 34.

34 MORIN, 1999, *op. cit.*

(DGTC), anteriormente Departamento de Terras e Colonização (DTC), e anteriormente, ainda, Departamento de Terras (DT).

Com seu conceito de racionalização, Morin lembra que "o real excede o racional". Uma breve incursão pela história do pensamento científico ocidental mostraria os mitos sobre os quais, tal visão de mundo se constrói: o mito de que o mundo é simples e dominável, em primeiro lugar. Dessa forma, ressalta-se que, tal visão totalizante pautada em um elemento parcial implica, não na eliminação dos "mitos" e de dissonância, mas apenas sua reelaboração e a criação de novos "mitos".[35] Assim, felizmente, não se está, necessariamente, condenado à uma visão de mundo racionalizadora, simplificadora e *maquínica* do mundo, como afirma Simon Schama:

> [...] se toda a história da paisagem no Ocidente de fato não passa de uma corrida insensata rumo a um universo movido a máquina, sem a complexidade de mitos, metáforas e alegorias, no qual o árbitro absoluto do valor é a medição e não a memória, no qual nossa inventividade constitui nossa tragédia, então realmente estamos presos no mecanismo de nossa autodestruição.[36]

Apesar do processo de racionalização da natureza, procurar transformar a natureza em um depósito de recursos, a natureza nunca foi só isso. Não se pode considerar que as "máquinas do poder" funcionam perfeitamente, porque em geral elas assim funcionam justamente porque os historiadores a entendem como máquinas e não como um conjunto de relações,[37] como argumenta Jacques Revel: "mesmo se admitir a hipótese de uma eficácia global dos aparelhos e das autoridades, falta entender inteiramente como essa eficácia foi possível, – ou seja, como foram retranscritas, em contextos indefinidamente variáveis e heterogêneos, as injunções do poder".[38]

Ou como afirma Giovanni Levi:

> [...] nos intervalos entre sistemas normativos estáveis ou em formação, os grupos e as pessoas atuam com uma própria *estratégia* significativa capaz de deixar marcas duradouras na realidade política que, embora não sejam suficientes para impedir as formas de dominação, conseguem condicioná-las e modificá-las (grifo meu).[39]

---

35 DIEGUES, Antonio Carlos Sant'Ana. *O mito moderno da natureza intocada*. 2ª ed. São Paulo: HUCITET, 1998, *passim*.

36 SCHAMA, Simon. *Paisagem e Memória*. São Paulo: Companhia das Letras, 1996, p. 24

37 REVEL, Jacques. "Microanálise e a construção do social". In: ______. (org.). *Jogos de escalas: A experiência da microanálise*. Rio de Janeiro: FGV, 1998, p. 15-38.

38 *Ibidem*, p. 29.

39 LEVI, Giovanni. *A herança imaterial: trajetória de um exorcista no Piemonte do século XVII*. Rio de Janeiro: Civilização Brasileira, 2000, p. 45.

Partindo de tal postulado, faço uma incursão no universo dos lavradores, procurando entender algumas implicações de suas estratégias e representações no processo de colonização na região de Campo Mourão.

O trabalho está dividido em três capítulos. No primeiro discuto brevemente a paisagem e as populações presentes na região antes da colonização dirigida.

O segundo capítulo aborda a estratégia de gestão das terras pelo Estado, a partir da legislação de terras, de relatórios do órgão do Governo Estadual responsável pela política de terras e das mensagens dos governadores para a Assembleia Legislativa.

O capítulo terceiro faz um contraponto da visão estatal, da qual se partia, procurando entender melhor o universo dos lavradores, buscando entender sua participação ativa no processo de modernização, com a inserção da terra no mercado. A principal fonte utilizada são processos judiciais da Vara Civil da Comarca de Campo Mourão, entre 1949 e 1964.

A contra pelo da narrativa que parte da lógica da modernização, na qual o mundo natural e os camponeses são um cenário passivo para os heróis modernizadores, o presente trabalho busca lembrar o que "tais heróis" gostariam que fosse silenciado.

Capítulo 1

A Vibrante paisagem do sertão

"Sertão é dentro da gente."

João Guimarães Rosa

"A tarefa de, nos termos do grande Manoel Ribas, 'fazer vibrar o nosso imenso sertão', pelo seu aproveitamento racional, esteve a cargo do Departamento de Geografia, Terras e Colonização..."

Moysés Lupion, 1958

Moysés Lupion, eleito governador do Paraná duas vezes, e Manoel Ribas, Interventor nomeado por Getúlio Vargas foram dois dos principais personagens da elite política paranaense durante o processo de colonização dirigida do Paraná. Quando o primeiro cita o segundo, na epígrafe acima, reforça a ideia que o Departamento de Geografia, Terras e Colonização, órgão estadual responsável pela colonização dirigida, fez o *sertão* vibrar. Mas nesta afirmação há um pressuposto equivocado, a saber: que o *sertão* estava em repouso. O que há aqui é um silenciamento a respeito das populações que viviam e disputavam este *sertão*.

O que é *sertão*? Em primeiro lugar, deve-se entender que, dependendo do espaço, tempo e categoria social, as pessoas vão definir o *sertão* como coisas diferentes e até conflitantes. *Sertão* é uma categoria múltipla. A relativa e aparente fixidez das palavras pode ser enganadora. Por isto Gilmar Arruda vai trabalhar o *sertão* como uma representação. Ele analisa como, a partir de meados do século XIX, uma nova realidade de uma "cultura urbana" vai pensar o espaço da esmagadora maioria do território brasileiro como "incivilizado e atrasado", em oposição à cultura urbana "civilizada e progressista".[1] Dessa forma, as qualidades atribuídas ao *sertão* eram, antes de tudo, um "espelho invertido" da autoimagem da "cultura urbana". *Sertão*

1 ARRUDA, Gilmar. *Cidades e Sertões: Entre a história e a memória*. Bauru: Edusc, 2000.

era desde floresta em que supostamente não se constatava a presença humana, até áreas rurais de agricultura de coivara.[2]

A representação como *sertão* vem deslegitimar a maioria do território brasileiro como selvagem e inculta, sobre a qual poderia-se e deveria-se agir para "cultivar" aquela área, tida como não aproveitada. Tal justificação é recorrente na expansão ocidental. E mesmo entre ocidentais podia-se deslegitimar o Outro, de forma semelhante, como os ingleses em relação a Irlanda, no século XVII, ao afirmarem que seus habitantes fracassaram na exploração da terra, não sendo moralmente correto manter a terra inculta.[3] E muito mais isso ocorre com sociedades que têm formas de cultivo da terra ou de apropriação de recursos naturais que não correspondem ao que na tradição ocidental se entende por "aproveitar" a terra. Como afirma Keith Thomas:

> A agricultura estava para a terra como o cozimento para a carne crua. Convertia natureza em cultura. Terra não cultivada significava homens incultos. E quando os ingleses seiscentistas mudaram-se para Massachusetts, parte de sua argumentação em defesa da ocupação dos territórios indígenas foi que aqueles que por si mesmos não submetiam e cultivavam a terra não tinham direitos de impedir que outros o fizessem.[4]

Tais formas de deslegitimação do Outro são recorrentes na expansão da sociedade ocidental, negando até mesmo a existência do Outro ao produzir uma imagem de "vazio demográfico". No Brasil moderno, vastas áreas do atual território nacional foram representadas como sendo um "sertão desabitado". Isso justificava a colonização de tais territórios e a expulsão ou morte das populações autóctones.

A "produção" do *sertão* como vazio demográfico considera o sertão vazio porque está habitado apenas por animais (negando a humanidade aos indígenas e *caboclos*); e/ou porque simplesmente "desconhece" a presença indígena, seja num caso ou noutro, ou na combinação de ambos, o que temos é uma eliminação simbólica do outro, que acompanha a eliminação física. A historiografia contribui para a construção de tal representação, apesar de já há muito haver entre os historiadores uma crítica à ideia de vazio demográfico.[5]

O processo de colonização a partir de meados do século XIX e XX implicou na (re)ocupação de vastas áreas, em especial do Sul, Sudeste e Centro-Oeste do Brasil. O *establishment* local destas novas cidades que foram criadas vai investir na formação de um imaginário regional calcado no "mito do pioneiro", continuação do mito bandeirante, o qual heroicamente "civiliza o sertão". É claro que o herói civilizador é sempre o engenheiro e não o "peão", o dono da colonizadora e não

2 *Ibidem*, p. 41.

3 THOMAS, 1996, *op. cit.*, p. 17-18.

4 *Ibidem*, p. 17.

5 MOTA, Lúcio Tadeu. *As Guerras dos Índios Kaingang: A História épica dos índios Kaingang no Paraná*. Maringá: EDUEM, 1994.

aqueles que foram vencidos pelo *sertão* e retornaram. De qualquer forma, uma parte significativa da população destas novas cidades de pequeno e médio porte podiam se identificar como pioneiros, para que tal tema fosse relativamente eficiente na construção de identidades locais/municipais. Como adiante, na frente de expansão invariavelmente encontramos homens e mulheres pobres do campo, indígenas ou não, para tal imaginário regional se efetivar, muitas vezes, teve que produzir um silêncio sobre tais populações e a violência que sofreram. Dessa forma, a memória oficial local geralmente incorpora e reproduz a ideia de vazio demográfico. Em geral, na memória oficial produzida pelas municipalidades e por eruditos muito próximos do *establishment*, o *sertão* é um ponto zero, a partir do qual se constrói a história do município, se constrói a "civilização".[6] Disto deriva a necessidade de lembrar estas personagens silenciadas e indicar suas diferentes formas de apropriação do mundo natural, que configurava aquela paisagem.

Todavia, não se deve cair no equívoco de pensar tais populações como parte da "harmoniosa natureza". A paisagem é fruto da inter-relação entre sociedade e natureza. Parto da hipótese de que reduzir a biodiversidade não seria da natureza da ação humana, mas dependeria do tipo de interação que a sociedade estabelece com seu ambiente, ou seja, o ser humano não é um *Homo devastans*.[7] Dessa forma, é enganadora a imagem de um processo contínuo de devastação do mundo natural, variando apenas o grau de eficácia da destruição. Diferentes grupos sociais em momentos históricos diferentes desenvolvem e desenvolveram diferentes modos de vida, os quais sempre alteraram, mas não necessariamente "destruíram" uma paisagem florestal. Não quero defender, entretanto, que tais sociedades vivam em harmonia com a natureza. Ou seja, cair no extremo de postular "que os seres humanos teriam condições de viver em harmonia total com a natureza.";[8] como se as sociedades "tradicionais" – ou seja, aquelas que têm modos de vida diferentes do consumista, socialmente injusto e ecologicamente insustentável, o modo de vida moderno – fossem compostas por idealizados *Selvagens Ecologicamente Nobres*. No século XVII a província de Guairá que cobria a maior parte do interior do Paraná chegou a ter 200.000 indígenas em suas reduções jesuíticas. Qual era então o impacto de tal população na paisagem da região? Ou ainda mais, na longa duração, qual foi o efeito de 9 mil anos de presença humana na região? A homogeneização das relações dos seres humanos com o mundo natural – seja postulando um

---

6 ARRUDA, Gilmar. "Monumentos, semióforos e natureza nas fronteiras". In: _____. (org.). *Natureza, Fronteiras e Território*. Londrina: EDUEL, 2005, p. 1-42.

7 BALÉE, William. *Advances in Historical Ecology*. New York: Columbia University Press, 1998.

8 CARVALHO, Miguel Mundstock Xavier de. *O desmatamento das florestas de araucária e o Médio Vale do Iguaçu: uma história de riqueza madeireira e colonizações*. Dissertação (mestrado em História) – Universidade Federal de Santa Catarina – UFSC, Florianópolis, 2006, p. 110.

destruidor ou um ser em harmonia com a natureza – esconde as diferentes formas de apropriação e suas implicações.[9]

Mesmo antes de 1939, ou seja, do início da colonização dirigida na região estudada, a paisagem era fruto da ação humana. O que leva a uma questão importante: quem eram os grupos sociais e quais as formas de apropriação de terras no final do século XIX e início do século XX, na região de Campo Mourão? Para efeito didático, vou dividir em cinco os grupos que então se apropriavam dos recursos naturais da região estudada.

OS ERVATEIROS PARAGUAIOS

A presença de erva-mate, a *Ilex paraguariensis*, na região atraiu a presença de peões de *obrage* para a região. A *obrage*, segundo Ruy Wachowicz é um tipo de exploração desenvolvida no Paraguai e Argentina, mas também no Mato Grosso e no Paraná, em especial após a Guerra do Paraguai, 1864-1870, que atraiu a atenção para a região. Em tal sistema o *obragero,* proprietário, cessionário ou comerciante que explora terras devolutas, contrata trabalhadores, no caso do oeste paranaense, predominantemente de origem guarani paraguaia, através de um adiantamento. Com isto há uma dívida inicial, a qual, graças aos altos preços dos produtos que são comprados necessariamente do *obragero* e dos baixos preços dos salários ou tarefas, gera uma dependência quase perpétua, justificada por uma dívida impagável. Para manter o trabalhador, o *obragero,* constitui um grande aparato repressivo, com funcionários responsáveis por caçar, literalmente, os eventuais trabalhadores fugidos.[10] Tais formas de trabalho, com coação extra-econômica, poderiam então ser encontradas em formas mais brandas ou super-exploratorias por todo o Brasil.[11] Sendo elas especialmente escorchantes na frente de expansão, como sugere José de Souza Martins:

> Quando os antropólogos falavam originalmente de frente de expansão, estavam falando de uma forma de expansão do capital que não pode ser qualificada como caracteristicamente capitalista. Essa expansão é essencialmente expansão de uma rede de trocas e de comércio, de que quase sempre o dinheiro está ausente, sendo mera referência nominal arbitrada por quem tem o poder pessoal e o controle dos recursos materiais na sua relação com os que exploram, índios e camponeses. O mercado opera, através dos comerciantes dos povoados, com critérios monopolísticos, mediados quase sempre por violentas relações de dominação pessoal, tanto na comercialização dos produtos quanto nas relações de trabalho (sendo aí característica

9 CARVALHO, Ely Bergo de. "Os historiadores e as florestas: dez anos depois de *A ferro e fogo*". *Esboços*, Florianópolis, vol. 13, 2005, p. 107-124.

10 WACHOWICZ, Ruy Christovam. *História do Paraná*. 6ª ed. amp. Curitiba: Vicentina, 1988, p. 227-231.

11 FRAGOSO, 1990, *op. cit.*, p. 131-176.

> peonagem ou escravidão por dívida). Portanto, muito longe do que tanto Marx quanto Weber poderiam definir como capitalista.[12]

Era desta forma que agiam, como o argentino Julio Tomas Allica, que apesar de sua *obrage* possuir apenas 968 hectares nas margens do rio Paraná, comandava a exploração de ervais até na região de Campo Mourão.[13]

Para tal atividade constituíam "acampamentos" nas distantes áreas de ervais, a fim de recolher e processar as folhas antes de enviá-las para os portos nas barrancas do rio Paraná, por meio das "picadas" no interior da floresta. "Acampamentos" tais como, Ronquita, na margem esquerda do Piquirí, e Natividad, na margem direita, no local onde hoje se encontra a cidade de Mamborê. Este último teria sido abandonado em uma tentativa de fuga de trabalhadores, a qual terminou no massacre de vários deles. Mais tarde restabelecido com o nome de *Haanam-Amburê, Anmâ Amburê* ou *Amanhâburê*. Por sua vez esse "acampamento" foi também abandonado em 1924, quando as tropas tenentistas, comandada por João Cabanas, fogem para o Paraguai e a população local vai junto.[14] Não há notícias do restabelecimento desse "acampamento", talvez porque na década de 1930 "iniciou-se a decadência das exportações de erva-mate. A Argentina havia plantado numerosos ervais artificiais em Misiones. Começava este país a abastecer-se a si mesmo."[15]

Tal presença ainda é lembrada pelos "pioneiros" de Campo Mourão, como relata Eugenio Custodio de Oliveira: "Eu amadrinhava tropa de mulas e passava por uns lugares chamados Mamborê e Ronquita Cuê acampamentos de paraguaios que vinham roubar erva-mate, daqui até na Borboletinha e Pitanga."[16] Ou como afirma o engenheiro Geraldo Boz: "A estradinha de Juranda a Mamborê foi aberta pelos paraguaios que vinham retirar madeira e erva-mate."[17] Ou ainda em relatório do inspetor de terras de Guarapuava referente aos anos de 1940 a 1945 afirma sobre a colônia Goio-Bang (Mamborê):

> Atravessa essa colônia a antiga estrada que partindo da estrada de Campo Mourão vai ao porto Alica no Rio Paraná, passando pelos antigos depósitos de herva mate [sic] denominados Mamburê, Pensamento, Caraja, e Porto Piquirí, às margens deste rio. [...] Por esta estrada já transitaram muitos carretões paraguaios de 2 rodas e caminhões *carregados e herva mate [sic] e couros*

12 MARTINS, José de Souza. "O tempo da fronteira: retorno à controvérsia sobre o tempo histórico da frente de expansão e da frente pioneira". *Tempo Social*, São Paulo, nº 1, vol. 8, p. 25-70, maio, 1996, p. 30-31.

13 WACHOWICZ, *op. cit.*, p. 227-231.

14 OLIPA, Vilson. *História de Mamborê.* [s.l.: s.n.], 199?, p. 11-14.

15 WACHOWICZ, *op. cit.*, p. 231.

16 BATHKE JÚNIOR, Wille. Família Custodio de Oliveira, 47. *Tribuna do Interior*, Campo Mourão, 21 jul. 2002. Especial: Projeto Raízes.

17 BATHKE JÚNIOR, Wille (Ed.). ALVES, Eleano (reportagem). Walkyria Goertner e Geraldo Boz, 52. *Tribuna do Interior*, Campo Mourão, 25 ago. 2002. Especial: Projeto Raízes.

> *de caça*, que deixavam esses produtos em Porto Alica para serem exportados para a Argentina. Após a Revolução de 1924 ficou a estrada completamente abandonada, não permitindo mais trânsito até a presente data (grifo meu).[18]

Há aqui uma indicação que não apenas erva-mate era extraída, mas também outros produtos como "couros de caça". Ademais, a extração de toros de madeiras era outra atividade executada nas *obrage* situadas nas barrancas do rio Paraná. Alias, obrage foi dicionarizada justamente como: "Lugar próximo à barranca de um rio, onde se corta e prepara a madeira destinada a descer por água."[19] "Desta forma, quando na década de 1950 chegaram ao oeste paranaense os colonos agricultores, das antigas madeiras de lei, encontraram apenas cepos apodrecendo no meio da floresta."[20] Por outro lado, mesmo que a exploração madeireira tenha chegado a até 100 quilômetros das barrancas do rio, como afirma Wachowicz, não teria atingido a região de Campo Mourão. Tais dados demonstram como o "sertão desabitado" estava habitado, se ele era ignorado pela sociedade nacional havia aqueles que conheciam suas entradas e saídas, sendo as terras já sujeitas a diferentes formas de apropriação.

OS XETÁ

Outros conhecedores das entradas e saídas do *sertão* de Campo Mourão eram as populações indígenas. Um dos grupos étnicos que habitavam a região era o dos Xetá. O encontro "final" da fronteira agrícola com os Xetá constitui um episódio silenciado na memória oficial. Os Xetá são um grupo etnicamente distinto do povo Guarani e do Kaingang, que também, ocupavam o atual território paranaense antes da conquista. Sua estratégia parece ter sido a de se afastar da frente de expansão, passando a serem caçadores coletores e vivendo em grupos menores no interior da densa Floresta Estacional Semidecidual. Conseguiram, assim, escapar do avanço da sociedade nacional e também dos seus inimigos históricos, os Kaingang, os quais preferiam as áreas de campos e as matas de araucária. Na década de 1950 aconteceram tentativas por parte do Serviço de Proteção do Índio, SPI, de contatá-los, mas foram experiências infrutíferas.

> No final de 1955, o SPI fez algumas expedições e contatou os últimos grupos Xetá, primeiro na fazenda Santa Rosa [em 1954 e 1955 dois grupos Xetá haviam entrado em contato com os proprietários desta fazenda] e depois no interior da mata. No ano seguinte, os contatos foram mantidos e encontrados

18 DEPARTAMENTO de Terras e Colonização. 5ª Inspetoria de Terras. *Relatório apresentado ao Ilmo. Sr. Dr. Diretor do Departamento de Geografia, Terras e Colonização pelo Eng. Chefe da Divisão de Colonização, Sady Silva. Ano 1940-1945.* Curitiba, [s.d].

19 FERREIRA, Aurélio Buarque de Holanda. *Dicionário Aurélio de língua portuguesa.* 5ª ed. Curitiba: Positivo, 2010.

20 WACHOWICZ, *op. cit.*, p. 232.

> em seu habitat natural na floresta. Esta situação não mais aconteceu desde então e o contato e os estudos desenvolveram-se com os Xetá que permaneceram acampados na fazenda Santa Rosa. As informações que se têm são que muitos dos Xetá foram dizimados por uma epidemia de gripe. Os outros foram morrendo nos anos seguintes, ficando apenas dois adultos que se chamavam Ñeango e Kuen além de algumas crianças que, na época foram 'adotadas' por várias famílias que estão dispersas por vários locais do Brasil.[21]

Estes contatos, que levaram a extinção dos Xetá, como povo, ocorreram na "Serra de Dourados, no noroeste do Estado do Paraná, no município de Cruzeiro do Oeste".[22] Município vizinho à primitiva área de Campo Mourão. A área de Floresta Estacional Semidecidual ao norte do primitivo território de Campo Mourão era, seguramente, parte do território Xetá. Os sobreviventes Xetá indicam justamente a área da atual cidade de Campo Mourão como ponto mais ao sul do seu território, naquela época.[23]

Foi aprovada, na década de 1950, pela Assembleia Legislativa do Estado do Paraná a constituição de um Parque Florestal Estadual da Serra dos Dourados, que abrangeria uma faixa de 70 quilômetros, na margem esquerda do rio Paraná, na altura do rio Ivaí. O geógrafo Reinhard Maack foi o responsável por embasar a proposta de criação, e o fez com base na defesa da preservação da fauna e da flora, sendo os Xetá preservados como "um complemento da paisagem natural". O governador, todavia, vetou a criação de tal parque, alegando que já haviam sido deferidos muitos requerimentos de compras de terras naquela região, descartando, assim, a possibilidade de terra para os Xetá.[24]

No ano de 1956, a Companhia Brasileira de Colonização e Imigração (Cobrimco) abre uma estrada no interior da terra indígena colocando placas coibindo a caça e a coleta, enquanto derrubava sistematicamente a floresta com a colonização dirigida. Fechando o cerco sobre os Xetá, os quais foram "ameaçados pelos colonizadores e pela guarda particular da Companhia de Colonização, em sua subsistência e integridade física e cultural".[25] Pelo menos até 1963 "havia informações e comunicados feitos ao SPI da existência de pequenos grupos de pessoas Xetá vagando pela cidade de Umuarama [...]. Alguns entre eles despidos, maltrapilhos, famintos, doentes e às vezes bêbados".[26] É equivocada a ideia que os Xetá eram um povo que

21 TOMAZI, Nelson Dacio. *"Norte do Paraná": História e Fantasmagorias*. Tese (doutorado em História) - Universidade Federal do Paraná - UFPR, Curitiba, 1997, p. 79.

22 *Ibidem*, p. 78.

23 SILVA, Carmen Lucia da. *Sobreviventes do extermínio: uma etnografia das narrativas e lembranças da sociedade Xetá*. Dissertação (mestrado em Antropologia Social) - Universidade Federal de Santa Catarina - UFSC, Florianópolis, 1998. (Mapa 04).

24 *Ibidem*, p. 205, *et seq*.

25 *Ibidem*, p. 207.

26 *Ibidem*, p. 211.

não se opôs ao contato, "a ocupação de suas terras pelos brancos provocou uma desestabilização interna do grupo, que adota como estratégia de sobrevivência, a fuga ao invés do confronto", em conformidade com a estratégia que já adotavam com outros grupos indígenas mais fortes.[27] O fim da sociedade Xetá é o exemplo extremo do quão violento podem ser os conflitos por apropriação da terra.

OS KAINGANG

Outra etnia presente na região é a dos Kaingang. Depois da destruição das reduções jesuíticas por bandeirantes paulistas que visavam capturar indígenas para escravizá-los, os guaranis perdem o predomínio no *sertão* do Paraná. "A partir da primeira metade do século XVIII, outras tribos começam a ocupar a região",[28] os Kaingang. Na verdade, tal etnia, conhecida também como Coroados, estava presente em uma larga extensão "de território que vai desde o rio Grande, na divisa de São Paulo e Minas Gerais, até os campos ao sul do rio Iguaçu no Rio Grande do Sul. Seus limites a leste foram as vertentes orientais da Serra do Mar e, ao oeste, as barrancas do rio Paraná", um imenso "território que abrangia terras dos Estados de São Paulo, Paraná, Santa Catarina e Rio Grande, constituído por grandes extensões de florestas tropicais e campos, cortados por grandes rios como o Tietê, Paranapanema, Tibagi, Ivaí, Piquirí" e Iguaçu.[29] Os Kaingang desde os primeiros contatos com os ocidentais no século XVIII desenvolveram "tecnologia de guerra, de guerrilhas, de emboscadas e ataques capazes de fazer frente a um inimigo muito superior a eles",[30] mas, também, tiveram que mudar profundamente o seu modo de vida, e negociar.

Entre 1768 e 1774, o governador Afonso Botelho Mourão ordenou uma série de expedições ao *sertão* do Paraná, então quinta comarca de São Paulo. A segunda expedição foi comandada por Estevão Ribeiro Baião que "descobriu os campos que, em homenagem ao governador-geral da Capitania, foram denominadas por Afonso Botelho de São Payo e Souza Campos do Mourão",[31] ou simplesmente Campo do Mourão e mais tarde Campo Mourão. O objetivo de tais expedições, não era o de meras expedições de reconhecimento e sim o de conquistar os campos de Guarapuava, então controlados pelos índios Kaingang. Em 1774 "Botelho retira-se da região sem conseguir seu objetivo [...]. Encontrou forte resistência

27 *Ibidem*, p. 218.

28 MOTA, 1994, *op. cit.*, p. 70.

29 *Ibidem*, p. 71.

30 *Ibidem*, p. 93.

31 IBGE. *Enciclopédia dos Municípios Brasileiros*. vol. XXXI. Rio de Janeiro: 1959, p. 90.

dos Kaingang, que seriam vencidos parcialmente quarenta anos depois, com a expedição de Diogo Pinto".[32]

Dessa forma, só no início do século XIX com a expedição de Diogo Pinto os campos de Guarapuava saíram do controle dos Kaingang. Durante muitos anos, todavia, os Kaingang tentaram retomar a suas regiões de campo, efetuando muitos ataques contra aqueles que consideravam intrusos em suas terras. Uma estratégia adotada por eles era de se recolherem em lugares desconhecidos dos "brancos". "Muito embora esses locais tenham sido descobertos pelas expedições que saíam em busca de novas pastagens ou caminhos, os índios procuraram ocultá-los de forma sistemática".[33] Inclusive, deliberadamente, mentindo sobre nomes e localização de vários lugares. Conhecedores das entradas e das saídas da floresta e acostumados com as regiões de campo, o cerrado de Campo Mourão provavelmente foi um destes lugares a ser ocultado aos "brancos" e utilizado pelos Kaingang. Um jornal curitibano, em 1880, noticia a "descoberta de Campo do Mourão", se referindo a uma expedição de Norberto M. Cordeiro, a qual teria encontrado "mais de 500 índios" no "Campo do Mourão".[34] Isto evidencia o grau de desconhecimento da região por parte da sociedade nacional, apesar das expedições de 1768 e 1774 e das reduções e expedições coloniais.

Há duas narrativas na historiografia local sobre a participação indígena em tal expedição. A primeira afirma que a citada expedição, do guarapuavano Norberto Mendes Cordeiro, fazendeiro de gado

> [...] e amansador de índios, como se denominava, pelo contato que mantinha com os índios, então, tivera o Com. Norberto a amizade do cacique índio Bandeira que, em 1880, veio a convencê-lo para uma expedição aos Campos do Mourão, dele, índio, conhecidos, porque ali habitava com sua gente [...].[35]

A segunda versão sugere menos espaço à participação do cacique Bandeira, limitando-se a constatar a sua presença na região, mas não a sua "ajuda" na expedição. Dessa forma, é narrada a chegada, na atual Campo Mourão, "em 1893", de uma expedição "composta por 120 homens, para se dedicarem à criação de gado. Tinham como propósito os primeiros contatos com os índios existentes e habitantes primitivos da região." Sugerindo, assim, que tais homens se estabeleceram realmente em Campo Mourão. Quanto às sociedades indígenas limita-se a constatar:

> Existiam aqui duas tribos, sendo uma chefiada por Gembre e a outra pelo Capitão índio Bandeira, que ao que consta, seria um mestiço. A primeira localizava-se as margens do Rio Dezenove, nas proximidades da atual es-

32 MOTA, 1994, *op. cit.*, p. 110.

33 *Ibidem*, p. 176.

34 VEIGA, Pedro da. *Campo Mourão centro do progresso*. Maringá: Bertoni, 1999, p. 80.

35 *Ibidem*, p. 79.

tação aeroviária e a segunda no chamado Campo Bandeira, onde há uma fazenda com o mesmo nome.[36]

A primeira narrativa está pautada em uma matéria do jornal *O Paranaense*, de 11 de dezembro de 1880. Além de afirmar a iniciativa do "convite" do "cacique indígena Bandeira", aponta que a expedição se deparou com "mais de 500 índios, que todos se mostraram muito satisfeitos, tratando o melhor que puderam aos exploradores, que reconheceram ser pequeno o campo limpo, que calculam em légua e meia, pouco mais ou menos".[37] Já Gisele R. Onofre afirma que as "duas tribos foram conduzidas para outra localidade" pela expedição composta por "vinte e um homens, comandados" pelo Comendador Norberto Mendes Cordeiro "que levou a tribo do Índio Bandeira para Pitanga e a do Gembre para o Mato Grosso".[38] Há, portanto, diferentes versões para tal contato com os Kaingang.

As estratégias do governo devem ser esclarecidas para se entender a presença indígena na região. O governo, nas décadas de 1870/80, em especial o juiz comissário de Guarapuava, Luiz Daniel Cleve, tentou convencer os Kaingang a abandonarem a pretensão de reocuparem a região de campo e permanecerem nos aldeamentos constituídos nas florestas da cabeceira do rio Ivaí. A fim de convencê-los a permanecer no aldeamento, prometia-lhes "terras, mercadorias, aldeamentos organizados, equipamentos, patentes e salários militares para caciques", assim procurava-se "atrair para os toldos da cabeceira do rio Ivaí os índios que viviam a leste e norte de Guarapuava e nos campos de Payquere e Mourão".[39]

A presença indígena nas terras em Campo Mourão era intensa:

> Em seu último relatório de 1879, Cleve [...] Fala ainda da existência de diversos *toldos espalhados pelas matas do vale do Ivaí, sendo os mais importantes os comandados pelos caciques Bandeira*, Henrique, Gregório e outros caciques *não baptizados e ainda não rendidos à civilização*. Em 9 de novembro de 1880, o juiz Cleve acusa o recebimento do título de posse das terras do aldeamento dos índios de Guarapuava (grifo meu).[40]

Desde a perda dos campos de Guarapuava a assimetria populacional com a sociedade nacional era cada vez maior, e sua dependência de produtos como o ferro cada vez maior. Forçando-os a aprender outras formas de negociar, por exemplo, utilizando os caminhos da burocracia estatal, apesar de nem sempre serem

---

36 SIMIONATO, Edina. *Campo Mourão sua gente... sua história*. 2ª ed. rev. e amp. Campo Mourão: Bacon, 1999, p. 15.

37 IMPORTANTE descoberta no Paraná. *O paranaense*, nº 126, ano III, 22 dez. 1880 *apud* VEIGA, *op. cit.*, p. 80.

38 ONOFRE, 2005, *op. cit.*, p. 43. VEIGA, *op. cit.*, p. 79.

39 MOTA, 1994, *op. cit.*, p. 202.

40 *Ibidem*, p. 200.

atendidos. Deslocar-se a Curitiba era uma forma de pressionar o Governo para conseguir recursos:

> Iniciou-se o ano de 1879 com um fluxo grande de índios a Curitiba. [...] Os índios que estiveram na capital em julho era o grupo chefiado pelo *cacique Luiz Cleve residente no 'Campo Moron'*. O diretor-geral dos índios, Hypólito Alves de Araújo, recomendou-os ao presidente Manuel P. de O. Dantas, adiantando que eles viriam *pedir V. Exa. Ferramentas, roupas e armas. Esta pobre gente vem de enormes distâncias em procura destes recursos*. O Cônego A. Braga de Araújo, de Guarapuava, informava, em 29 de maio de 1879, que tinham chegado aquela freguesia trezentos índios dos campos denominados Moron e Payquerê. Vinham a fim de falar com o diretor dos índios e, após serem informados de que o diretor residia na vila de Palmeiras, muitas léguas distante de Guarapuava, ficaram bem descontentes e contrariados. Muitos regressaram ás suas moradias, 'Entretanto, alguns delles [sic] resolveram ir apresentar-se à V. Sa., são portadores desta, com o fim de pedir-lhe alguns recursos, se for conveniente, irão à Capital.' [...] Em 15 de maio de 1879, eles chegavam a Guarapuava, vindo dos Campo Moron e Payquerê, a cerca de 100 quilômetros a oeste (grifo meu).[41]

É necessário compreender a ação Kaingang. O constante deslocamento das populações indígenas era algo que não pertencia, apenas, ao seu modo de vida tradicional, mas fazia parte de suas estratégias de negociação, daí tal fluidez ser não apenas dentro do *sertão* mas também entre os dois lados da frente de expansão. Viver em aldeamentos era uma forma de se subordinar, mas também de resistir e negociar. Muitas vezes certos grupos sumiam durante meses dos aldeamentos, ouvia-se notícias que aconteciam ataques de índios aparentemente "selvagens" em alguma região distante, então o grupo indígena aparecia novamente no aldeamento portando despojos. Como afirma Lúcio T. da Mota, o "fato de já estarem aldeados em locais fixos, determinados pelo governo, mas continuarem a sua vida nômade pelos campos e matas adjacentes, não é compreendido por muitos historiadores, geógrafos e outros que escreveram e escrevem sobre o Paraná."[42] De onde se desprende que é possível pensar a presença Kaingang na região de Campo Mourão para além do século XIX. Um mapa de 1942 com o plano de colonização da cidade da Gleba 5 da Colônia Mourão, do então distrito de Campo Mourão, apresentou vários locais indicados como "roças indígenas",[43] e há relatos que quando da demarcação da gleba havia nelas apenas "11 famílias de ocupantes e alguns

---

41 *Ibidem*, p. 189.

42 *Ibidem*, p. 89.

43 DEPARTAMENTO de Geografia Terras e Colonização. *Relatório apresentado pelo Departamento de Geografia, Terras e Colonização do Estado do Paraná, referente aos trabalhos de colonização*. Curitiba, 1954.

índios".[44] Não se sabe, entretanto, se se tratava de Xetá ou Kaingang. Ademais, um entrevistado descendente da família Pereira, que chegou na região em 1903, fez a seguinte narrativa da relação com sociedades indígenas na região de Campo Mourão no início do século XX:

> O Sr. se lembra de ter encontrado índio por aqui na região?
>
> Não [...] quando eles adentraram em Campo Mourão tinha dois que eles falavam toro de índio.
>
> [...] Meu avô contava, eles chegaram, trouxeram uma pessoa que falava a língua do índio para vir junto com eles chamava-se Robertinho, essa pessoa. Eles se apresentaram no meio do bloco de índio, e o outro revoltou e foi embora. Ficou só aquele junto com eles. A minha avó, por exemplo, ela tem descendência de índio. Minha avó era casada com família de italiano, alemão e ela tinha descendência de índio, ela era bem perto de índio mesmo. Minha mãe contava quando os índios caçavam, eles caçavam muito e pescavam, né, então na casa da minha avó e do meu avô não faltava caça, não faltava carne [...]. Eles matavam e traziam carne para minha mãe comer [...]. Só que eles eram muito amigos. Ai por causa de uma posse de terra meu avô foi morto, morreu novo, um cara esperou por atrás de um pau e matou ele. Ai os índios se juntaram e foi atrás do cabra pra matar ele mais não pegaram o cara, sumiu, desapareceu. Eu não existia porque minha mãe era novinha naquele tempo depois a gente se formou daí ela contava a história [...]
>
> Os pais do Sr. chegaram a contar o que aconteceu com essas comunidades de indígenas? [...]
>
> Eles foram embora tudo, depois que mataram meu avô [...] aquele outro também de Campo Mourão foram embora. Existia um grande comentário que Campo Mourão não era esse Campo Mourão, Campo Mourão era outro, e os índios mentiam muito, contava muita mentira, [...] Campo Mourão era outro, mas não existia porque não descobriu, ninguém descobriu mais nada, era mentira deles. Eles foram embora daí eu não sei para onde foram, não sei te explicar.[45]

Não cabe aqui questionar sobre a veracidade da narrativa. Como em toda memória há mecanismos próprios de elaboração, e ela é fruto mais do tempo de sua rememoração do que da vivência dos fatos narrados. No caso, trata-se claramente de uma memória familiar, mas é um indício interessante da presença indígena na região. É possível efetuar algumas importantes inferências a partir de tal narrativa: parece bastante plausível que houve alguma colaboração entre os "pioneiros" e os Kaingang. Como já argumentou Lucio T. da Mota, a negociação era uma prática tão

44 BERNARDES, Lysia Maria Cavalcanti. "O problema das "frentes pioneiras" no Estado do Paraná". *Revista Brasileira de Geografia*, nº 3, vol. 15, jul.-set., 1953, p. 3-52.

45 PEREIRA, João Viana. *João Viana Pereira: depoimento* [1998]. Entrevistador: Ely Bergo de Carvalho. Engenheiro Beltrão, 1998. 1 fita cassete.

comum como o combate entre os Kaingang, buscando vantagens, mesmo que momentâneas, nas relações tão assimétricas que estabeleceram, sendo que havia possíveis aliados e inimigos dos dois lados da fronteira. Dependendo dos seus objetivos: conseguir ferramentas de ferro, munição, terras etc; e de suas táticas: solicitar ao governo ou roubar os "invasores" brancos. Havia aliados ou inimigos entre os Kaingang "aldeados ou selvagens", como entre os padres, funcionários públicos, sertanejos ou fazendeiros locais. Por exemplo, Guilherme de Paula Xavier, um "coronel" que morou em terras campo-mourenses entre 1926 e 1931, tem um filho que narrou a seguinte história: "Quando dava tempo de perceber movimentos de índios pela redondeza, ou quando meu pai viajava, enterrava tudo de valor, até as ferramentas, pra quando os bugres chegassem não vissem e nem levassem." E complementa que seu pai "'tinha uma roupa boa, no baú que só usava pra viajar e fazer visitas. Certo dia papai chega na casa e um índio tinha vestido aquela roupa. Deu o que fazer pra ele convencer o bugre a devolver'".[46] Apesar de uma filha de Xavier rememorar que, quando era pequena, em Campo Mourão, "se pelava de medo dos bugres", pois chegavam nas taperas e "não pedia, chegava e levava",[47] e do medo dos "índios" ser um elemento presente em outras memórias não oficiais, a atitude narrada do "coronel" é de alguém que está, explicitamente, negociando com os "bugres".

Os dados trazidos a lume, também ajudam a compreender personagens enigmáticos como a do Capitão Índio Bandeira. Provavelmente o título de capitão foi concedido por alguma autoridade do Estado a fim de cooptá-lo. Como já argumentei, esse não foi o único mecanismo com essa finalidade. Luiz Cleve refere-se a Bandeira "em ofício ao presidente Dantas Filho, em dezembro de 1879, como sendo o comandante de importante toldo nas matas entre os rios Corumbataí e Ivaí".[48]

> Cleve diz conhecer pessoalmente o cacique Bandeira, ao qual têm dado ferramentas e tecidos, sendo ele de boa índole. Afirma que fará uma visita a ele para convencê-lo a vir morar no novo aldeamento das Marrecas.
>
> Em 14 de junho de 1879, a Thesouraria de Fazenda do Paraná informou ao presidente da província que, de acordo com o Ministério da Agricultura tinha sido aumentada a verba para a catequese, a fim de socorrer as despesas com a catequese dos índios em Guarapuava, inclusive o pagamento de uma gratificação de 20 mil réis aos caciques Bandeira, Gregório e Jong-jó. O cacique Bandeira e os outros que já recebiam gratificação do governo provincial passam a ter seus soldos pagos pelo governo do Império.[49]

A frente de expansão é uma fronteira, espaço de encontro com o Outro, mas também de reelaboração do "Eu" e do Outro.[50] Em quase 200 anos de lutas e ne-

46 BATHKE JÚNIOR, Wille. "Laura de Paula Xavier, Sebastião de Paula Xavier, 37". *Tribuna do Interior*, Campo Mourão, 12 mai. 2002. Especial: Projeto Raízes.

47 *Ibidem*.

48 MOTA, 1994, *op. cit.*, p. 241.

49 *Ibidem*, p. 242.

50 MARTINS, 1996, *op. cit.*

gociação, que então tinham passado desde os primeiros conflitos, na região, os Kaingang sofreram profundas modificações no seu modo de vida, mas dentro das condições determinadas eles continuavam a agir dentro do seu campo de possibilidades. O cacique Bandeira parece ser alguém que optou por uma estratégia de maior aproximação com a sociedade nacional, explorando as margens de manobra com o recebimento de recursos do Governo.

A política de aldeamento esbarrou, porém, em pelo menos dois grandes obstáculos, por um lado nos poucos recursos e na ineficiência da ação estatal e por outro na expansão da fronteira agrícola.[51]

> A década de 1920 foi marcada por graves acontecimentos na região da serra da Pitanga, nas margens direita do rio Ivaí. O povoamento da região entrava num processo cada vez mais acelerado e se chocava com as tribos estabelecidas nos diversos toldos ali existentes. Grande contingente de índios tinha se fixado na região a partir das décadas de 1870/80, atraídos por promessas do governo da província. Suas reservas já eram leis promulgadas pelo governo do Paraná, mas ainda não estavam demarcadas e vinham sendo ocupadas por brancos que vinham de Guarapuava, ao sul, Ponta Grossa e Terezina, a leste. Diante disso, os Kaingang voltaram a agir como antigamente, atacando a população ameaçando as vilas e cidades próximas.[52]

A margem esquerda do Ivaí, em direção a Campo Mourão, não ficou incólume a tais conflitos. Até porque, novas "terras na margem esquerda do Ivaí, haviam sido doadas, mas por falta de demarcação estavam igualmente sendo invadidas".[53] Conforme descreve um jornal de Curitiba:

> 'convencidos como estavam os silvícolas de que tudo na Serra da Pitanga lhes pertencia [...] Reúnem-se em número considerável e avisam ao povo para que, dentro de três dias abandonem suas casas e em seguida dão começo ao saque'.[54]

Depois de vários dias de conflito inclusive com fuga em massa da região da serra da Pitanga, bem como a organização de milícia por comerciantes, um subdelegado faz o seguinte relato sob os acontecimentos do ano de 1923:

> No dia 19 de abril, o Diário da Tarde publicava o telegrama do subdelegado Pedro Nolasco, que estivera no local do conflito: 'No dia 2 começaram os saques e assassínios, perdurando até o dia 6, sendo saqueadas as casas comerciais dos Srs. Manoel Mendes de Camargo e Generoso Walther, ao valor de 60 contos de reis, duas casas de famílias sofreram saques completos.' 'Manoel Lourenço, senhora e filho, e o alemão Landmann foram degolados, cujos cri-

---

51 MOTA, 1994, *op. cit.*

52 *Ibidem*, p. 164.

53 *Ibidem*, p. 164.

54 *Gazeta do Povo*, Curitiba, 31 mar. 1923, *apud* MOTA, 1994, *op. cit.*, p. 164-165.

> mes foram cometidos pelos índios que passaram quatro dias arrebanhando animais vacuns suínos e cavalar, sendo o prejuízo muito grande.' 'Visitei 43 casas desabitadas na maior parte de alemães. Sigo hoje para uma aldeia na margem do Ivahy a ver se consigo rehaver [sic] as mercadorias e animais'.[55]

A violência aberta e a negociação estavam no campo de possibilidades dos agentes em conflito. Será que o subdelegado Pedro Nolasco, iria forçar ou pedir a devolução das mercadorias? Ambas as atitudes eram possíveis, dependendo do momento. No campo de possibilidades dos Kaingang deslocar-se não era apenas uma questão ecológica de aproveitar novas áreas de caça ou a colheita do pinhão (nas áreas de cerrado e de mata de araucária), mas uma forma de garantir sua autonomia e seu modo de vida. Seu potencial de mobilidade foi defendido, mas a ocupação em massa das vastas florestas e até mesmo das áreas reservadas aos indígenas coloca em xeque aquela possibilidade de mobilidade.[56] Com a maciça vinda de migrantes durante o século XX e o desflorestamento que a acompanhou a margem de manobra destas comunidades ficaram cada vez menor assim como sua população continuou a diminuir até que conseguiram se restabelecer sob novas bases, confinados nas atuais terras indígenas, em uma profunda reelaboração do seu modo de vida e da sua identidade. Na base do conflito pela terra, portanto, está a manutenção de um modo de vida e de uma identidade.

OS PECUARISTAS DOS CAMPOS DE GUARAPUAVA

As primeiras tentativas modernas de colonização da região de Campo Mourão foram feitas a partir dos campos de Guarapuava, atravessando a faixa de Floresta Ombrófila Mista em direção à área de cerrado em Campo Mourão. Na segunda metade do século XIX, ocorreram várias expedições à região de Campo Mourão. Essas expedições eram motivadas por dois interesses: a comunicação com o Mato Grosso – fator geopolítico e econômico central para o Estado, que era obrigado a se comunicar com aquela província através do rio da Prata, – e o interesse de fazendeiros de gado de Guarapuava de expandir suas terras, uma vez que o sistema de criação extensivo de gado nos campos naturais de Guarapuava tinha uma produtividade decrescente, o que demandava mais terras.[57] Tendo já em "1875, Rocha Loures, Manoel Joaquim de Oliveira, Domingo Aires de Araújo e outros

55 MOTA, 1994, *op. cit.*, p. 168.

56 *Ibidem*, p. 87, 89.

57 SORIANO, Sara Mônica Pitot de. *Expropriação e violência: A luta dos trabalhadores rurais pelo acesso à terra (Campo Mourão: 1946-1964).* Dissertação (mestrado em História) – Universidade Estadual de Maringá/Universidade Estadual de Londrina, Maringá, 2002, p. 65 *et seq*.

registraram um requerimento de compra [na região então denominada Campo do Mourão] ao governo provincial".[58]

Uma destas expedições comandada por Norberto Mendes Cordeiro chegou aos campos cerrados de "Campo do Mourão" em 1880. Em 1893, Cordeiro juntamente com vários fazendeiros da região de Guarapuava, como Guilherme de Paula Xavier, teriam feito uma declaração de "posse mansa e pacífica" de 60 mil hectares, "somente Jorge Walter fixou-se em Campo Mourão tentando alargar empreendimentos, que afinal feneceram. Jorge Walter fora um russo que se aliara a fazendeiros de Guarapuava, financiado por estes para realizar o trabalho de colonização de Campo Mourão".[59]

Algumas características biofísicas da região, como a "inexistência de campo em abundância",[60] e a dificuldade de transporte das reses até o comércio em Guarapuava,[61] contribuíram para a "atividade pecuária voltada para o autoconsumo e a complementação da atividade agrícola",[62] e para esses fazendeiros não virem efetivamente para a região, apesar de requererem as terras.[63]

OS LAVRADORES

Assim não foram os pecuaristas guarapuavanos que iniciaram uma (re)ocupação efetiva dos "Campo de Mourão". O fluxo migratório que inicia a colonização moderna da região de Campo Mourão só se efetiva em 1903, com a vinda da família Pereira:

> Em 1897, José Luiz Pereira, [...] sertanejo, deixa sua terra natal, em São Paulo e embrenha-se para o sul, conduzindo sua mudança em carros de bois, juntamente com seus filhos, sua mulher e sua mãe. Já naquela época, tinha notícias sobre Campo Mourão, porém não conseguiu chegar, devido às muitas dificuldades encontradas pelo caminho. [...] Fixou-se em Guarapuava e fez muitas tentativas para chegar em Campo Mourão, onde conseguiu finalmente chegar, em 1903.[64]

Outros autores apontam o nome de outras famílias que chegaram no mesmo período:

---

58 *Ibidem*, p. 66.

59 VEIGA, *op. cit.*, p. 29.

60 ONOFRE, *op. cit.*, p. 74.

61 VEIGA, *op. cit.*, p. 87.

62 ONOFRE, *op. cit.*, p. 74.

63 VEIGA, *op. cit.*, p. 29; ONOFRE, *op. cit.*, p. 74.

64 SIMIONATO, *op. cit.*, p. 15.

> O povoamento[sic] desta região só se deu de maneira decisiva após 1903 [...] com a chegada dos senhores Antonio Luiz Pereira, José Luiz Pereira, Bento Gonçalves Proença e Cesário Manoel dos Santos, que, acompanhados de suas respectivas famílias, ali construíram suas casas, e dedicaram-se à agricultura e pecuária, iniciou-se o seu desenvolvimento.[65]

A partir da vinda dos irmãos Pereira, parece haver um fluxo migratório, primeiro de paulistas, como os Custódio de Oliveira que chegaram em 1910, depois de migrantes vindos do Paraná Tradicional, em especial dos campos de Guarapuava, e, ainda, em menor número, de elementos vindos de Santa Catarina e Rio Grande do Sul, e que marcam esta fase, que vai até 1939.

Em visita à região de Campo Mourão em 1909, Pe. Francisco Vedder estimou que "não ultrapassaria a cem pessoas" a população que ali se encontrava, provavelmente referindo-se, apenas, à população "branca" da área de cerrado e seu entorno. Em 1921, porém, a população do Distrito Policial e Judiciário de Campo Mourão, seria de 200 pessoas. Já em 1934 a população do Distrito era de 2 mil habitantes. Em 1940, o distrito possuía 11.964 habitantes. O município de Campo Mourão foi criado em 1947 e em 1950 possuía 32.675 habitantes.[66] Chegando a mesorregião a possuir, em 1970, mais de 500 mil habitantes.

O grande fluxo de migrantes a partir da década de 1940 relacionou-se à chegada da fronteira agrícola que se sobrepuseram na região, contando também com a melhoria das possibilidades de transporte. No início do século XX, o acesso às terras no "Campo do Mourão" se dava através da cidade de Guarapuava, abrindo picadas ou aproveitando e alargando picadas indígenas no meio da floresta. Entre 1908 e 1921 empreendeu-se, por diversas tentativas, a construção de uma estrada para conduzir gado de Mato Grosso para Guarapuava, ampliando, assim, o acesso entre Guarapuava e "Campo do Mourão". Tal caminho, conhecido como *Estrada Boiadeira,* inicialmente foi "uma estrada frustrada, já que depois de algumas viagens ela foi abandonada, tal o estado miserável em que os bois chegavam aos Campos Gerais após atravessar a floresta bravia e indomável".[67]

Em 1939 o inspetor ainda tinha que fazer a viagem de Guarapuava, sede da 5ª Inspetoria, até Campo Mourão a cavalo, mas no ano seguinte o governo do Estado providenciou a "reconstrução e alargamento" da "Rodovia Pitanga-Campo Mourão", de forma que Campo Mourão passou a comunicar-se com a cidade de Guarapuava por "estrada de rodagem sem traçado técnico, mas que permite trânsito regular de qualquer veículo em tempos normais. A extensão desta estrada é de

65 EL-KHATIB, Faisssal. *História do Paraná: municípios do Paraná*. Curitiba: GRAFIPAR, 1969.

66 VEIGA, *op. cit.*, p. 55-56.

67 *Ibidem*, p. 87.

270 Km, passando pela cidade de Pitanga, que dista 164 km. de Campo Mourão."[68] Entretanto, o primeiro prefeito eleito de Campo Mourão (1947/1950), Pedro Viriato de Souza Filho, chamou tal estrada, de a "péssima que nos ligava a Pitanga", e lembra que o governo do Estado argumentou que o melhor para o Município seria produzir energia no local por meio de uma pequena hidrelétrica, pois não havia "estradas para garantir o transporte de óleo".[69]

A outra via de escoamento da produção da região foi em direção ao Norte do Paraná, ou seja, às cidades de Maringá e Londrina.

> A partir de 1938 começaram as comunicações de Campo Mourão com a região Norte paranaense, através do porto das Bananeiras e por Vila Rica (Fênix). Tais comunicações eram caminhos de cargueiros que demandavam a Apucarana, para onde se conduziam alguns produtos agrícolas da região, inclusive porcadas. As comunicações mais frequentes, porém, se faziam com Pitanga e Guarapuava, por comitivas periódicas.[70]

A chegada da ferrovia foi um grande fator de expansão da penetração no *sertão*, a estrada de ferro alcançou Londrina em 1935, Apucarana em 1937 e Maringá, apenas, em 1954.

Em 1944, a região "liga-se por estrada de rodagem com Maringá e passa a receber o influxo de lavradores e criadores em busca de novas áreas para o plantio do café e para a formação de safras".[71] O IBGE informa que em 1948 a Rodovia Campo Mourão-Curitiba, via Pitanga era a única de responsabilidade do Governo do Estado, mas era feita, na região, de "terra melhorada". Havia, ainda, outras quatro rodovias de responsabilidade do Município, sendo a maior delas a que passava por Peabiru e Engenheiro Beltrão, em direção ao Norte do Estado, sendo feita de "terra natural" e dependendo, de balsa para cruzar o rio Ivaí.[72]

Esta dificuldade de transporte foi resolvida gradualmente, a ausência ou as péssimas estradas permaneceram como um problema para o escoamento da produção. Em relação à saída em direção a cidade de Maringá, distante aproximadamente cem quilômetros de Campo Mourão, a dificuldade de transporte só foi efetivamente resolvido com o asfaltamento da rodovia, já no final dos anos 1960.[73] E a ligação direta em direção ao Paraná Tradicional, rodovia BR 487, somente foi asfaltada em 1980.

---

68 DEPARTAMENTO de Terras e Colonização. 5ª Inspetoria de Terras. [s.d.], *op. cit.*.; VEIGA, *op. cit.*, p. 144.

69 SOUZA FILHO, Pedro Viriato. Discurso na semana da pátria de 1978. In: VEIGA, *op. cit.*, p. 97-102.

70 SIMIONATO, *op. cit.*, p. 39.

71 *Ibidem*, p. 39.

72 IBGE. Departamento Estadual de Estatística, 1950, *op. cit.*, p. 24.

73 "RODOVIA Maringá C. Mourão inicia-se hoje o asfaltamento". *O Jornal*, Maringá, 9 out. 1966, p. 1.

No ano de 1939, iniciaram-se os serviços de colonização em terras no então Município de Guarapuava. O plano de colonização compreendia a região entre os rios Ivaí e Piquirí.[74] Estabelecendo a partir desta data, na região estudada, várias colônias como a: Cantu, Goio-Bang, Goio-Erê, Muquilão e Mourão.

Estes dois fatores, o da abertura da região ao grande fluxo migratório vindo do Norte do Estado (Maringá, Londrina), ligado à produção cafeeira, e os trabalhos de colonização planejados pelo Governo do Estado, detonaram o rápido, violento e desordenado processo de colonização dirigida e do brutal desflorestamento na região.

Nessa região vão se sobrepor os três fluxos migratórios responsáveis por transformar o "sertão do Paraná", durante o século XX, de uma vasta área florestal em uma vasta área de agropecuária comercial. Uma composta por gaúchos e catarinenses, vindos do sul, se dedicando principalmente ao cultivo de cereais; outra composta, predominantemente, de paulistas e mineiros, vindos do norte, fortemente associada ao cultivo de café, sendo as áreas de Floresta Estacional Semidecidual, em geral, as mais adequadas a cultura cafeeira, até o paralelo 24, e uma terceira, vinda do "Paraná Tradicional".[75]

Figura 2 – Paraná: grandes frentes de colonização, com a região de Campo Mourão em destaque

FONTE: SERRA, Elpídio. *Processo de ocupação e a luta pela terra agrícola no Paraná*. Tese (Doutorado em Geografia) – Instituto de Geociências e Ciências Exatas, Universidade Estadual Paulista Júlio de Mesquita Filho, Unesp, Rio Claro, 1991. Adaptado por Ely B. de Carvalho

74 SORIANO, *op. cit.*, p. 70.

75 WACHOWICZ, *op. cit.*, p. 267 *et seq.*

UMA RACIONALIDADE CAMPESINA

Neste período aqui enfocado, 1903-1939, a região de Campo de Mourão era uma frente de expansão. Conforme Martins,[76] a frente de expansão é uma "expansão da civilização". Como é comum na frente de expansão se praticava uma economia de excedente:

Um depoente, nascido em 1908, cuja família migrou para a atual região de Campo Mourão vindos do interior de São Paulo, assim descreve a vida econômica da época:

> Quando minha família chegou aqui (10/10/1910) era sertão bruto. Não tinha uma loja pra comprar sal. As compras eram feitas em Guarapuava. [...] Iam comprar querosene, sal, algumas roupas prá vestir, pólvora... – *Não tinha dinheiro*... eles levaram arroz e café limpo, socados no monjolo... couros de bichos que eles matavam... Eles se revezam nas viagens de compras, mas cada animal era de um dono, tinha seu pedido e *os produtos prá trocar*. Transportavam tudo em lombo de 15...20 mulas...(grifo meu)[77]

A região estudada não se constitui numa sociedade fechada voltada para a subsistência. Existiam ligações comerciais, fundamentalmente com a cidade de Guarapuava. Havia, portanto, uma exploração voltada para o mercado capitalista, que segundo a interpretação de Martins[78] referindo-se às frentes de expansão no Brasil, podia ser entendida como dada em moldes não capitalistas. Trata-se de uma economia pouco monetarizada, baseada principalmente no trabalho familiar. Devido à dificuldade de transporte, os produtos deveriam ter um bom valor agregado e o acesso aos produtos via mercado, apesar de serem vitais, como o sal, era escasso.

Em tal contexto há fortes relações de reciprocidade dentre os moradores da região. Sendo comum o relato de "mutirões" feitos para "ajudar" vizinhos. Como os que eram feitos no sítio de João Mentes Pereira: "Após três dias de serviço, fazia-se uma festa e tinha tanta comilança! E o senhor João Mendes ficava com a terra pronta para plantar ou já plantada".[79] Ou, ainda, a reciprocidade familiar, por exemplo, é apontada como a causa da vinda da família Pereira para Campo Mourão: "Contam os mais antigos da família Pereira que o fato motivador da mudança dos irmãos Pereira para os sertões do Paraná fora o assassinato de um de seus irmãos, Joaquim Luiz Pereira, por um vizinho de terras em Santa Cruz do Rio Pardo (SP)." Em virtude de tal assassinato os "irmãos se reuniram e chegaram à conclusão de que, se ficassem nas terras onde estavam, iriam acabar matando o

76 MARTINS, 1996, *op. cit.*, p. 27 *et seq.*

77 BATHKE JÚNIOR, Wille. "Joaquim Teodoro de Oliveira, 10". *Tribuna do Interior*, Campo Mourão, 4 nov. 2001, p. 7. Especial: Projeto Raízes.

78 MARTINS, 1996, *op. cit.*, p. 30-1, *passim.*

79 LARA, João Maria. *Campo Mourão 100 anos do desbravamento 1903-2003: Uma homenagem à família Pereira.* Campo Mourão: Kromoset, 2003, p. 47.

assassino de seu irmão, o que poderia gerar vingança por parte da outra família, podendo ainda gerar muitas outras mortes de um lado e de outro." Para evitar uma sequência de assassinatos pautados na obrigação de "lavar a honra" da família os irmãos teriam migrado para o "sertão do Paraná".[80] Tudo isso, configura um modo de vida diferenciado do mundo dito moderno.

Tal modo de vida se insere em uma tradição de campesinidade na qual há uma "ordem moral" própria, na qual:

> Vê-se a terra, não como natureza sobre a qual se projete o trabalho de um grupo doméstico, mas como patrimônio da família, sobre a qual se faz o trabalho que constrói a família enquanto valor. Como patrimônio, ou como dádiva de Deus, a terra não é simples coisa ou mercadoria.[81]

Um "pioneiro" da família Custódio de Oliveira afirma:

> As terras ocupadas pela família Custódio de Oliveira foram legalizadas mais de 20 anos depois [...] 'O pai de papai ficou só com 100 alqueires, no começo. [...] Os posseiros que tinham aqui não brigavam entre si [...] Era comum chegar alguém e dizer: você tem tanta terra dá um pouco prá mim?!... E papai, meus tios, davam os requerimentos de terra', conta Carlinhos, 'As brigas e mortes eram com os grileiros que vinham de fora'[82]

Pode-se questionar o que significava "dar" terra entre posseiros, em especial porque os entrevistados afirmam, também, haver "compra de posses" nesse período. Mas o fato de haver comércio de terras não implicava, necessariamente, que houvesse um mercado de terras em moldes capitalistas, uma vez que isto depende dos termos em que estes negócios eram realizados.[83] A tais termos de troca não tive acesso. Mas o que é certo é que, em terra de fronteira aberta, a posse da terra tem uma ligação maior com as relações pessoais e a ordem moral, do que com fatores de mercado.[84] Ademais, não havia apenas uma apropriação privada da terra.

> 'O gado e os cavalos se misturavam com os animais dos Pereira por toda a campina e carrascais entre a água dos divisores dos rios de Campo e 19, mas era tudo marcado a ferro e fogo pra não se perder e não virar confusão entre as duas famílias, que se davam muito bem', fala sério Sebastião.[85]

---

80 *Ibidem*, p. 38.

81 WOORTMANN, Klaas. "'Com parente não se neguceia': o campesinato como ordem moral." *Anuário Antropológico*, 1987, p. 11-73.

82 BATHKE JÚNIOR, Wille. "Joaquim Teodoro de Oliveira, 10". *Tribuna do Interior*, Campo Mourão, 4 nov. 2001, p. 7. Especial: Projeto Raízes.

83 LEVI, 2000, *op. cit.*, p. 131 *et seq.*

84 THOMPSON, E. P. *Senhores e Caçadores: A origem da Lei Negra*. 2ª ed. Rio de Janeiro: Paz e Terra, 1987.

85 BATHKE JÚNIOR, Wille. "Família Custodio de Oliveira, 47". *Tribuna do Interior*, Campo Mourão, 21 jul. 2002. Especial: Projeto Raízes.

Da fala do membro da família Custódio de Oliveira podemos inferir a existência de terras de uso comum. Isso pode ser derivado de uma longa tradição de tal prática na cultura camponesa e/ou resultado das condições biogeográficas e econômicas locais. Pode-se presumir que havia normas (explicitas ou não) de apropriação destas terras comuns, bem como de outros recursos. Tais normas perderam a eficácia com a apropriação privada do cerrado e demais terras, que se seguiu a colonização dirigida.

No período estudado, a região de Campo Mourão foi uma região de fronteira aberta. As entrevistas[86] registram a presença, no período, de "agregados e empregados". Mas era uma sociedade fundamentalmente de agricultores familiares. Embora não se possa definir bem os fatores restritivos de acesso à posse da terra para estes agregados e empregados, são bem mais claros os fatores que complicavam o acesso à propriedade da terra, não obstante a vastidão de terras devolutas. Desde a Lei de Terras, de 1850, a compra era a única forma de acesso à propriedade de terras devolutas. Apesar do preço cobrado pelas terras ser relativamente baixo, os caminhos burocráticos para efetivar tal compra, para homens e mulheres com pouca instrução e morando a centenas de quilômetros de Curitiba, era extremamente complicado. Ademais, em uma economia pouco monetarizada era muito difícil conseguir os recursos para efetuar o pagamento, mesmo que as terras fossem relativamente baratas. Como exemplo, temos Eugenio Custodio de Oliveira que lembra: "Os irmãos Custódios de Oliveira tinham receio de se apossar de grandes porções de terra e depois não poder pagar ao Governo. Perderam muito porque não escrituraram. Outros vieram e tomaram".[87] e ainda um membro da família Pereira: "Tudo que a gente tinha, quase a metade de Campo Mourão, perdemos", lamenta dona Deolinda".[88] Em geral conseguiram o título de propriedade, mas de áreas pequenas e médias.

Mesmo aqueles que conseguiam efetuar a requisição de grandes áreas de terras, às vezes, não conseguiam pagá-las, como no caso de Ananias Luiz Pereira:

> Na condição de morador da terra, o senhor Ananias Luiz Pereira requereu do Estado 703,6 alqueires de terras, obtendo o título de posse da chamada fazenda Campo Bandeira. De acordo com Lara, um descendente da família Pereira, a fazenda ficava ao lado direito do rio do Campo, possuindo uma faixa de pinheiros naturais. [...] Mas os rendimentos obtidos com o trabalho na terra eram poucos e, no ano de 1940, esse pioneiro precisou vender sua propriedade para o senhor Georges Jort, por não conseguir pagar as

86 Conjunto de 54 entrevistas organizadas por Wille Bathke Júnior e publicadas no jornal *Tribuna do Interior*, entre 2001 e 2002, com "pioneiros" de Campo Mourão.

87 BATHKE JÚNIOR, Wille. "Família Custodio de Oliveira, 47". *Tribuna do Interior*, Campo Mourão, 21 jul. 2002. Especial: Projeto Raízes.

88 BATHKE JÚNIOR, Wille. "Deolinda Luiza Pereira, 20". *Tribuna do Interior*, Campo Mourão, 13 jan. 2002, p. 7. Especial: Projeto Raízes.

> prestações da terra para o governo. O título da propriedade saiu ainda em seu nome, sendo escriturado em seguida ao novo proprietário.[89]

Caso parecido é o de Miguel Luiz Pereira, que chegou com sua família em Campo Mourão em 1903: "ele era 'proprietário de uma área de 1.110 alqueires, [2.686,2 hectares] que ia da Vila Rio Grande até a nascente do Rio do Campo. Anos mais tarde, o velho, engabelado, vendeu a fazenda a um tal de Luiz Louça que veio de Guarapuava, após concluir que não poderia pagar a posse das terras".[90] Um de seus filhos, João Mendes Pereira, comprou de volta 91,75 alqueires.[91] Ou ainda, Luiz Pereira da Cruz, nascido em 1871, que teve 21 filhos, sendo que 13 sobreviveram, veio para Campo Mourão em 1910, e "abriu, com a ajuda dos filhos, uma fazenda de 264 alqueires [638,88 hectares] na região além da Fazenda Campo Bandeira". Após a morte da sua esposa em 1944, "vendo que não conseguia terminar de pagar a fazenda disse aos filhos que a terminasse", e dividiu a fazenda.[92] Em um livro de memórias sobre a família se explica que os membros da família, enfim, preferiram "vender as terras, ao invés de vender o gado".[93]

O senhor José Luiz Pereira, considerado o primeiro neste fluxo migratório a fixar residência na região não conseguiu a propriedade da terra.

> Segundo entrevista com seu neto Eurides Pereira a dificuldade de registrar a terra era arrumar dinheiro para ir a cavalo até Curitiba. Depois de registrada a terra, o proprietário teria que pagar uma pequena taxa mensal para o governo. Mas as dificuldades financeiras eram tantas que meu avô não tinha dinheiro nem para pagar os custos da viagem. [...] Decepcionado por não conseguir o título da terra e em virtude da morte de sua esposa, José Luiz Pereira mudou-se de Campo Mourão, deixando sua família. Mas apesar do avô não ter conseguido terra, o senhor Eurides relatou que ajudou um agrimensor a medir fazendas em Campo Mourão, e como pagamento ganhou o direito de 200 hectares de terra, a qual pagou por mês, durante vários anos e registrou ao término das prestações.[94]

Na trajetória de Eurides Pereira já se tem um prenúncio de como eram tortuosos os caminhos de acesso à propriedade da terra. O que o avô não conseguiu sendo o "pioneiro", o neto conseguiu como pagamento de um serviço, ou como um favor clientelista. Dessa forma, aqueles que tinham maior capacidade de circulação e influência junto à burocracia estatal tinham maior possibilidade de ter a propriedade da terra.

---

89 ONOFRE, *op. cit.*, p. 108.

90 LARA, 2003, *op. cit.*, p. 46.

91 *Ibidem*, p. 46.

92 *Ibidem*, p. 55-56.

93 *Ibidem*, p. 80.

94 ONOFRE, *op. cit.*, p. 109-110.

Um outro exemplo é descrito no depoimento dos filhos de Guilherme de Paula Xavier, que foi o primeiro juiz de paz do distrito de Campo Mourão, em 1921, e que era chamado de "coronel". Seu filho afirma: "Os Pereira deram uma bobeada, não titularam as posses da terra e perderam quase tudo. Meu pai titulou tudo direitinho. Antes de morrer deixou a Fazenda Santa Maria pros filhos e minha mãe ficou com o gado".[95]

Cabe observar, entretanto, que Guilherme de Paula Xavier passou a morar com a família na região em 1926 após conflitos políticos que teve na região de Laranjeiras do Sul, no Paraná.[96] A dificuldade de transporte e o tipo e a relativa exiguidade de pasto disponível foram alguns dos fatores que não tornavam a região uma área de interesse para os pecuaristas tradicionais dos campos de Guarapuava, daí, apesar dos requerimentos efetuados de terras, inicialmente, não houve a concretização da exploração da área por parte daqueles fazendeiros. Mesmo entre os "paulistas" os "campos" do Mourão foram enganadores. Como afirma um descendente da família Custodio de Oliveira:

> Nossa mãe e os tios gostavam de campo de pasto nativo aqui não tinha nada. Era tudo carrascal, capoeira e um descampado de árvores retorcidas. Tinha um capim meio alto, que nasce até hoje nos terrenos vazios. Mata fechada mesmo só tinha pra lá dos rios do Campo e 19. [...] A melhor terra pra planta é onde nasce palmito.[97]

Dessa forma, algumas destas famílias se afastaram da região de cerrado, buscaram terras nas áreas de Floresta Estacional Semidecidual, as "terras de palmito", e se dedicaram à agricultura.

Neste período a especulação referente a terras acontecia, mas geravam pouco efeito na região. Assim, a região sofreu tentativa de "grilagem", aparentemente, sem gerar efeitos práticos na localidade. Toda a região de Campo Mourão fazia parte de grilos, ou seja, havia pessoas que tentavam se apossar de terras do Estado ou de outrem por meio de documentação falsificada, em geral, acompanhada de violência. Todavia estes grilos em questão foram cancelados por ações ordenadas pelos interventores estaduais na década de 1930. Aliás, ficam conhecidos, em geral, justamente aqueles grilos que foram cancelados, pois os bem-sucedidos entram para a história como aquisições legítimas. Os principais grilos na região estudada, cancelados na década de 1930, eram os denominados Guavirova com 413.820 hectares, a Fazenda Bandeirante com 977.050,5 hectares, e o Corumbataí, com 523.446

95 BATHKE JÚNIOR, Wille. "Guilherme de Paula Xavier, 37". *Tribuna do Interior*, Campo Mourão, 12 maio 2002. Especial: Projeto Raízes.

96 *Ibidem.*

97 BATHKE JÚNIOR, Wille. "Família Custodio de Oliveira, 47". *Tribuna do Interior*, Campo Mourão, 21 jul. 2002. Especial: Projeto Raízes.

hectares, que ficavam na área da atual região de Campo Mourão.[98] Para além dos atos de grilagem, a especulação com terras já estava presente na região. Até mesmo funcionários públicos e profissionais liberais podiam negociar terras, como narra uma filha sobre o pai que era engenheiro vinculado ao Departamento de Terras do governo do Estado: "Meu pai foi apaixonado pelos Campos do Mourão. Para cá veio a cavalo em 1922. Adquiriu posses de terra no descampado onde hoje está a região do Jardim Lar Paraná".[99]

Dessa forma, ao ser implantada a colonização dirigida, além dos posseiros os colonizadores deveriam enfrentar as propriedades "legais" que já formavam uma estrutura fundiária com grandes propriedades, mesmo que fossem propriedade rurais "de papel". No final do século XIX e durante toda a primeira metade do século XX uma série de documentos de posse e propriedade de terra é emitida para a região. A essa massa de papéis originais, (caducos ou válidos), os grileiros iriam acrescer as falsificações. E havia ainda a figura dos posseiros, que ocupavam a terra mas não tinham documentos para legalizar a propriedade. Por exemplo, quando a empresa colonizadora, Sociedade Técnica Colonizadora Engenheiro Beltrão Ltda, começou a atuar no atual Município de Engenheiro Beltrão, desmembrado da área original do município de Campo Mourão, encontrou "ocupantes". O tratamento dado pela empresa colonizadora, segundo seus relatórios, foi que: os "ocupantes" que tivessem chegado antes de 1942 poderiam solicitar ao Estado as terras em que estavam ou comprar da empresa colonizadora pelos preços praticados pelo Estado. Era um total de 38 "ocupantes"/posseiros, sendo que o menor imóvel possuía 10,5 e o maior, 102 hectares, com uma média de 52,8 hectares Havia ainda oito pessoas que aparecem como proprietários de terras no interior da gleba, que já tinham requerido as terras, algumas já aprovadas pela Secretaria de Viação e Obras Públicas. Estes eram imóveis bem maiores: o menor possuía 103,4 hectares e o maior, 774,7 hectares, com uma média de 374,8 hectares.[100] Entretanto, estas áreas maiores, em geral, não eram efetivamente cultivadas, havia apenas uma pequena parte "aberta" e o restante da área era floresta.

---

98 WESTPHALEN, Cecília Maria; MACHADO, Brasil Pinheiro; BALHANA, Altiva Pilatti. "Nota prévia ao estudo da ocupação da terra no Paraná moderno". *Boletim da Universidade Federal do Paraná*, Curitiba, nº 7, 1968, p. 1-52.

99 BATHKE JÚNIOR, Wille. "Leony Bittencourt Prado e Manoel Andrade, 53". *Tribuna do Interior*, Campo Mourão, 1 set. 2002. Especial: Projeto Raízes.

100 BELTRÃO, Alexandre. *Plano de loteamento: Memorial referente ao terreno denominado Rio Mourão*. Curitiba, set. 1947. (Arquivo Público do Paraná). *apud* CARVALHO, Ely Bergo. *Sombras do passado, projetos de futuro: as florestas nas memórias dos agricultores de Engenheiro Beltrão - Paraná, 1947-2003*. Dissertação (mestrado em História) – Programa de Pós-Graduação em História da Universidade Federal de Santa Catarina - UFSC, Florianópolis, 2004, p. 39-40.

UM MODO DE VIDA DE BAIXO IMPACTO

A agricultura de coivara é apontada por Warren Dean como uma das grandes vilãs na destruição da Mata Atlântica.[101] Entretanto, a agricultura de coivara não é uma técnica destruidora do ambiente por excelência, já que seu impacto é "aceitável", ou não, dependendo de uma série de condições:

> Essa agricultura, chamada itinerante ou de coivara, tem sido geralmente considerada não prejudicial ao ecossistema como um todo; com o tempo, o equilíbrio é restabelecido. Mas em algum momento, à medida que se intensifica esse tipo de agricultura, a capacidade regenerativa da floresta é afetada permanentemente, e o ecossistema é prejudicado.[102]

A criação de porcos na floresta era outra atividade voltada para o aproveitamento da relativa abundância de recursos naturais. Desmatava-se uma área, plantava-se milho e outros produtos e depois deixavam os porcos soltos na área. Portanto era uma espécie de pecuária com base na coivara, sendo ainda mais necessária a abundância de floresta para os animais não se dispersarem nas roças de outros lavradores próximos. A principal vantagem da criação de porcos era a mobilidade dos animais, que poderiam ser transportados a pé por dezenas de quilômetros até os mercados consumidores. Tal atividade, na região, recebeu incentivo principalmente a partir da década de 1930 com a política de substituição de importações de banha,[103] e com ampliação da malha ferroviária no interior do Paraná.

Na primeira metade do século XX, na região de Campo Mourão, o sistema de criação de porcos na floresta e a coivara com uma baixa densidade demográfica – em torno de um habitante por quilometro quadrado em 1940 – eram com certeza muito menos impactante que o desflorestamento sistemático que se seguiu a partir da década de 1940.

Não quero com isto afirmar que tal sociedade vivia em harmonia com a natureza. É claro que a nova presença humana alterou aquele ambiente. Afinal a floresta era uma fonte de recursos fundamental para aquelas sociedades, em especial fornecendo carne, madeira, remédios e fertilizando a terra. A primeira loja comercial a se estabelecer na região já possuía na compra de pele de onça e outros animais, uma de suas atividades. Como afirma Sebastião Custódio de Oliveira:

> 'O maior comprador de couro de caça era o Léo Guimarães - estabelecido por volta de 1930 perto da Laje Grande (bica) - que depois vendeu o armazém pro Francisco Ferreira Albuquerque. Eu negociei um couro de onça

101 DEAN, Warren. *A ferro e fogo: A história e a devastação da Mata Atlântica brasileira*. São Paulo: Companhia das Letras, 1996.

102 WORSTER, Donald. "Para fazer história ambiental". *Estudos Históricos*, Rio de Janeiro, nº 8, vol. 4, 1991, p. 198-215.

103 WACHOWICZ, *op. cit.*, p. 175.

> com o Léo em troca de seis metros de linho, forro de seda, botões, linha e tudo que precisava. Fiz um terno e fiquei faceiro alinhado, conta feliz.[104]

O impacto do seu modo de vida, pelo menos até a década de 1930, não parece ter a capacidade de alterar a dinâmica geral biogeoquímica, o que não pode ser dito dos resultados da colonização dirigida. É evidente que, a partir da colonização dirigida, a capacidade de resiliência[105] do ecossistema é rompida com o brutal desflorestamento. Os trabalhos pioneiros de análise do impacto ambiental da colonização da região, como os do geógrafo R. Maack,[106] apontam claramente as grandes mudanças em tais ciclos e a redução brutal da biodiversidade. Todavia, não se trata nesta pesquisa, de buscar qual grupo, atividades ou modo de vida degradou mais o ambiente, mas sim como alguns foram legitimados e outros foram deslegitimados em terem acesso a terras.

Mais que um confronto do ser humano com a natureza o que se tem é um confronto entre seres humanos. Em geral o que se tem é uma disputa de diferentes formas de apropriação e gestão daquele ecossistema. Uma disputa para ver quem terá ou não acesso aos recursos e a que forma de acesso terão.

Dado o papel desempenhado pelo governo estadual, como principal colonizador direto da região de Campo Mourão e regulador dos conflitos sociais, vou me debruçar sobre as racionalidades e as representações que orientaram a ação estatal e deslegitimavam a paisagem do *sertão* para produzir uma racionalização da paisagem.

104 BATHKE JÚNIOR, Wille. "Família Custodio de Oliveira, 47". *Tribuna do Interior*, Campo Mourão, 21 jul. 2002. Especial: Projeto Raízes.

105 Capacidade de um sistema de fazer frente a mudanças e distúrbios externos sem se desestruturar, tornando-se menos vulnerável e mais capaz de se adaptar a um ambiente mutável e incerto. DAVIDSON-HUNT, Iain; BERKES, Fikret. "Nature and society througth the lens of resilience: toward a human-in-ecosystem perspective". In: BERKES, Fikret, et al. *Navigating social-ecological systems: building resilience for complexity and change*. Londres: Cambridge University Press, 2003.

106 MAACK, 1981, *op. cit.*; MAACK, Reinhard. "O ritmo da devastação das matas no Estado do Paraná". *Ciência e Cultura*, nº 1, vol. 15, mar. 1963, p. 25-34.

Capítulo 2

O ESTADO JARDINEIRO: O DEPARTAMENTO DE GEOGRAFIA, TERRAS E COLONIZAÇÃO NA COLONIZAÇÃO RACIONAL

"Terra é apenas outro nome para a natureza, que não é produzida pelo homem."

KARL POLANYI

"A palavra colonização é Iluminista"

CARLOS ALVAREZ MAIA

A ESTRATÉGIA DE *COLONIZAÇÃO RACIONAL*

Em um relatório datado de 1954, elaborado pelo Departamento de Geografia, Terras e Colonização (DGTC), órgão do Governo do Estado do Paraná, vinculado à Secretaria de Estado dos Negócios da Agricultura, fez-se uma avaliação do processo de colonização do "noroeste"[1] do Estado do Paraná e, portanto, da gestão estatal das terras devolutas. Ao descrever a atuação do DGTC na Gleba nº 9 da Colônia Mourão, que foi a primeira a ser demarcada na região de Campo Mourão, afirma:

> Os trabalhos de medição, demarcação e localização dos ocupantes desta gleba, constituem a primeira fase da *colonização racional* desta colônia promovida por intermédio do Departamento de Geografia, Terras e Coloni-

1 As delimitações regionais mudaram bastante, durante o século XX, no Paraná, variando no tempo e, também, entre autores, dependendo dos critérios utilizados. O "noroeste" delimitado no citado relatório era mais amplo do que a atual delimitação de noroeste feita pelo IBGE.

> zação, no *sentido de criar uma finalidade* ao esforço ainda dispersivo dos nacionais aí espalhados. Os trabalhos desta natureza, conforme relatórios de fls. 4 do processo, [de medição original da gleba] dizem 'em continuidade estão destinados os primeiros marcos de um novo ciclo de *desenvolvimento* do vale do rio Ivaí, em paralelo, embora em escala menor, ao programa do reerguimento econômico de várias zonas rurais do Brasil, baseado na *valorização do homem e da terra e empreendido com esclarecido zelo pelo governo da República*.' [...]
>
> 'Em face da ocupação de terras devolutas, do povoamento iniciado sem plano e sem finalidade comum, o Estado promove o conhecimento real dessas posses, avalia a capacidade da iniciativa individual dos colonos, orienta-os na aquisição fácil de suas glebas, incorporados como lavradores ao cadastro das propriedades agrícolas e pecuárias, pela criação de escolas, pela abertura de estradas, pela assistência à saúde e pela distribuição racional dos lotes, modifica as condições precárias do meio atendendo às necessidades precárias dessas populações.' (grifo meu).[2]

A colonização na qual "um princípio técnico racional é um critério absoluto"[3] é aqui apresentada como capaz de dar um sentido para a ação dos "nacionais aí espalhados". Qual é este sentido almejado? O autor do relatório deixa claro que a *colonização racional*[4] era um divisor de águas, que iria marcar um novo "ciclo de desenvolvimento". Infelizmente, ainda hoje, "desenvolvimento" é medido na prática pelo aumento no Produto Interno Bruto – PIB, e na época não era diferente, apesar de teoria economia já naquela época iniciava uma compreensão mais global de "desenvolvimento". No caso em tela, por desenvolvimento esperavam, fundamentalmente, um ciclo de crescimento econômico, logo o sentido, a finalidade a qual a *colonização racional* deveria imbuir as pessoas e as terras era a produção de bens para o mercado. Nesta mesma época, para ser mais exato em 1942, Caio Prado Júnior escrevia um livro, seminal na historiografia brasileira, segundo o qual o sentido da história do Brasil, no período colonial, e até então, tinha sido o de produzir produtos para a exportação.[5] Todavia, a *colonização racional* não

---

2 DEPARTAMENTO de Geografia Terras e Colonização, 1954, *op. cit.*, p. 25.

3 DEPARTAMENTO de Terras e Colonização. *Relatório dos serviços executados pelo Departamento de Terras e Colonização dos anos de 1938 e 1939 apresentado ao Exmo. Snr. Dr. A. F. Lopes m. d. Secretário de Estado dos Negócios de Obras Públicas, Viação e Agricultura*. Curitiba, 1940.

4 Tal termo está presente nos relatórios e nos objetivos do DGTC, previsto em lei. O Decreto Estadual nº 8.039 de 24 de dezembro de 1952 afirma no seu "Art. 1º – ao D.G.T.C. compete: XVII – Promover a colonização racional do solo paranaense, sempre observando as disposições constitucionais e legais vigentes." DEPARTAMENTO de Geografia, Terras e Colonização. *Legislação de Terras. Vigente até 31 de maio de 1953*. Curitiba, [s.d.].

5 PRADO JÚNIOR, Caio. *Formação do Brasil contemporâneo*. 23ª ed. São Paulo: Brasiliense, 1995.

visava apenas produzir produtos para exportação e sim, era parte de um projeto maior de industrialização nacional. Projeto que pretendia romper com o papel agroexportador até então ocupado pelo Brasil na economia-mundo, o que implicava em produzir produtos alimentícios para a crescente população urbana, produzir produtos agrícolas para exportação a fim de contrabalançar a importação de bens de capital e aumentar o mercado consumidor interno de bens industriais. A criação de um vasto setor de agricultura familiar, aos moldes do que aconteceu no Rio Grande do Sul no século XIX, era visto, por Prado Jr. e por muitos, como uma etapa para tais fins.[6]

A *colonização racional* era um projeto totalizante, que visava transformar a terra e o Outro, "os nacionais espalhados". Como afirma Thomas, não podemos separar o que os seres humanos do passado pensam a respeito do mundo natural daquilo que pensam sobre si mesmos.[7] No segundo parágrafo da citação supra, fica claro que a *colonização racional* não implicava apenas "coisas" mas, também, "pessoas", as quais deveriam ser orientadas, educadas.

A *colonização racional* seria capaz de produzir a "valorização do homem e da terra". O que já pressupõem que os seres humanos e as terras que lá existiam antes, pouco ou nada valiam. A *colonização racional* aparece neste escrito como a ordem que se opõem ao caos, logo, como algo desejável uma vez que seu oposto é o caos. Silencia, portanto, sobre outros projetos de outros agentes, que são representados como passivos ou carentes. Mesmo dentro do Estado, e havendo claras divergências entre órgãos e governos diferentes, no período estudo, um elemento unificador é ressaltado, aqui, a concepção tecnoburocrática reinante, que a tecnociência já estabeleceu o que é melhor para todos, a "salvação" do *sertão*, "atrasado", era a *colonização racional*. Poderia haver diferença sobre como agir em casos específicos, poderia haver juízos diferentes sobre a maior ou menor eficácia da ação deste ou daquele governo, mas o que fazer estava claro nos relatórios abordados, a meta era a *colonização racional*.

Compreender esta "desvalorização" de certos seres humanos e do *sertão* é tão importante quanto entender o que era este "homem novo", valorizado, que se buscava produzir. Como já indicou uma ampla literatura, o "homem novo", no caso, era um trabalhador disciplinado e produtivo.[8]

A *colonização racional* expressa também um desejo de controle. Afinal, o agente responsável por esta valorização seria o "governo da República". A tecnoburocracia representava as duas faces de tal desejo de controle: o controle dado pelo planejamento estatal e pelo planejamento técnico. Para a tecnoburocracia controlar as terras significa antes de tudo, ter o poder de fiscalizar as companhias e concessões privadas,[9] ter força

6 LINHARES; SILVA, 1999, *op. cit.*, p. 113, *passim*.

7 THOMAS, 1996, *op. cit.*, p. 19.

8 LENHARO, Alcir. *Sacralização da Política*. 2ª ed. Campinas: Papirus, 1986.

9 DEPARTAMENTO de Terras e Colonização, 1940, *op. cit.*

policial para expulsar posseiros de pequenas e grandes áreas,[10] e ter autonomia para não ser influenciado por nenhum outro critério a não ser o técnico.[11]

A *colonização racional* significava, ainda, que tudo deveria ser reduzido ao "sentido" do princípio único da produção. Dessa forma, por exemplo, nos relatórios governamentais, que aqui servem como fonte, se afirma que todos os indígenas, situados em "reserva para índios" no Paraná, deveriam ser reunidos em um único local. Assim o Estado poderia "incrementar o povoamento de terras férteis e bem localizadas, constituindo glebas improdutivas onde a intrusão produz a devastação criminosa que depaupera e desvaloriza as terras".[12] O Outro da *colonização racional* é todo aquele que foge do ideal de produção eficiente para o mercado: como, supostamente, indígenas e posseiros.

Dessa forma, a *colonização racional* implicava em um ordenamento sobre princípios técnicos e em um controle do Estado. Este lotearia a terra para a produção agrícola, para o mercado em especial, em lotes médios e pequenos. Concomitantemente e sob a ação "educativa" do Estado, este produziria um "homem novo". Esta era a estratégia de gestão das terras devolutas, que aparecem nos relatórios do DGTC referentes à colonização da região de Campo Mourão.

É evidente que tais características não eram uma idiossincrasia do caso estudado. Por um lado, o tipo de fonte que utilizo tende a enfatizar os citados aspectos, até devido a um "*habitus* profissional" tendente ao planejamento racionalizador. Os engenheiros civis, funcionários do DGTC, eram "por formação, detentores, portanto, do *habitus* tendente ao controle do espaço, tanto físico quanto social, pautado pela obsessão pela ordem e o mando".[13] Por outro lado, de uma forma mais geral, tais características fazem parte do modo operante do Estado e da sociedade modernos:

> A sociedade racionalmente planejada era a *causa finalis* declarada do Estado moderno. O Estado moderno era um Estado jardineiro. Sua postura era a do jardineiro. Ele deslegitimou a condição presente (selvagem, inculta) da população e desmantelou os mecanismos existentes de reprodução e auto-equilíbrio.[14]

No primeiro capítulo abordei como na região de Campo Mourão, antes de 1939, havia o uso comunal da terra, e como a sistemática apropriação privada da terra com a *colonização racional* inviabilizava tais arranjos. De forma semelhante, a agricultura de coivara e os costumes dos posseiros que viviam um modo de

10 DEPARTAMENTO de Geografia, Terras e Colonização. *Relatório 1947 apresentado ao excelentíssimo sr. Cél. Antenor de Alencar Lima digníssimo Secretário de Viação e Obras Públicas pelo Engº. Diretor do Departamento de Geografia, Terras e Colonização.* Curitiba,1948.

11 DEPARTAMENTO de Terras e Colonização, 1940, *op. cit.*

12 *Ibidem.*

13 Tal como no caso abordado por: MENDONÇA, Sonia Regina de. *O ruralismo Brasileiro (1888-1931).* São Paulo: HUCITEC, 1997, p. 85.

14 BAUMAN, 1999, *op. cit.*, p. 29.

vida caipira/caboclo/sertanejo[15] foi deslegitimado como devastador e bárbaro. Ou seja, os arranjos que existiam para regular as relações interpessoais, dentre outros "mecanismos existentes de reprodução e auto-equilíbrio", são deslegitimados em nome de uma ordenação Estatal. Zygmunt Bauman afirma que:

> A ordenação – o planejamento e execução da ordem – é essencialmente uma atividade racional, afinada com os princípios da ciência moderna e, de modo mais geral, como o espírito da modernidade. Como a empresa de negócio moderna, que teve de separar-se da família para bloquear o impacto corrosivo das responsabilidades morais economicamente injustificáveis, das redes de afinidade e quaisquer outras situações governadas por relacionamentos pessoais, assim também o impulso racionalizante dos agentes políticos deve procurar libertar-se das 'restrições éticas'.[16]

É evidente que Bauman toma como padrão alguns países do centro do sistema-mundo, mais especificamente aqueles que Max Weber chamava de estados burocráticos. Já o caso do Brasil é um pouco diferente. Ele seria o que Weber chamou de estado patrimonial. A impessoalidade aqui é limitada, pois se trata de uma sociedade relacional, fortemente pautada em relações personalistas e clientelistas.[17] Ademais, em todos os casos, a ação do Estado dificilmente é unívoca, ou seja, o Estado é sempre um campo de conflitos, gerando certa contradição em sua própria ação.

Tudo isto leva às questões que busco responder neste capítulo: Qual era o conteúdo da propalada *colonização racional*? Quem era legitimado ou deslegitimado no seu acesso a terra por tal *colonização racional*? Quais os pressupostos, no imaginário social, da *colonização racional*? Qual o efeito da ação dos posseiros sobre a *colonização racional*?

A legislação de terras: Estado e terras

Do primeiro século da América Portuguesa até hoje a grande propriedade rural é uma marca estrutural da sociedade que aqui se instituiu. O poder dos terratenentes em se reproduzir é inquestionável. Todavia, se, por um lado, a estrutura fundiária concentrada e o poder dos terratenentes se reproduzem, por outro, a grande propriedade rural, os fazendeiros e os mecanismos de poder dos mesmos se alteraram profundamente no tempo e no espaço nos últimos

15 Sobre o modo de vida caipira ver o estudo clássico: MELO E SOUZA, Antônio Cândido. *Os parceiros do Rio Bonito: Estudos sobre o caipira paulista e a transformação dos seus meios de vida*. 2ª ed. São Paulo: Duas Cidades, 1971.

16 BAUMAN, 1999, *op. cit.*, p. 47.

17 HOLANDA, Sérgio Buarque de. *Raízes do Brasil*. 26ª ed. São Paulo: Companhia das Letras, 1995. BARBOSA, Lívia Neves de Holanda; DRUMMOND, José Augusto. "Os direitos da natureza numa sociedade relacional: reflexões sobre uma nova ética ambiental". *Estudos Históricos*, Rio de Janeiro, nº 14, vol. 7, 1994, p. 265-289.

quinhentos anos. Daí decorre que, para entender a estratégia da *colonização racional*, se faz necessário abordar alguns traços gerais das políticas de gestão das terras devolutas e suas alterações.

Na América Portuguesa, bem como no Brasil Imperial, a ganância em concentrar terras, de forma geral, estava intimamente vinculada à busca de prestígio. Controlar vastos territórios não era apenas uma forma de garantir a produção, mas garantir a clientela e evitar a concorrência de outros senhores de terras.[18] Mas a questão central é que se tratava de uma sociedade escravista, "na qual o principal objetivo da renda extraída ao escravo é a reiteração da diferença socioeconômica entre a elite escravocrata e todos os outros homens livres".[19] Que, portanto, não se pautava em uma racionalidade meramente econômica, mas por uma racionalidade que era informada por uma lógica cultural, de uma sociedade hierárquica.

O primeiro grande marco de uma legislação moderna de terras se deu com a chamada Lei de Terras, a Lei nº 601, de 18 de setembro de 1850. Esta se deu no contexto em que a efetiva abolição do tráfego negreiro, que tem como marco a Lei Eusébio de Queirós de 1850, marcava uma inexorável eliminação da escravidão legal, uma vez que havia uma baixa reprodução da população cativa e uma crescente busca de mão-de-obra. A vinda de trabalhadores europeus já era vista como a grande saída para solucionar o problema de mão-de-obra, mas era necessário impedir que tal mão-de-obra tivesse acesso às vastas áreas de terras devolutas. Desde que foi abolida a concessão de sesmarias, com a independência em relação a Portugal, não havia no Brasil uma legislação formal para regular o acesso à terra, o que possibilitava uma ampla apropriação de terras por parte de grandes proprietários. A lei de 1850 vem mudar isto ao estabelecer em seu artigo primeiro que: "Ficam proibidas as aquisições de terras devolutas por outros títulos que não sejam o de compra".[20] Como afirmou Martins, agora que o trabalho era livre, era necessário prender a terra.[21] A legislação imperial, tal como seria a republicana,

> [...] consagra a estrutura fundiária existente, reconhecendo todos os títulos anteriores, inclusive as terras não medidas ou marcadas, bem como as áreas maiores do que constava nos documentos de titulação e mesmo que 'APENAS EM PRINCÍPIO DE EXPLORAÇÃO (ARTIGO 3º)'. Por fim, se legitimava qualquer posse de terra que viesse a ser declarada (artigo 4º), ainda que apenas com vestígios de ocupação transitória (um par de árvores abatidas ou uma picada na floresta). Simultaneamente, dava-se um imenso passo em direção à expansão dos já imensos latifúndios: as terras intoca-

18 LINHARES; SILVA, 1999, *op. cit.*, p. 48, 50, 51.

19 FRAGOSO, J.; FLORENTINO, M. *O arcaísmo como projeto: mercado atlântico, sociedade agrária e elite mercantil em uma economia colonial tardia.* 4ª ed. rev. e ampl. Rio de Janeiro: Civilização Brasileira, 2001.

20 DEPARTAMENTO de Geografia, Terras e Colonização. *Legislação de Terras. Vigente até 31 de maio de 1953.* Curitiba, [s.d.].

21 MARTINS, José de Souza. *O cativeiro da terra.* São Paulo: Hucitec, 1986.

> das porém declaradas 'campos de criar' ou pastos, mesmo sem qualquer vestígio de ocupação, eram legitimadas em posse dos fazendeiros, também seringais e castanhais, florestas naturais da Amazônia, áreas silvestres de extrativismo das quais dependiam milhares de sertanejos, eram consideradas apropriáveis por declaração em juízo.[22]

A Lei de Terras de 1850 faz parte de uma legislação de terras de inspiração liberal, presente em outros países Latino-Americanos, que, em grande parte, excluía populações que tradicionalmente tinham acesso à terra, como as terras comunais. Todavia, a Lei de Terras de 1850 não instituiu um mercado de terras em moldes capitalistas. Os latifundiários tendiam a resistir a que as terras servissem de garantia para empréstimos e o acesso à terra devoluta continuou a se dar pela posse, que, em geral, era legitimada por uma série de leis posteriores que reconheciam legalmente tal forma, a princípio ilegal, de apropriação. Destas e de outras formas se procurava evitar a formação de "um mercado de terras e, assim, levar a propriedade fundiária à equivalência geral com as mercadorias".[23]

Com a proclamação da república, em 1889, tal questão não muda muito, mas pelo artigo 64 da Constituição Republicana, "as terras devolutas situadas nos respectivos estados passaram a cargo destes".[24] Dessa forma, as oligarquias regionais poderiam ingerir mais sobre a apropriação das terras devolutas. No Paraná é editada a Lei nº 68, de 20 de dezembro de 1892, a qual legalizou a estrutura fundiária existente através da legitimação das terras conseguidas por meio de posse.[25]

> A lei nº 68 de 20 de dezembro de 1892 firmou o princípio de que as terras devolutas só deveriam ser alienadas a quem estivesse em condições de cultivá-las ou torná-las úteis, isto é, 'em troca de serviços que produzam benefício geral, direto ou indireto, - imediato, em proveito da comunidade paranaense. A situação em nada diferia daquela de 1850, quando se estipulava a compra como única forma de aquisição de terras. Era necessário, para tanto, dispor de algum capital inicial para a exploração do estabelecimento agrícola, o que excluía grande parte dos possíveis pretendentes.[26]

Se é correto que há uma sistemática exclusão dos homens e mulheres livres pobres, não podemos acreditar que estes nada faziam, que eram vítimas passivas dos senhores da terra.

---

22 LINHARES; SILVA, 1999, *op. cit.*, p. 92.

23 *Ibidem*, p. 93.

24 CANCIAN, Nadir Aparecida. *Cafeicultura paranaense 1900-1970 - estudo de conjuntura.* Tese (doutorado em História) - Universidade de São Paulo - USP, São Paulo, 1977.

25 DEPARTAMENTO de Terras e Colonização. (da Secretaria de Fazenda e Obras Públicas do Estado do Paraná). *Regulamento de Terras Vigente em 31 de dezembro de 1934. Coordenação apresentada ao governo do estado por determinação contratual pelo engenheiro civil Francisco G. Beltrão.* Curitiba, 1935. p. 5-7.

26 CANCIAN, 1977, *op. cit.*, p. 115-116.

> Essa dramatização da força e da fraqueza é praticamente inaceitável. Não por razões morais, mas porque, mais uma vez, está demasiado ligada às representações que nunca deixaram de ser sugeridas pelas próprias lógicas do poder, que pretendiam ditar até a maneira de se opor a elas [...].[27]

A historiografia tende a esquecer os homens e mulheres livres pobres do campo. Os estudos sobre o século XIX durante muito tempo ficaram presos à dicotomia senhores *versus* escravos, esquecendo a maioria da população, que não eram escravos e nem senhores. Ou ressaltam apenas os atos "heroicos" de resistência que se deram na forma de grandes revoltas, como Canudos e o Contestado,[28] silenciando a respeito da negociação e resistência cotidianas. Algo semelhante acontecia com a historiografia da escravidão no Brasil até o final da década de 1970. Aproximando-se de uma história social da cultura de inspiração thompsoniana, Márcia Motta procura negar esta imagem de passividade dos "camponeses" brasileiros, que não teriam começado a resistir ao latifúndio com as Ligas Camponesas nos anos de 1940 e 1950, mas desenvolveram uma "cultura plebeia e experiências de resistência à opressão".[29] A citada autora argumenta que a principal estratégia de luta contra o latifúndio era a posse.[30] Mudar para áreas "livres" era uma decisão que envolvia riscos e custos, econômicos e pessoais, mas, em geral, estava no campo de possibilidade destes agentes, e quando avaliamos estas ações cotidianas diacronicamente elas têm um efeito global nada desprezível. Conforme afirma Motta:

> [...] pensar a expansão territorial enquanto processo, para podermos ter alguma condição de compreender como os pequenos posseiros, mesmo derrotados, procuravam limitar a expansão territorial dos fazendeiros, ao negarem que aqueles eram *senhores e possuidores* das terras por eles ocupadas. Logo, para o fazendeiro do século XIX não bastava somente dizer que era dono da terra por ele invadida, era preciso que outros o reconhecessem como tal se os pequenos posseiros haviam sido os primeiros a derrubar matas virgens e a plantar gêneros alimentícios, como alegavam nos processos de embargo em que eram sempre os réus, isso significava que eles procuraram limitar a expansão territorial do fazendeiro e, nesse sentido, só o reconheciam como senhor de terras de uma área específica, cuja ocupação era reconhecida por aqueles.[31]

---

27 REVEL, 1998, *op. cit.*, p. 29.

28 LINHARES; SILVA, 1999. p. 83

29 MOTTA, Márcia. "Movimentos rurais nos oitocentos: uma história em (re)construção". *Estudos Sociedade e Agricultura*, Rio de Janeiro, vol. 16, p. 113-128, abr. 2001, p. 4.

30 O que já havia sido afirmado por Alberto Passos Guimarães em 1963, mas foi esquecido pela historiografia hegemônica, conf. MOTTA, 2001, *op. cit.*, p. 8-9.

31 *Ibidem*, p. 9-10.

Homens e mulheres pobres do campo, denominados de *caboclos* não aceitavam facilmente "substituir" o trabalho escravo, seja nas várias relações de trabalho que por falta de nomenclatura melhor são chamadas "não-capitalistas",[32] seja como trabalhadores assalariados. Mas a história da forma como eles resistiram, negociaram e/ou se subordinaram a uma ascese do trabalho[33] é em grande parte uma história a ser escrita.[34]

INDUSTRIALIZAR A NAÇÃO E PRODUZIR O TRABALHADOR

A imagem dos homens e mulheres do campo como seres passivos, atrasados e preguiçosos, legitima projetos autoritários, de esquerda ou de direita, que em nome da "razão legisladora" vão tentar "salvar" tal "homem do campo" de seu "atraso/ignorância".

Na Primeira República, 1889-1930, houve a consolidação de um projeto, o *ruralismo brasileiro da Primeira República*, representado no nível nacional pela Sociedade Agrícola Nacional e pelo Ministério da Agricultura, Indústria e Comércio, que foi um germe da "tendência centralizadora e burocratizante do poder público".[35] O projeto era de uma modernização conservadora. Os ruralistas defendiam a ideia de que o setor agrícola estava em crise, apontando como fatores da mesma: "a Abolição; a monocultura; a grande propriedade e a urbanização/industrialização".[36]

"O Trabalhador nacional seria o alvo prioritário desses ruralistas, variando apenas as formas sugeridas para integrá-lo à produção".[37] O "amante do ócio" deveria voltar-se para a produção:

> A imagem estereotipada do trabalhador rural se cristalizaria com o passar do tempo, renovada como preâmbulo a incontáveis projetos de intervenção destinados a superar o *atraso* do campo. Seria sempre em nome desses *párias lamentáveis* que se justificariam as propostas de reforma rural, ainda que em sua maioria, a grande *questão residisse em criar meios que impedissem a reprodução autônoma dos trabalhadores, garantindo sua forçosa incorporação ao circuito da produção mercantil* (grifo meu).[38]

32 FRAGOSO, 1990, *op. cit.*, p. 131-176.

33 THOMPSON, E. P. *Costumes em Comum: estudos sobre a cultura popular tradicional.* São Paulo: Companhia das Letras, 1998, p. 267-304.

34 MOTTA, 2001, *op. cit.*

35 MENDONÇA, 1997, *op. cit.*, p. 180.

36 *Ibidem*, p. 74.

37 *Ibidem*, p. 76.

38 *Ibidem*, p. 78.

Fixar o trabalhador nacional no campo era uma bandeira para os ruralistas. Esforço reforçado em especial com a Primeira Guerra Mundial, quando se buscava diminuir os conflitos urbanos e valorizar a produção de gêneros de primeira necessidade.[39] Os "centros agrícolas" foram iniciativas práticas de tentar fixar homens e mulheres no campo. "Em seu cômputo geral o número de centros se elevaria entre 1912 e 1928, passando de um total de seis [...] para vinte e cinco dos quais dez localizados no Paraná".[40]

O projeto ruralista era fundamentalmente conservador, procurava manter a estrutura fundiária concentrada intacta:

> A vigilância e o controle permanente dos trabalhadores eram artifícios que, para além de impedirem sua mobilidade, propiciariam, por intermédio das *colônias de nacionais*, a proteção à grande propriedade mediante a criação de um "colchão intermediário" de pequenos produtores, situados entre os donos do capital fundiário e o trabalho, sob tutela do primeiro. Ao mesmo tempo tal proposta tornaria viável a criação de reservatórios de mão-deobra sazonal para a grande lavoura, tudo isso sem maiores ônus para o detentor da fazenda que caberia apenas franjas dela para o parcelamento, segundo seu critério e escolha.[41]

O centro do projeto era a modernização da agricultura e a diversificação, atendendo os interesses da fração da elite não privilegiada pelas culturas de exportação, como o café.

> Racionalizar a produção, tornando-a mais eficiente era a grande meta dos ruralistas em foco, em torno à qual se articulariam praticamente todas as propostas presentes no debate. *Produzir mais, com menos custos*, e para consegui-lo, eram indicadas duas vias prioritárias: a modernização das lavouras - por meio da mecanização - e a diversificação dos cultivos, mediante a adoção de métodos intensivos de plantio, seleção e beneficiamento das espécies.[42]

Os ruralistas da Primeira República compartilhavam com o restante da elite a ideia hegemônica de um país com uma "vocação agrícola". Foi a crise na economia-mundo capitalista de 1929 que mostrou para a elite brasileira, e de várias outras partes do mundo, o quão perigoso era ser dependente de um único produto de exportação, ainda mais um produto não essencial como o café. É importante ter claro a mudança no papel esperado da agricultura ocorrida durante o século XX no Brasil. Conforme Francisco C. T. da Silva, a "Revolução de 1930" marca uma mudança na configuração das elites no poder, já que, até então, o Estado brasileiro

39 *Ibidem*, p. 170.

40 *Ibidem*, p. 170.

41 *Ibidem*, p. 87.

42 *Ibidem*, p. 95.

havia protegido essencialmente os interesses agraristas e a partir daí, a agricultura adquire uma função em um projeto industrializante.[43] Ou, melhor, adquire diferentes funções dependendo de diferentes projetos industrializantes. De toda forma, do campo se esperava, pelo menos, que fornecesse produtos para exportação a fim de controlar a balança comercial, que consumisse os produtos industriais e que produzisse alimentos para suprir as cidades em crescimento. A falta de alimentos no mercado interno, transparecia nas cidades pela carestia e aumentos nos preços de produtos alimentícios. E nos debates econômicos, em especial dos anos 50 e 60, a causa desse quadro era apontada como sendo a ineficiência do setor agropecuário dominado por latifúndios.[44]

Era preocupação do Governo, também, "ocupar" as regiões de fronteira, para garantir a segurança nacional. Preocupação justificável na primeira metade do século XX na qual o colonialismo do século XIX ainda estava vivo, e grandes potências estavam em disputa por territórios.[45] Como argumenta Silva, neste período surge uma nova preocupação para o Estado Nacional:

> [...] tratava-se, agora, de promover a colonização interna do País e expandir as fronteiras agrícolas. Num mundo cada vez mais conturbado pela crise econômica mundial e com sinais evidentes de aguçamento de conflitos internacionais, a preocupação com o auto-abastecimento, com a garantia de alimentos para o país, é crescente. Nesse sentido, colonizar, produzir mais para o mercado interno, torna-se uma meta do Estado. O diagnóstico que pautava sua atuação era marcado tanto pela experiência rio-grandense de colonização - onde surgira um campesinato próspero - quanto pelo viés modernizante e autoritário [...] que propunha erguer o País de sua letargia secular. [...] sem se ocupar com a questão da terra na área próspera e já densamente ocupada do eixo Centro-Sul, a atuação do Estado, a partir de 1930, voltar-se-ia para os espaços vazios do Centro-Oeste, para as áreas deprimidas do Nordeste e para a imensa Amazônia.[46]

Ao contrário do que o autor argumenta, o Centro-Sul não estava densamente ocupado. Havia na década de 1930 e 1940 vastas áreas florestais com baixa densidade demográfica, habitadas por populações indígenas e lavradores pobres, que também foram alvo da tal nova política estatal. Para integrar o mercado nacional, Vargas convocou uma "Marcha para o Oeste", para as regiões pouco dinâmicas

43 SILVA, Francisco Carlos Teixeira da. "Vargas e a Questão Agrária: A construção do fordismo possível". *Diálogos*, Maringá, nº 2, vol. 2, 1998, p. 113-127.

44 GONÇALVES, José Henrique Rollo. "A ribanceira da necessidade histórica: Crítica a uma crítica acrítica do tema da reforma agrária no Norte do Paraná". *Cadernos de Metodologia e Técnica de Pesquisa: revista anual de metodologia de pesquisa*. Suplemento Especial de História, Maringá, nº 7, 1996, p. 1-28.

45 SILVA, 1998, *op. cit.*, p. 117-118.

46 *Ibidem*, p. 117-118.

economicamente e com baixo povoamento. Uma das ações diretas do Governo Federal, neste aspecto, foi a criação das Colônias Agrícolas Nacionais, cujo:

> O objetivo básico será a instalação de trabalhadores pobres, flagelados e retirantes das secas e ex-reservistas em grandes áreas de assentamentos agrícolas. Tais áreas seriam constituídas pela reunião de pequenos lotes, em média com 25 hectares (terão variações conforme o tempo e o local dos projetos) com previsão de conservação de uma reserva florestal, algo em torno de 25% da área total da colônia, de uma escola e o estabelecimento de um sistema de cooperativas.[47]

Já a historiografia clássica sobre o período Vargas afirmava que tal Governo voltou suas costas para a população rural, uma vez que a Consolidação das Leis Trabalhistas – CLT, protegia apenas os trabalhadores urbanos. O Estado não teria condição de abrir uma segunda frente de luta, estendendo os direitos trabalhistas para os trabalhadores rurais e com isso se indispondo com os latifundiários. Autores, como Francisco C. T. da Silva, questionam tal posição, pois havia uma incorporação dos trabalhadores rurais, que, todavia, foi antes simbólica que efetiva.

Diante das mazelas da velha república liberal, que na prática impedia a participação popular e a transformação social, ganhou força um pensamento autoritário que percebe a necessidade de incorporar a participação popular para modernização do Brasil. Como afirma Norbert Elias "a mais ampla distribuição de poder [...] é uma concomitante e uma condição para a industrialização".[48] No Brasil, todavia, isto se dá de forma autoritária a partir do Estado.

> Ao contrário do pensamento liberal, dominante no Império e ainda hegemônico na República Velha, via-se agora – e aí reside em grande parte a originalidade do pensamento autoritário no Brasil – um total descompasso entre as instituições brasileiras e a realidade do povo. O Império, com sua fantasia britânica, e a República, de fraque e cartola, constituíam um verniz inautêntico recobrindo um país real doente, pobre e enfraquecido: Para dar consistência, autenticidade, à vida nacional e às suas instituições era necessário incorporar as grandes massas de marginais ao processo produtivo nacional.[49]

Visando tal incorporação, além das colônias nacionais, Vargas, em especial com o Estado Novo, 1937-1945, toma várias medidas no sentido de modernizar as relações de trabalho no campo e para permitir o acesso a terras aos "despossuídos":

---

47 *Ibidem*, p. 118.

48 ELIAS, Norbert. *Os Alemães: A luta pelo poder e a evolução do habitus no século XIX e XX.* Rio de Janeiro: J. Zahar, 1997, p. 309.

49 LINHARES; SILVA, 1999, p. 86.

> O decreto 24.606, de 1933, extingue o sistema de arrendamento de terras inclusive das ordens e instituições religiosas. Uma intrincada rede de direitos e recursos, que encarecia toda a *movimentação de terras*, ou mesmo a impossibilitava, e que *resistira à Lei de Terras* de 1850 e ao Regulamento de Terras de 1913, *ruía agora.*[50] (grifo meu).

Dessa forma, o Estado tenta eliminar as "brechas" no emaranhado da legislação sobre terras que possibilitavam a legitimação das posses por parte dos latifundiários: os

> [...] Decretos complementares, em 1934, 1937, 1938, 1939, 1940, 1942 e 1944, mostram, bem ao contrário da República Velha, um lado pouco conhecido do Estado Novo: sua vocação de reformador do mundo agrário brasileiro. A União assume completamente o patrimônio das terras públicas que, através da Constituição de 1891 havia passado para os estados federados. Tal medida impede que as oligarquias locais continuem dominando os mecanismos de legitimação das imensas posses adquiridas ao longo da República Velha.[51]

Ademais, se, por um lado, a CLT, de 1943, excluiu os trabalhadores rurais dos direitos trabalhistas ali previstos. Por outro, a lei exigia que todos, inclusive eles, tivessem carteira de trabalho, deixando brechas para que alguns magistrados, talvez um tanto impropriamente, aceitassem a aplicação da CLT para trabalhadores rurais.[52] Tudo isso, combinado com outras ações do final do mandato, como o "avanço na distribuição de terras (Decretos nº 7.916, de 1945)," deixava "entrever uma poderosa expansão da ação governamental em direção ao campo".[53]

A maioria das medidas legais, em especial a legislação "agrária do período Vargas, foi revogada pelos constituintes de 1946. [...]. Grande parte das colônias foram abandonadas e os fazendeiros voltaram a avançar sobre as terras públicas e a expulsar camponeses".[54]

Se a incorporação por ações legais e práticas não teve grande desenvoltura, houve uma incorporação imaginária do homem e da mulher do campo. "A ideia de aventura e desbravamento deveria mobilizar os sonhos de milhares de brasileiros, abrindo os sertões à civilização".[55]

> Durante um bom tempo tais projetos mobilizariam o imaginário popular, envolvido por eficientes campanhas de propaganda, onde o Estado assegu-

50 *Ibidem*, p. 127.

51 *Ibidem*, p. 128.

52 *Ibidem.*

53 *Ibidem*, p. 130.

54 *Ibidem*, p. 131.

55 *Ibidem*, p. 115.

> rava a felicidade dos cidadãos. *Poucas vezes antes, no Brasil, a vida cotidiana de homens e mulheres havia sido tomada como parte do processo político e tantas pessoas acreditaram que melhorariam sua existência por meio da ação governamental.* (grifo meu)[56]

Um grande investimento simbólico é feito para alterar a imagem dos trabalhadores do campo, de uma raça degenerada, preguiçosos incorrigíveis, passivos, para a imagem de um homem "forte" e produtivo. "O imaginário popular brasileiro fora sobrecarregado por representações de um trabalhador rural forte, habilidoso e oprimido."[57] Tal representação, que é antes de tudo uma produção urbana, tem que lidar com o fato que este trabalhador também deveria ser objeto de uma intervenção para modificar sua situação. Dessa forma, ele é um "forte", mas é uma vítima de condições ambientais (seca, malária etc.) e sociais (latifundiários, ignorância das técnicas modernas etc.), o qual deveria ser "salvo".

> Emana daí uma clara percepção da cidade como pólo dinâmico frente ao campo, capaz de produzir heroísmo mas, ao mesmo tempo, obstáculo ao desenvolvimento pretendido. O diagnóstico da tristeza, do lugar para lá do fim do mundo, aparece em toda sua expressividade.[58]

O "campo triste" deveria ser modernizado, o lavrador deveria ser educado para o trabalho. O Brasil foi uma sociedade escravista, e nas sociedades do tipo do Antigo Regime, em geral, o trabalho braçal não é valorizado e não é um valor central da sociedade. Já em sociedades capitalistas o trabalho é elevado a um valor central na vida das pessoas. Uma ascese do trabalho deveria ser constituída, na qual "tempo seja dinheiro". Tal mudança nos costumes e valores não se dava automaticamente com as novas condições de produção industrial, mas deveria ser culturalmente construída em um processo de conflitos, colaborações e negociações. E. P. Thompson[59] nos lembra que os modernizadores da década de 1960 afirmavam a preguiça incorrigível da população da periferia do sistema-mundo, momento justamente que a instalação de massiva de indústrias nesses países demonstrava que podiam ser tão produtivos quanto os operários do centro do sistema, e que no século XVIII na Inglaterra a elite afirmava o mesmo da população pobre que não incorporavam uma ascese do trabalho segundo a qual, tempo é dinheiro, e que deve estar voltado para a produção. Desta forma, trabalhar segundo um conjunto de tarefas que lhes garantissem o bem-estar ou até conseguir um salário que permitisse a manutenção e parar de trabalhar era uma atitude comum. Os patrões adoraram práticas como: pagar por tarefa, reduzir o valor da unidade paga de forma a obrigar o trabalhador a permanecer toda semana em atividade para

56 SILVA, 1998, *op. cit.*, p. 118.

57 LINHARES; SILVA, 1999, *op. cit.*, p. 160.

58 *Ibidem*, p. 125.

59 THOMPSON, 1998, *op. cit.*, p. 267-304.

terem o mínimo de subsistência e aplicar multas para quem fizesse "corpo mole", para produzirem uma ascese do trabalho, que uma vez incorporada pelos trabalhadores fez com que esses mudassem sua forma de luta e passassem a demandar o pagamento de horas extras. Ou seja, a construção de uma ascese do trabalho é algo de longa duração que ainda hoje está presente na relação e expansão da reprodução ampliada do capital. A representação da "malandragem urbana" e do "sertanejo indolente" tem tal conflito/resistência em suas raízes. A Era Vargas, com seu projeto modernizante, em especial no Estado Novo, teve uma ação prática e simbólica muito forte em condenar todo o "ócio" e enaltecer o trabalho.[60] As ações do Estado Novo visavam que, no "lugar do malandro e do bugre, deveria surgir um operário limpo, produtivo, casado e definitivamente incorporado ao processo produtivo do país".[61]

Tal produção de um novo trabalhador do campo, um "novo homem", marca todas as "fases" da questão agrária, e consequentemente das políticas públicas de gestão das terras devolutas. Silva e Linhares dividem, didaticamente, a questão agrária em três "fases":

1 – A primeira, 1930-1945, marca o surgimento da questão agrária, pois até então, os grupos hegemônicos pensavam o país como tendo uma "vocação agrícola". É depois de 1930, com a emergência de um projeto industrializante no seio do Estado, que a agricultura passa a ter um papel a cumprir e surge a "questão agrária". A ação principal era a colonização interna que visava a autossuficiência no abastecimento alimentício.

2 – A segunda "fase" de 1945-1964 ou 66, é marcada pela questão agrária como óbice ao desenvolvimento. Intensos debates serão travados entre aqueles que afirmavam ser necessária uma reforma agrária para aumentar a produção de alimentos e "destravar" a industrialização do país, e aqueles que afirmavam que bastava a modernização tecnológica do setor agrícola para garantir a industrialização.

Nesta segunda fase, a rota de encontro com os latifundiários é alterada com o cancelamento de boa parte da legislação produzida no final do Estado Novo.[62] Aqueles que defendiam que a estrutura fundiária não fosse alterada, em geral, apostavam em novos padrões tecnológicos como solução para que o campo não fosse um obstáculo para a industrialização nacional.[63] Não eram, portanto, grupos anti-industriais. Entretanto, ao mesmo tempo, estes grupos procuravam manter

60 MARTINS, Silvia Helena Zanirato. *Artífices do Ócio: Mendigos e vadios em São Paulo (1933-1942)*. Londrina: Editora UEL, 1998.

61 LINHARES; SILVA, 1999, *op. cit.*, p. 117.

62 *Ibidem*, p. 131.

63 MARTINS, José de Souza. *Os camponeses e a política no Brasil: As lutas sociais no campo e seu lugar no processo político*. 5ª ed. Petrópolis: Vozes, 1995, p. 93-94.

as relações de trabalho "arcaizantes" no campo. O que levou, no período, a várias articulações entre estes grupos e interesses.[64]

Todavia, o período democrático, 1946-1964, teve que lidar com as questões conjunturais postas. Como já citei, a carestia de alimentos nas cidades em grande expansão, devido à industrialização, tornava imperioso o aumento da produção agrícola. Porém não havia grandes aumentos nos índices de produtividade, nesta "fase".[65] Dessa forma, continua a existir uma preocupação em fazer a terra produzir, e seu parcelamento em pequenas propriedades continua a ser visto por amplos setores como o melhor caminho, mesmo no pós-1945.

A Constituição Federal de 1946 estabelecia no seu artigo 156: "A lei facilitará a fixação do homem no campo, estabelecendo planos de colonização e de aproveitamento das terras públicas. Para este fim serão preferidos os nacionais e, dentre eles, os habitantes de zonas empobrecidas e os desempregados".[66]

A Constituição do Estado do Paraná acompanhava a constituição nacional ao postular que:

> Art. 84 – O Estado promoverá o parcelamento das suas terras devolutas, estabelecendo planos de colonização, doação e venda de lotes, e, para isso, assegurará, aos posseiros dessas terras, que nelas tenham morada habitual, preferência para aquisição até 25 hectares.
>
> § 1º – Terão igualmente preferência para aquisição, até 100 hectares, os posseiros de terras devolutas que nelas tiverem cultura efetiva e morada habitual por mais de 10 anos ininterruptos.
>
> § 2º – O Estado fará concessão gratuita, para fins agrícolas, de um trato de terras devolutas até 25 hectares, a quem o requerer, mediante prova de que não possue [sic] outra propriedade, nem recursos financeiros para adquiri-las.[67]

Dessa forma, continua a existir um marco jurídico voltado para o fracionamento produtivo da terra. Em termos políticos, *stricto sensu*, as ligas camponesas, a crescente sindicalização rural e os conflitos abertos colocaram a questão do acesso à terra no centro do cenário político do período democrático de 1946-1964.

Com o golpe civil-militar de 1964 a questão agrária no Brasil entra em uma nova "fase". A ditadura, então instalada, vai significar a vitória da proposta que

64 MOREIRA, Vânia Maria Losada. "Os anos JK: industrialização e modelo oligárquico de desenvolvimento rural". In: FERREIRA, Jorge; DELGADO, Lucilia de Almeria. (orgs.). *O tempo da experiência democrática: da democratização de 1945 ao golpe-civil-militar de 1964.* Rio de Janeiro: Civilização Brasileira, 2003, p. 155-194. (O Brasil República).

65 LINHARES; SILVA, 1999, *op. cit.*, p. 146-147.

66 DEPARTAMENTO de Geografia, Terras e Colonização. *Legislação de Terras. Vigente até 31 de maio de 1953.* Curitiba, [s.d.].

67 *Ibidem*, p. 110.

dava ênfase em mudar o padrão tecnológico utilizado na agropecuária brasileira; e que não se preocupavam em alterar a estrutura fundiária. Um dos marcos desta nova "fase" é anterior a 1964. Em 1963, o Estatuto do Trabalhador Rural vai finalmente garantir a ampliação do assalariamento no campo ao criar novas possibilidades de lutas que vão inviabilizando, em grande parte, as várias modalidades de relações de trabalho baseado na exploração familiar da força de trabalho e no acesso, em algum grau, da posse da terra, como no caso do colonato. Mas o golpe de 1964 foi o grande marco desta nova "fase". O Governo Federal inicia uma nova política de "reforma agrária" com o Estatuto da Terra (1964) e o IBRA - Instituto Brasileiro de Reforma Agrária, depois INCRA - Instituto Nacional de Colonização e Reforma Agrária. E, principalmente, ocorre a massiva implantação da "revolução verde", com uma política de crédito agrícola que favorecia a utilização de máquinas automotoras agrícolas, sementes melhoradas e agroquímicos. Produziu-se, assim, um enorme êxodo rural, um forte deslocamento das fronteiras agrícolas e estruturou-se uma produção agropecuária em torno dos Complexos Agroindustriais - CAIs. Como afirmam Silva e Linhares, se estaria aí diante de uma terceira "fase" da questão agrária no Brasil, a da:

> [...] modernização autoritária, desde 1966: [...] A questão agrária surge, agora, como item fundamental do desemprego no campo, inclusive em áreas tradicionais da pequena produção consolidada, como no Sul-Sudeste do país, inviabilizando o exercício pleno da cidadania, ampliando a miséria e politizando de forma inédita, pela sua intensidade e extensão, a questão agrária.[68]

Isto, entretanto, já está além dos limites desta pesquisa.

AQUI É O PARAÍSO, MAS ETA POVINHO

Para entender a atuação do Estado é importante considerar alguns elementos de longa duração. Um elemento de longa duração no imaginário dos brasileiros, que aliás antecede a própria nação e identidade brasileira, é o motivo edênico. Sergio Buarque de Holanda já abordou os motivos edênicos no descobrimento e colonização do Brasil, procurando mostrar como os "descobridores, povoadores, aventureiros, o que, muitas vezes, vêm buscar, e, não raro, acabam encontrando, nas ilhas e terra firme do Mar Oceano, é uma espécie de cenário ideal, feito de suas experiências, mitologias ou nostalgias ancestrais".[69] E tal visão contribui, segundo o autor, para a exploração predatória da América Portuguesa, como adverte o autor no final da citada obra:

> Teremos também os nossos eldorados. Os das minas, certamente, mas ainda o do açúcar, o do tabaco, de tantos outros gêneros agrícolas, que se ti-

68 LINHARES; SILVA, 1999, *op. cit.*, p. 147.

69 HOLANDA, Sergio Buarque de. *Visão do Paraíso: Os motivos edênicos no descobrimento e colonização do Brasil.* 6ª ed. São Paulo: Brasiliense, 1996, p. 315.

> ram da terra fértil, enquanto fértil, como o ouro se extrai até esgotar-se, do cascalho, sem retribuição de benefícios. A procissão dos milagres há de continuar assim através de todo o período colonial, e não a interromperá a Independência, sequer, ou a República.[70]

Holanda, já em *Raízes do Brasil*, identificava a "mentalidade" brasileira produzida na colônia através do tipo ideal: "aventureiro", em oposição ao "trabalhador", e como tal estava sempre pronto a "se adaptar ao meio" para "feitorizar uma riqueza fácil e quase ao alcance da mão".[71] Dean aborda a relação dos brasileiros com a floresta nos seguintes termos:

> O ódio secular da vida selvagem, expresso pela maioria dos neo-europeus brasileiros, conjugado à disposição geral de saquear o patrimônio nacional em proveito privado, como se o país ainda fosse uma colônia e houvesse algum outro El Dorado em outras índias para compensar quando nada de valor restasse dessa morada temporária, talvez seja suficiente para explicar, em termos gerais, por que a floresta está desaparecendo.[72]

Todavia, José Augusto Drummond, ao avaliar a tese de Dean sobre o processo de "transformação de capital natural em capital social", afirma que:

> Sem negar que houve desperdícios incríveis no aproveitamento dos recursos da Mata Atlântica e que há desigualdades sociais escandalosas na sociedade brasileira contemporânea, sinto que Dean foi neste livro implacável com os habitantes das terras florestadas brasileiras, desde os anônimos indígenas coletores e caçadores até os modernos ambientalistas urbanos.[73]

E lembra que outros países também devastaram suas florestas e degradaram o seu solo, em especial, durante seus processos de industrialização. Dessa forma, para Drummond, "os brasileiros acabam injustamente estigmatizados como excepcionais destruidores de florestas e sofríveis produtores de riquezas".[74]

É costumeiro no senso comum afirmações simplistas que a abundância de recursos naturais é a causa do "desperdício" de recursos naturais no Brasil. Sergio B. de Holanda supera tal materialismo vulgar, mostra como a imagem de um país paradisíaco foi historicamente construída e procura mostrar como as bases psicossociais de um comportamento perdulário em relação à natureza também foram historicamente construídas. Todavia, em busca de uma "mentalidade" demasiada homogênea, o autor acaba perdendo a diferença, no tempo e no espaço, das rela-

70 *Ibidem*, p. 334

71 HOLANDA, 1995, *op. cit.*, p. 95.

72 DEAN, 1996, *op. cit.*, p. 298-299

73 DRUMMOND, José Augusto. Mata Atlântica: "A História de uma Destruição". *Estudos Históricos*, Rio de Janeiro, nº 17, vol. 9, 1996, p. 239-250.

74 *Ibidem*, p. 248. WEINSTEIN, Barbara. "Warren Dean". *The American Historical Review*, nº 3, vol. 101, jun. 1996, p. 951-952.

ções entre sociedades humanas e natureza no Brasil. Dessa forma, segundo Diogo de Carvalho Cabral, tanto Holanda como Dean, em nome de uma eficácia econômica, inspirada nas ideias liberais e no modelo do centro do sistema-mundo, criticam de perdulária e ineficiente a sociedade brasileira.[75] Não cabe aqui avaliar se houve no Brasil um comportamento perdulário ou uma sofrível transformação de "capital natural em capital social", mas, para o historiador uma questão, central é perguntar: como estes critérios de eficácia foram historicamente construídos? Em geral, tais "critérios" são mais contingentes do que parecem à primeira vista.

Cabral, por exemplo, aborda esta questão no período colonial, e argumenta que: Dean desenvolve a ideia de que "a taxa de conversão da floresta em capital (fixo e de giro) foi irrisória ao longo de todo o período de domínio português". Dessa forma, Dean espera um capitalismo que maximize a produção e a eficiência. E não percebe que no Brasil colônia há uma "matriz cultural" diferente. A extração do sobre-trabalho era investido, em grande parte, não na reprodução ampliada do capital e sim na reprodução da hierarquia social. Dessa forma, Cabral, apoiado em uma dada interpretação sobre a socioeconomia colonial, afirma:

> [...] que a questão não é, absolutamente, se a economia brasileira produziu capital internamente ou não, mas sim como esse capital era 'aplicado' ou, em outras palavras, como a renda era alocada. Dependendo das motivações sociais e políticas dos agentes gerenciadores dos mecanismos de acumulação, uma floresta pode se transformar numa estrada ou num pelourinho, num moinho ou numa igreja – todas estas incontestes manifestações de *riqueza*, a única diferença sendo a matriz cultural a partir da qual elas são percebidas e valoradas.[76]

Dessa forma, faltaria nas abordagens criticadas por Cabral uma maior atenção para a cultura. E isso não se limita ao período colonial. Recorrentemente, em nome de critérios de eficácia econômica a-históricos, se condena como irracionais as práticas sócio-cultural-ambientalmente enraizadas do Outro. Tal condenação, em geral, é feita a partir de uma homogeneizadora racionalidade econômica que se subtrai de indagar o tempo.[77]

Mas isto não significa que ideias e comportamentos de longa duração não podem ser identificados. Dessa forma, por exemplo, o motivo edênico deve ser entendido na longa duração no imaginário social, mesmo que não deva ser tomado como um todo homogêneo. Em geral, os elementos de longa duração não se

---

75 CABRAL, Diogo de Carvalho. "Teorias da devastação ecológica colonial na historiografia brasileira contemporânea: algumas notas críticas." In: SIMPÓSIO NACIONAL DE HISTÓRIA, 24., 2007, São Leopoldo – RS. *Anais eletrônicos*. São Leopoldo: Unisinos, 2007.

76 *Ibidem*.

77 SAHLINS, Marshall. *História e Cultura: Apologias a Tucídides*. São Paulo: J. Zahar, 2006. *passim*. LEFF, E. "Construindo a História Ambiental da América Latina". *Esboços*, Florianópolis, nº 1, vol. 13, 2005, p. 11-30.

mantêm por serem sempre iguais a si mesmos, mas por terem sido apropriados em diferentes configurações sociais, em diferentes contextos, nos quais eles são reelaborados e neste processo muitas vezes se amplificam. Mas, não entendemos a força de tais elementos se não percebemos que eles se legitimam e tiram força de uma tradição de longa duração.[78] Dessa forma, Pero Vaz de Caminha, ao afirmar que "nesta terra se plantando tudo dá", e os tecnoburocratas, ao afirmarem que as terras da região de Campo Mourão eram "terras fertilíssimas", formam uma tradição, apesar de serem textos em contextos bem diferentes.

Um outro elemento de longa duração no imaginário "brasileiro" é a visão negativa da população, em especial das classes subalternas. Visto pela elite brasileira, tendo como horizonte o centro do sistema-mundo, como incivilizados, inadequados.[79] Este é um elemento associado com a edenização, pois na constituição do Estado-Nacional, no século XIX, não se via na população ou nas instituições políticas motivo de orgulho, mas tal orgulho podia ser buscado na "natureza maravilhosa".[80] Ou, como naquela anedota popular, segundo a qual um anjo reclamava para Deus que o Brasil havia sido demasiadamente abençoado com dádivas naturais, então Deus replicou: "mas você vai ver o povinho que vou colocar lá".[81] Apesar das representações da natureza como orgulho nacional, positivas e adequadas não serem as únicas, elas foram recorrentes na história do Estado-Nacional brasileiro. E estiveram, em geral, associadas às representações do povo "simples" como inadequado, motivo de vergonha. Justificando, assim, toda a forma de ingerência sobre tal população. Da "crítica ambiental" do século XIX aos modernizadores agrícolas na década de 1970, guardadas as diferenças, os projetos de modernização tentavam adequar o povo "inadequado" à "rica" natureza.

Dessa forma, já a abolição da escravidão legal marca uma das muitas transformações na imagem negativa do povo. Nas últimas décadas do século XIX ocorreu a importação e reelaboração das teorias racistas, em grande parte para justificar a continuidade das assimetrias sociais.[82] Por outro lado, a escravidão, pelo menos para a parte da elite abolicionista, era apontada como causa do atraso do país, em especial do campo.

> Uma vez que a Abolição abriria caminho para configurar-se um mercado de trabalho – produzindo homens juridicamente livres e teoricamente dotados de mobilidade – o fundamento das representações acerca do atraso da agricultu-

---

78 SAHLINS, 2006, *op. cit.*

79 CHAUI, Marilena. *Brasil: mito fundador e sociedade autoritária*. São Paulo: Fundação Perseu Abramo, 2000.

80 CARVALHO, José Murilo de. "O motivo edênico no imaginário social brasileiro". *Revista Brasileira de Ciências Sociais*. nº 38, vol. 13, out. 1998, p. 63-79.

81 CHAUI, 2000, *op. cit.*

82 SCHWARCZ, Lilia Moritz. *O espetáculo das raças: cientistas, instituições e questão racial no Brasil 1870-1930*. São Paulo: Companhia das Letras, 1993.

> ra deslocou-se [...] para o trabalhador do campo, *corroborando a segmentação natureza X Homem como fundamento de um projeto que visava atuar sobre este último, para adequá-lo às infinitas possibilidades daquela* (grifo meu).[83]

A figura do Jeca Tatu de Monteiro Lobato é exemplar. O *caboclo*, entendido racialmente como o mestiço de índios e brancos, é apresentado como alguém que vegeta na paisagem, um ser intrinsecamente incapaz e sem razão de ser.[84] Ou como na descrição celebre de Lobato:

> No meio da natureza brasílica, tão rica de formas e cores, onde os ipês floridos derramam feitiços no ambiente e na infolhescência dos cedros, às primeiras chuvas de setembro, abre a dança dos tangarás; onde há abelhas de sol, esmeraldas vivas, cigarras, sabiás, luz, cor, perfume, vida dionisíaca em escachoo permanente, o caboclo é sombrio urupê de pau podre e modorrar silencioso no recesso das grotas.
>
> Só ele não fala, não canta, não ri, não ama.
>
> Só ele, no meio de tanta vida, não vive...[85]

Monteiro Lobato mudou de posição. O Jeca Tatu passou posteriormente a ser apresentado em sua obra como fruto de um meio carente, mas como alguém capaz, que, pela medicina, pela escola, poderia passar a participar ativamente da vida nacional. A trajetória ilustrativa do seu personagem, o Jeca Tatu, "de homem ignorante, supersticioso e indolente – 'a vegetar de cócoras, impenetrável ao progresso' – torna-se o símbolo do povo brasileiro, *vítima* indefesa da doença, da falta de educação e da fome" (grifo meu).[86] Acompanha assim, o forte investimento simbólico que buscava positivar e incluir, mesmo que apenas simbolicamente, o campo no processo modernizador do período Vargas.

Mas o imaginário do mundo rural era ainda um imaginário da "tristeza rural", de um "homem do campo" capaz, mas que necessitava da tutela e da disciplina estatal.[87] Apegado à passiva rotina de suas tradições de "inveterado devastador", era uma forma negativada de se referir à ambígua figura do lavrador pobre, e, ao mesmo tempo, ele era o problema (o atraso, o devastador) e a solução (o braço a ser disciplinado para garantir a produção e o consumo necessário para a modernização do país).

---

83 MENDONÇA, 1997, *op. cit.*, p. 162.

84 Como muitos autores concebiam os homens livres pobres no século XIX, conf.: MOTTA, 2001, *op. cit.*

85 LOBATO, Monteiro. *Contos (extraídos de Urupês)*. Curitiba: Pólo Editorial do Paraná, 1997, p. 97. (Primeira ed. 1918).

86 SKIDMORE, Thomas E. *Preto no Branco: Raça e nacionalidade no pensamento brasileiro*. Rio de Janeiro: Paz e Terra, 1976. *apud* GOMES, Angela de Castro. *A invenção do trabalhismo*. 3ª ed. Rio de Janeiro: Editora FGV, 2005, p. 138.

87 LINHARES; SILVA, 1999, *op. cit.*, p. 125.

Segundo Arruda, no final do século XIX e início do XX, houve um deslocamento na percepção da natureza: de exuberante/paradisíaca para uma natureza também exuberante, mas na qual deveria ser integrado o progresso, mediada pela tecnociência, a qual levaria a ver a natureza como recurso natural.[88] De forma semelhante, segundo Araújo, houve uma passagem do "mecanicismo clássico" para o "mecanicismo termodinâmico" no século XIX, ou seja, de uma natureza como uma máquina inesgotável, movimentada por Deus, para uma natureza como máquina inesgotável, mas movimentada pelo homem, ou, talvez fosse melhor dizer, movida pela tecnologia. Para tal autor, entretanto, houve uma persistência do "mecanicismo clássico" no Brasil, com a hegemonia da ideia de um "país essencialmente agrícola" por parte da elite ligada aos interesses agrários, no qual caberia aos seres humanos apenas gerir a riqueza produzida pela natureza e não ser o motor produtor da riqueza.[89]

Ao menos nas fronteiras de colonização, aparentemente, a imagem de uma natureza como motor do progresso parece ter sido mais persistente. Romanello afirma que, somente nos anos 1940/1950, houve uma "transição discursiva" em relação à terra, no Vale do Paranapanema paulista, de uma terra como paradisíaca que garante por si mesmo o progresso para uma terra que demanda a aplicação de tecnológica:

> [...] durante a década de 1940, [...] imagem de riqueza começa a ceder espaço para um discurso de fundo, mais técnico; a terra rica, passa a não ser mais necessariamente a fonte da riqueza, pois faz-se necessário que a agricultura aplique 'cuidados científicos' ao solo, para que ele possa produzir, mais e melhor.[90]

Se, nos relatórios do DGTC, a tecnologia moderna era a garantia da produção e do progresso, a falta de tecnologia ou as técnicas arcaicas eram apontadas como as responsáveis pela degradação. A agricultura de coivara ou tradicional era indicada como a fonte de degradação ambiental; já a moderna era referida como a solução para os problemas gerados pela "devastação das florestas". No século XIX, os poucos intelectuais que formaram, segundo José Augusto Pádua, uma "tradição intelectual" de "crítica ambiental" no Brasil escravista projetavam uma agricultura moderna, sendo o "atraso" entendido como a principal fonte da degradação ambiental no Brasil:

> O modelo ideal de sociedade passava por um rural modernizado, inclusive com a introdução de máquinas e produtos químicos. Essa agricultura modernizada não era vista como fonte de destruição ambiental, mas sim como

88 ARRUDA, Gilmar. "Representações da Natureza: História, Identidade e Memória". In: ROLIM, Rivail C.; PELEGRINI, Sandra A.; DIAS, Reginaldo. *História, Espaço e Meio Ambiente*. Maringá: ANPUH-PR, 2000, p. 43-66.

89 ARAÚJO, Hermetes Reis de. "Da Mecânica ao Motor: A ideia de natureza no Brasil no final do século XIX". *Proj. História*, São Paulo, nº 23, nov. 2001, p. 151-167.

90 ROMANELLO, Jorge Luiz. *Imagens e visões do Paraíso no Oeste Paulista: Um Estudo do Imaginário Regional*. Dissertação (mestre em História). Unesp, Assis, 1998, p. 15.

> o caminho mais direto para a salvação do território e para a construção de um país efetivamente civilizado.[91]

A parcela não-hegemônica da elite agrária, na Primeira República, que propôs, uma política de constituição de colônias de pequenos agricultores como forma de disciplinar homens e mulheres pobres do campo para o trabalho também pensava na modernização tecnológica dos agricultores.[92]

A partir dos anos 1930 o "mecanicismo termodinâmico" no Brasil toma um novo impulso. Dean já afirmou que, com a "Revolução de 1930",

> O nacionalismo começou a afastar a classe média do liberalismo e a classe operária do internacionalismo. Nessa atmosfera, os recursos naturais passavam a ser encarados como uma reserva coletiva a ser utilizada eficientemente em favor da nação.[93]

Todavia, já na Primeira República houve uma mudança substancial no movimento nacionalista do Brasil, como aponta Angela de Castro Gomes: é

> [...] dentro deste contexto de pós-Primeira Guerra que se pode situar a emergência de um movimento nacionalista que, por suas características, tornou-se um interlocutor poderoso para o movimento sindical e anarquista. Este nacionalismo dos anos 20 não se traduzia mais por um sentimento de amor à pátria, fundado na grandeza e beleza territoriais do Brasil, conforme o modelo paradigmático do *Por que me ufano do meu país* do conde Afonso Celso. Ele se manifestava como um movimento social, agressivo e militante, que tinha como objetivo apontar e combater os males de nosso país.[94]

Mas é com a "Revolução de 1930" e mais fortemente com o Estado Novo que forma-se no âmbito do Estado um projeto de "redenção nacional", que significava antes agir sobre uma natureza entendida como desperdiçada e alguns seres humanos tidos como improdutivos e ordená-los, discipliná-los e torná-los produtivos.

Como afirma Gomes ao abordar o discurso dos ideólogos do Estado Novo. Em tal discurso a "redenção" era uma volta para uma "essência" de brasilidade que

---

91 PÁDUA, José Augusto. *Um sopro de destruição: pensamento político e crítica ambiental no Brasil escravista (1786-1888)*. Rio de Janeiro: J. Zahar, 2002, p. 19.

92 MENDONÇA, 1997, *op. cit.*

93 *Ibidem*, p. 272.

94 GOMES, 2005, *op. cit.*, p. 136. Marilena Chauí situa no final da Primeira Guerra Mundial a passagem do nacionalismo como caráter nacional para um nacionalismo como identidade nacional. O que corresponderia, grosso modo, à passagem que Eric Hobsbawm descreve, no centro do Sistema Mundo, dos períodos de vigência do "princípio da nacionalidade" (1830-1880) e da "ideia nacional" (1880-1918), para o período da "questão nacional" (1918-1960). Ou seja, um caráter que podia ser apenas externo para uma questão de identidade e portanto de autoconsciência. É um grande deslocamento que colocou a questão da participação política mais ampla no contexto de uma sociedade de comunicação de massa. CHAUÍ, 2000, *op. cit.*, p. 17-22.

estaria em um povo e em uma natureza primitiva. Mas este povo e terra teriam sido menosprezados e abandonados pelos regimes pré-1930 e caberia ao Estado, como "técnica de construção do povo", resgatar a natureza e os seres humanos de seu atraso, com vistas a um mundo moderno e produtivo.

> A natureza era aquela de um território imenso e povoado de riquezas naturais. Porém, era também a natureza desconhecida e inaproveitada pela incúria política de um regime demagógico que se satisfazia com um discurso ufanista: '*O Brasil liberal era o Brasil do Amazonas, maior rio do mundo – da Guanabara, a baía mais linda do mundo –, da mina de Morro Velho, a mais rica do mundo. O Brasil liberal era o país onde tudo era grande, menos... o homem*'. Este permanecia ignorado e afastado do potencial de sua própria terra. Os políticos liberais desacreditavam de nossos homens e '*longe de pesquisarem as causas de nossos males, preferiram, numa atitude comodista e pela lei do menor esforço, explicar tudo pela negação da nossa raça. O brasileiro é preguiçoso – somos um povo de bugres – (...)*[95]

Tratava-se de "recuperar a grandeza de nossa realidade natural, mas não mais a partir de uma tradição contemplativa e desligada do homem brasileiro"[96] Voltando-se para o *sertão*, a Marcha para o Oeste foi, entre outras coisas, uma busca da nacionalidade autêntica. Mas este *sertão*, portador da "essência da brasilidade", era também um lugar "triste".

> Por conseguinte, 'restaurar' a sociedade brasileira era retirá-la do estado da natureza, isto é, organizá-la pela via do poder político. Tal ação implicava um 'retorno' à própria natureza – às riquezas potenciais e inativas do país e um 'retorno' à própria cultura nacional – ao caráter do homem brasileiro. A tradição a ser encontrada e revivida seria a junção da natureza e da cultura por intervenção da política, que acionaria o elemento integrador e produtivo do trabalho nacional. A terra era rica e o homem era bom, mas nada disso tinha significado quando abandonado e inexplorado. A 'restauração' seria um verdadeiro *ato de construção da terra e do homem, pela exploração do primeiro e a formação do segundo* (grifo meu).[97]

Para além do Estado Novo, a "construção da terra e do homem" por meio do Estado como "uma técnica de construção do povo" era uma questão básica para um projeto fordista-keynesiano periférico. Em tal campanha de "redenção nacional", que de certa forma foi muito além do Estado Novo, a "redenção nacional" não era a construção de uma cidadania plena, mas a inserção de terra e trabalho (seres humanos e natureza) no mercado, com sua racionalização produtivistas, reduzindo-os à dimensão da produção. Ademais, para a tecnoburocracia não ca-

95 GOMES, 2005, *op. cit.*, p. 193.

96 *Ibidem*, p. 194.

97 *Ibidem*, p. 195.

bia mais a afirmação que a "paisagem era civilizada, mas os homens não".[98] No caso do projeto de modernização do *sertão* do Paraná, em meados do século XX, cabia não apenas "valorizar" o ser humano, mas também a natureza. Ambos deveriam ser disciplinados e tornados produtivos. O ser humano e a natureza deveriam ser civilizados/modernizados por meio da *colonização racional*.

A tecnoburocracia nos relatórios que serviram aqui de fonte principal não é pródiga em exaltar a natureza, mantendo um linguajar comedido. Embora, não deixam de exaltar a uberdade da natureza. No relatório que faz um balanço da atuação da 5ª Inspetoria de Terras entre 1940 e 1945 se afirma que as terras subordinadas à 5ª Inspetoria são "dotadas de climas salutares, vegetação abundante e solo fertilíssimo".[99] Afirmam isto apesar de as "terras roxas" estarem presentes fundamentalmente na parte norte da região de Campo Mourão, em parte da área de incidência da Floresta Estacional Semidecidual. Sobre a Colônia Mourão, no citado relatório, se reafirma: as "terras são fertilíssimas e apresentam padrões de terras roxas e outras que se prestam a qualquer cultura".[100] Aponta, ainda, o citado relatório, a fertilidade do solo da Colônia Mourão como um fator de atração de homens e mulheres para a fronteira agrícola: "Devido à fertilidade do solo já conhecida, a afluência de colonos e fazendeiros de diversos pontos do Estado e dos estados de Santa Catarina, Rio Grande e São Paulo, tem sido em número considerável, nestes últimos anos".[101] Tal afirmação sobre a fertilidade do solo, em especial da "terra roxa" é recorrente nos relatórios e também afirmada por boa parte da historiografia.

Sem querer negar a fertilidade das terras argilosas do Paraná, a ênfase dada em serem "as melhores terras do mundo" foi apontada por Nelson D. Tomazi como uma das "fantasmagorias" que, entre outras coisas, contribuem para edenização do Norte do Paraná. Um levantamento mais acurado dos solos traz dúvidas a tal homogeneização, pois ao analisar os

> [...] solos do estado do Paraná pode-se observar que há dois grandes blocos de solos: os argilosos e os arenosos. Estes possuem menor fertilidade que aqueles. Numa escala de 0 a 50 os arenosos ficariam entre 3 e 5 e os argilosos entre 5 e 15. Entre os argilosos, encontram-se os solos derivados do basalto e entre estes há uma variação em uma escala de solos que vai desde aqueles com alta fertilidade até os de baixa fertilidade, com toxidade. Assim, os melhores solos argilosos se situariam, na mesma escala, entre 10 e 15 e os de baixa fertilidade entre 5 e 7. [...] Esta escala é importante de ser citada para

98 Ver por exemplo, a interpretação da obra de Érico Veríssimo feita em: ALBUQUERQUE JÚNIOR, Durval Muniz de. "O Tempo, o Vento, o Evento: história, espaços e deslocamentos nas narrativas de formação do território brasileiro". In: SIMPÓSIO NACIONAL DE HISTÓRIA, 24., 2007, São Leopoldo – RS. *Anais*. São Leopoldo: Unisinos, 2007. 1 CD.

99 DEPARTAMENTO de Terras e Colonização. 5ª Inspetoria de Terras. [s.d], *op. cit.*

100 *Ibidem*, p. 4.

101 *Ibidem*, p. 4.

> que não se tenha a ideia tão reiterada que, na região em estudo [Norte do Paraná] estão 'as terras mais férteis do mundo'.[102]

A imagem do *sertão* do Paraná como a Terra da Promissão, a Nova Canaã e o Novo Eldorado para todos os que para ela afluíram foi mais explorada em regiões colonizadas por empresas colonizadoras particulares que venderam tal imagem como propaganda para atrair compradores para suas terras, estando fortemente presente no imaginário regional.[103]

Um artigo, exemplar da força desse elemento edênico, é intitulado "A Marcha para o Oeste do Paraná", de autoria do "jornalista João Gabardo" e publicado no jornal curitibano, *Gazeta do Povo*, em 1940. Segundo o articulista o Interventor, no espírito da "Marcha para o Oeste", procurou ir até Campo Mourão, mas foi detido em Pitanga devido às chuvas que caiam que deixava a estrada intransitável. Alguns meses depois já havia sido promovido a reconstrução e alargamento da estrada Pitanga-Campo Mourão e foi organizada uma nova caravana para o interior, sem a presença do governador, mas com algumas autoridades como o "Dr. Sady Silva, Engenheiro da 5ª Inspetoria de Terras" e representantes da imprensa. O articulista argumenta que "representantes vegetais" na região, como Palmito e Cedro serviam, de prova cabal das "terras fertilíssimas dos climas quentes".[104] As imagens edênicas se sucedem: "Todas as frutas vicejam com inigualável desenvoltura, destacando-se abacaxis, mamão, cana-de-açúcar etc. Os rios da região são piscosos".[105] E declara explicitamente que os "componentes da comitiva regressaram verdadeiramente encantados com a descoberta desse novo Eldorado".[106]

Outro elemento recorrente na concepção de natureza nas fontes abordadas é a sua virgindade. Vários autores já apontaram o equívoco da ideia de "mata virgem". Uma vez que há milhares de anos ocorrem impactos antrópicos nas florestas alterando a sua composição ecológica, uma boa parte das florestas primárias existentes são florestas antropogênicas.[107] Todavia, ainda hoje, qualquer remanescente de floresta que pareça primária ainda pode ser denominado de "mata virgem", mesmo que tenha apenas uns poucos hectares e já esteja bastante degradada. Tal tipo de afirmativa era ainda mais usada no período da colonização dirigida. O relatório de

---

102 TOMAZI, 1997, *op. cit.*, p. 111.

103 Sobre a produção de tal imaginário regional ver: GONÇALVES, José Henrique Rollo. "Quando a imagem publicitária vira evidência factual: versões e reversões do norte (novo) do Paraná – 1930/1970". In: DIVAS, Reginaldo B.; GONÇALVES, José Henrique Rollo. (orgs.). *Maringá e o Norte do Paraná: estudos de história regional*. Maringá: EDUEM, 1999, p. 87-121.

104 GABARDO, João. "A Marcha para o Oeste do Paraná". Curitiba, *Gazeta do Povo*, 1940. In: VEIGA, 1999, *op. cit.*, p. 143.

105 *Idem*, p. 144.

106 *Idem*, p. 144.

107 DEAN, 1996, p. 38 *et seq*.

DGTC, datado de 1954, afirma que a Gleba 3 da Colônia Mourão era "cobertas de mata virgem".[108] Afirmava ainda que a referida gleba foi ocupada por nacionais de sobrenome ucraniano, muitos vindos da região de Mallet, no "Paraná Tradicional". Já no relatório do exercício de 1940 se afirmava que o serviço de colonização possuía o afã "patriótico de incrementar o povoamento dos ínvios e virgens sertões do Brasil, objetivando o progresso econômico do país, fonte de renda para o erário público e riqueza para coletividade".[109] Como argumentei no primeiro capítulo, longe de ser desprovido de caminho, havia muitos que conheciam as entradas e saídas do *sertão* e o exploravam para sua sobrevivência e/ou para o mercado internacional. Há aqui uma forma de invisibilidade. O que alguns chamariam de um "dispositivo de negação do Outro",[110] não se trata apenas de que o critério para considerar um lugar "ocupado" deve ser estar ele desflorestado, mas trata-se de ver "o Outro como não existente".

De qualquer forma, seja por meio da invisibilidade do Outro ou da imagem edênica, há um reforço da separação entre seres humanos e natureza. A natureza é pensada como um éden intocado/vazio. E quando se percebe a ação dos "indivíduos" ela é percebida como destruidora. Legitimando, assim, um projeto modernizador que visava atuar "sobre os homens", mesmo que não apenas sobre eles, para adequá-los à "infinita possibilidade" da natureza.

A colonização dirigida no Paraná

A colonização dirigida, segundo Dias e Castro, remonta, no Brasil, pelo menos, a meados do século XVIII, com o assentamento de famílias açorianas no litoral de Santa Catarina.[111] Tal processo de colonização dirigida, ocorrido antes da Primeira Guerra Mundial, no entanto, era pautado por motivos geopolíticos que visavam introduzir aliados em áreas de disputa internacional com relativa baixa densidade populacional e promover a produção de alimentos, além de, em alguns casos, tentar *civilizar* o trabalhador/agricultor nacional com o exemplo e "sangue" europeu.

Os imigrantes europeus trazidos durante o século XIX, representados como laboriosos e progressistas, eram pensados, muitas vezes, como uma forma de modernizar a agricultura nacional. O chamado trabalhador nacional do campo, identificado como *caboclo*, sertanejo etc, apegado ao seu modo de vida tradicional e resistindo a se submeter à nova ascese do trabalho, vai ser acusado de ser indolente, quando não racialmente inferior. Por outro lado, mesmo os descendentes de

108 DEPARTAMENTO de Geografia Terras e Colonização, 1954, *op. cit.*

109 DEPARTAMENTO de Terras e Colonização. *Relatório dos serviços executados pelo Departamento de Terras e Colonização durante o ano de 1940*. Curitiba, 1941, p. 189.

110 LEITE,Ilka Boaventura. "Descendentes de africanos em Santa Catarina: invisibilidade histórica e segregação". In: _____. (org.). *Negros no Sul do Brasil*. Florianópolis: Letras contemporâneas, 1996, p. 33-53.

111 *Ibidem*, p. 12.

imigrantes, em especial de italianos e alemães, no caso do Sul do Brasil, deslocando-se para novas fronteiras agrícolas, eram representados como capazes de fazer uma miraculosa mudança da "letargia do atraso" para o "progresso". Dessa forma, a imigração foi pensada por setores da elite como uma estratégia de modernização da agricultura.[112]

No Paraná, em meados do século XIX, há uma política de atração de imigrantes, visando a produção de alimentos para as cidades. Autoridades de então criticam "veementemente o desprezo manifestado pelo brasileiro e paranaense em particular, pelo trabalho agrícola".[113] Para resolver tal problema foi organizada a vinda de milhares de imigrantes, principalmente poloneses e alemães, basicamente para o primeiro e segundo planaltos paranaenses, e em especial, para a região de entorno de Curitiba, com a finalidade de abastecer a capital.

Durante a Primeira República, no nível federal, como afirma Sonia Regina de Mendonça:

> [...] a política imigrantista do governo federal não poderia deixar de ter como objeto regiões sobre cujo espaço impunha-se afirmar o controle do Estado, mormente em virtude de conflitos deslanchados por sua incorporação recente ao mercado de terras: estados como o Paraná, Santa Catarina e Rio Grande do Sul. Sobre eles incidiria a ação pública, em sua dupla finalidade de incorporar territórios – fomentando a produção mercantil – e contribuir para a constituição de *uma ideologia do trabalho* fundada nos mitos da democracia rural e da ascensão social do pequeno produtor (grifo meu).[114]

No Paraná, na Primeira República, é editado o Decreto 218, de 11 de junho de 1907, no qual são definidas as "bases regulares para o serviço de colonização no Estado do Paraná".[115] Em seus primeiros artigos estabelecia:

> ART. 1º O Governo do Estado do Paraná exercerá a superintendência do serviço de colonização dentro do território paranaense, por si, ou com o auxílio da União, quando se tratar de núcleos fundados por esta.

112 ZARTH, Paulo Afonso. "História Regional/História Global: uma história social da agricultura no Noroeste do Rio Grande do Sul (Brasil)". *História: debates e tendências*, Passo Fundo. nº1, vol. 1, jun. 1999, p. 109-128.

113 WACHOWICZ, 1988, *op. cit.*, p. 143. A colonização do *sertão* é ainda fomentada pelo governo imperial ao criar colônias militares, mas meu objetivo aqui não é fazer um inventário da colonização paranaense.

114 MENDONÇA, 1997, *op. cit.*, p. 172.

115 SERRA, Elpídio. *Processos de ocupação e a luta pela terra agrícola no Paraná*. Tese (doutorado em Geografia) – Instituto de Geociências e Ciências Exatas, Universidade Estadual Paulista Julio de Mesquita Filho, Unesp, Rio Claro, 1991, p. 62.

> ART. 2º O serviço de colonização do território paranaense poderá ser promovido pelo Governo Federal, por iniciativa direta do Governo do Estado, com ou sem auxílio da União, por empresas [sic] de viação ou de qualquer outra natureza ou por particulares.
>
> Art. 3º Para todos os efeitos das presentes bases regulamentares, serão considerados imigrantes, os estrangeiros menores de 60 anos, solteiros ou constituídos em famílias, e que não sofram de moléstias contagiosas, nem sendo inválidos, dementes, criminosos, desordeiros, mendigos ou vagabundos e tendo moralidade e aptidões profissionais por documentos hábeis, vierem estabelecer-se em território do Estado, transportados como passageiros de 3ª classe, a custa própria ou com passagem paga pela União, pelo Estado, pelas municipalidades, por empresas quaisquer ou por particulares.[116]

A colonização dirigida implica, em geral, em uma decisão governamental, mesmo que o Governo não atue diretamente. Mesmo prevendo, já em 1907, a possibilidade de ação da iniciativa privada, ela deveria estar sob a "superintendência" estatal. As colônias são pensadas, oficialmente, para serem formadas por imigrantes, mas estes deveriam ter um perfil bem definido: um homem pobre, sadio e laborioso, para atender as atividades produtivas.

Estabelecia ainda o Decreto 218, minuciosamente, os trabalhos técnicos de planejamento dos núcleos coloniais, com o reconhecimento prévio: de escoamento da produção – aliás os núcleos deveriam ficar perto de centros de consumo ou exportação e ligados a estes por estrada de rodagem ou estrada de ferro, de fertilidade natural, de condições hidrográficas e até mesmo deveriam ser verificadas as condições naturais que permitissem a lavoura por "processo mecânico". Prevê o decreto, então, que se considerado viável o núcleo colonial, se procederia o planejamento "com o levantamento, a goniómetro, da planta topográfica e hidrográfica do terreno, com indicações precisas de situação, conformação altimétrica, configurações orográficas e vias de comunicação existentes".[117]

> Com os dados exigidos [...] organizar-se-á o plano geral do núcleo, projetando-se convenientemente os respectivos lotes condição, sempre que seja possível, de serem servidos por águas, abrangerem uma área florestal e seguirem suas linhas divisórias os rumos norte-sul e leste-oeste verdadeiros.[118]

Descrevendo em detalhes, de como deveria ser planejada a sede até a colocação dos marcos divisórios das propriedades, o planejamento técnico minucioso deveria garantir a "prosperidade colonial".

O Decreto 218 estabelece ainda uma série de tarefas para o Estado:

116 DEPARTAMENTO de Terras e Colonização, 1935, *op. cit.*, p. 86.

117 *Ibidem*, p. 89.

118 *Ibidem*, p. 89.

> Era de competência do Estado arcar com as despesas de transporte, alimentação e de assistência médica do trabalhador; construir casas, escolas e outras edificações nas colônias; demarcar os lotes, manter na colônia farmácia e médico em plantão permanente; proporcionar assistência técnica às lavouras e o transporte da produção; fornecer sementes, mudas e ferramentas no primeiro ano do assentamento e, a título de estímulo, distribuir prêmios individuais de 200 mil réis aos dez colonos que melhor resultado alcançassem nas primeiras safras.[...] *Quem optasse pelo pagamento a prazo poderia ter as duas últimas prestações anuais perdoadas pelo Estado caso tivesse sido pontual [...] [nas três prestações anteriores] e caso tivesse ainda mantido culturas permanentes ocupando pelo menos um terço da propriedade, construído benfeitorias por conta própria, mantido conduta exemplar no convívio com outros assentados e provado dedicação ao trabalho e à família* (Cf. Artigos 42 e 43). Os lotes deveriam ter área máxima de 50 hectares, 'quando situados em terrenos afastados dos centros de consumo' e área mínima de 25 hectares, 'quando situados nas proximidades de estradas de ferro ou nos arredores dos mercados de consumo' (Artigo 18) (grifo meu).[119]

Parece-me que, neste Decreto nº 218, o *projeto ruralista* da Primeira República tem plena expressão. Os incentivos indicam que o principal interesse não era o ganho imediato com a venda da terra. Buscava-se, sim, garantir a produção para o abastecimento. Mas não apenas isto. Busca-se por meio da "assistência" e de mecanismos de incentivo produzir uma dada conduta, "ordeira" e voltada para o trabalho. Um projeto modernizante, conservador, pois não visava alterar a estrutura fundiária. Sendo tal projeto, conforme Mendonça, o germe de uma ação autoritária mais geral que se seguiria.

> Ao longo dos anos 20, as falas ministeriais revelariam uma inflexão no tocante ao papel 'pedagógico' do imigrante, empreendendo a revalorização do 'trabalhador nacional' em detrimento do primeiro. Sintoma da queda dos fluxos migratórios verificada a partir de 1914, o novo discurso passava a evidenciar também a preocupação com a defesa da grande propriedade que – uma vez esgotadas as reservas de terras devolutas próximas aos grandes centros – poderia vir a ser ameaçada, como o sinalizava a multiplicação da iniciativa de empresas particulares no estabelecimento de colônias em São Paulo, Paraná e Santa Catarina (RMIC, 1926, p. 423).[120]

Segundo Lysia Bernardes:

> Com o início da Grande Guerra (1914), responsável pela interrupção da corrente imigratória e também, em vista da criação do Ministério da Agricultura, cujas atribuições compreendiam a fundação de núcleos coloniais

119 SERRA, 1991, *op. cit.*, p. 62-63.

120 MENDONÇA, 1997, *op. cit.*, p. 173.

> e a introdução de imigrantes, foi interrompida a colonização oficial pelo governo do estado.[121]
>
> Haverá, entretanto, colônias estaduais posteriores a esta data, mas elas serão assistemáticas. Em geral eram tentativas de resolver conflitos localizados, gerados pela ocupação da área por posseiros.[122]

Até 1916 a ação do Estado para com as terras se limitava à "venda de lotes coloniais, pelo próprio Estado ou União, voltados para a produção de alimentos; demarcação e venda de terras, nas devolutas já apossadas; legitimação de posses anteriores à República".[123] A Lei estadual nº 1642, de 5 de abril de 1916, vai introduzir a novidade na legislação paranaense. O trabalhador nacional passa a ser favorecido legalmente pela política de colonização. Ademais, se tal lei não inaugura uma política de incentivo à pequena propriedade e à possibilidade da ação da iniciativa privada na legislação sobre colonização no Estado do Paraná, o regime de colonização, por concessões nela regulamentada, dá um grande fôlego para a iniciativa particular na colonização dirigida.

A Lei 1.642 autorizava o Poder Executivo a "conceder para o estabelecimento de colonos nacionais ou estrangeiros, a área de terras devolutas até 50.000 hectares". As terras deveriam ser parceladas em lotes de 5 a 25 hectares, a serem pagas "de acordo com os preços estabelecidos em lei" e a na medida em que "forem sendo localizados os colonos, dentro dos dois primeiros anos da data da sua localização". A empresa concessionária deveria arcar com a infraestrutura básica, como estradas, e o planejamento urbano, sendo que, dentro de oito anos as terras não colonizadas voltariam ao domínio do Estado.[124]

Um relatório do DGTC afirma que o escopo da Lei 1.642 era "promover e tornar, por meio da colonização, produtivos os extensos sertões devolutos e virgens do noroeste paranaense, compreendidos nas bacias hidrográficas dos rios Paranapanema, Tibagí e Ivaí".[125] Os governos estaduais, capitaneados pelos latifundiários vinculados ao mate e à pecuária, viram na colonização das terras devolutas uma fonte de recursos, principalmente pelos impostos gerados pela rendosa atividade cafeeira que então se expandia pelo Norte Velho.[126] Para Nadir A. Cancian, a ênfase na pequena propriedade, pelo menos entre 1916 e 1930, se explicaria pela crise financeira por que o Governo Estadual passava. Endividado, ele pretendia produ-

121 BERNARDES, 1953, *op. cit.*, p. 11.

122 *Ibidem*, p. 343.

123 LOPES, Ana Yara D. P. *Pioneiros do Capital: A Colonização do Norte Novo do Paraná*. Dissertação (mestrado em Ciências Sociais) – FFLCH, USP, São Paulo, 1982, p. 66.

124 CANCIAN, 1977, *op. cit.*, p. 197. Segundo LOPES "cada colono-adquirente [...] poderia comprar no máximo 2 lotes" (LOPES, 1982, *op. cit.*, p. 69).

125 DEPARTAMENTO de Geografia Terras e Colonização, 1954, *op. cit.*, p. 5.

126 TOMAZI, 1997, *op. cit.*, p. 162.

zir divisas com a venda de terras e os impostos a serem cobrados e para isto atraía pequenos agricultores para o Paraná.[127]

Em 8 de abril de 1922, a Lei estadual nº 2.160 estabelece que: "Art. 8 – Fica revogada a lei 1642 de 5 de Abril de 1916", e estabelece que "A área dos lotes de concessões já existentes, em virtude dessa lei, poderão ser de 10 a 200 hectares."[128] Segundo Elpídio Serra foi a pressão dos concessionários que levou a revogação da lei, tendo o Governo do Estado a partir daí liberado áreas bem maiores para a colonização particular, alienadas principalmente pelo sistema de venda direta, motivo pelo qual houve uma "diminuição da capacidade de controle do poder púbico sobre os projetos que deveriam ser executados".[129] Já Cancian aponta a especulação como fator para a revogação da citada lei. Era comum concessionárias não efetivarem a colonização na espera de valorização das terras ou buscarem cultivar diretamente a terra em grandes latifúndios. Depois da revogação da lei, até "1930, novas concessões foram realizadas, como no caso da Companhia de Terras Norte do Paraná [...] e outras, ainda em moldes liberais, porém o foram através de venda, em transações diretas entre o Estado e as empresas, que se tornaram revendedoras de terras devolutas".[130] Como fazia o Governo Imperial, o Estado utilizava terras como forma de pagamento de dívidas e havia ainda a ação de grileiros que reivindicavam áreas imensas baseados em documentos falsificados. Em 1930, as concessões e grilos já cobriam a maioria das terras devolutas do Estado.

Com a "Revolução de 1930", há nomeação de interventores federais para exercer o Governo Estadual. Primeiro, Mário Alves Monteiro Tourinho (10/1930-12/1930), depois, o amigo pessoal de Getúlio Vargas, Manoel Ribas (12/1930-11/1945). Neste período "a política estadual tinha uma nítida configuração: ser apenas uma decorrência dos projetos governamentais em nível nacional".[131] Se tal afirmação for correta, em nível estadual, tal como outros autores descrevem em nível federal, as ações do Governo visando parcelar a terra para agricultores familiares foi de encontro à velha elite latifundiária. Sem contar tais obstáculos políticos, havia o obstáculo jurídico para uma política mais arrojada de parcelamento das terras devolutas, a saber: que em sua grande maioria estava entregue a concessionários ou griladas, quando não, a mesma área sofria de ambos os problemas.

No início do mandato de Manoel Ribas se edita o Decreto Estadual nº 800, de 8 de abril de 1931. Cancian afirma que:

---

127 CANCIAN, 1977, *op. cit.*

128 DEPARTAMENTO de Terras e Colonização, 1935, *op. cit.*, p. 157. A Lei Estadual nº 2.377, de 1 de abril de 1925, cria a possibilidade das concessões feitas em conformidade com a citada Lei nº 1642 de 1916, venderem metade da área concedida em lotes de até 2.400 hectares, sendo permitido um lote para cada comprador. Conf. *Ibidem,* p. 163.

129 SERRA, 1991, *op. cit.*, p. 65.

130 CANCIAN, 1977, *op. cit.*, p. 120.

131 TOMAZI, *op. cit.*, p. 192

> O Decreto 800, de 1931, tinha por objetivo primordial impedir a formação de novos latifúndios e pôr fim às concessões para colonização por empresas ou particulares, pois a área máxima a ser vendida pelo Estado era de 200 hectares por família.[132]

Entretanto, colonizadoras privadas continuaram a conseguir grandes áreas para colonização. Serra afirmar que:

> Em 1935, através da Lei número 46 publicada dia 10 de dezembro, a iniciativa privada é novamente convidada a participar, ao lado do Estado, da colonização das terras devolutas. Estabeleceu a Lei em seu Artigo 1º que 'Fica o Poder Executivo autorizado a promover a colonização das terras devolutas no Estado mediante a concessão das glebas a empresas ou particulares. Estes assinarão contratos em que se estipularão cláusulas garantidoras dos interesses públicos e da fiel execução das condições da concessão'.[133]

Todavia, o relatório do DGTC apresenta quatro concessões com datas anteriores a referida lei.[134] Ademais, a ação direta do Estado efetuando colonização dirigida, como já argumentei, é anterior a 1930.[135] Não houve, portanto, uma ruptura drástica com a política de colonização anterior a 1930,[136] as mudanças foram graduais.

Uma mudança que se destaca é que agora os homens e mulheres nacionais pobres eram os principais alvos da colonização dirigida. Aos objetivos da colonização dirigida pelo Estado foram acrescidos novos objetivos:

> Essa mudança não denegou os antigos objetivos da colonização oficial. Ao contrário, dois deles – a ocupação de novas terras e o aumento da produção de alimentos para o mercado interno – tiveram ênfase ainda mais acentuada. Todavia, tanto estes como os demais passavam agora a ser considerados meios para o alcance dos dois fins básicos: a redução das tensões sociais em áreas demograficamente saturadas e a diminuição da pressão sobre o mercado de trabalho urbano graças ao deslocamento dos migrantes para a fronteira agrícola. Por sua vez, a consciência da gravidade dos problemas sociais no campo, fez com que se agregasse um outro objetivo, a colonização

132 CANCIAN, *op. cit.* p. 123, 127.

133 SERRA, 1991, *op. cit.*, p. 78.

134 DEPARTAMENTO de Geografia Terras e Colonização, 1954, *op. cit.*, p. 69. Ver ainda: COSTA, Odah Regina Guimarães. "Planos de colonização oficial aplicados, a partir da década de 1930, em zonas pioneiras e de povoamento, no Estado do Paraná". In: SIMPÓSIO NACIONAL DOS PROFESSORES UNIVERSITÁRIOS DE HISTÓRIA, 7, 1975, Aracaju. *Anais*. São Paulo, 1976. 3 vol., p. 817-841.

135 Ao contrário do que afirma: COSTA, 1976, *op. cit.*, p. 819; E como indica: BERNARDES, 1982, *op. cit.*, p. 67-68, 163-165. Um relatório de 1940 aponta a existência de 83 colônias "estaduais" no Estado (DEPARTAMENTO de Terras e Colonização, 1940, *op. cit.*).

136 TOMAZI, *op. cit.*

> oficial: o de colocá-la como instrumento de promoção socioeconômica dos agricultores pobres.[137]

Entretanto, apesar da ênfase em "fixar o trabalhador" pobre na terra, a própria legislação favorecia uma relativa concentração da propriedade da terra. A possibilidade de constituição de grandes propriedades estava prevista na própria lei, mesmo quando esta tentava limitar o latifúndio. O próprio Decreto nº 800 de 1931 reduzia as áreas máximas previstas na Lei Estadual nº 68, de 20 de dezembro de 1892, das terras revalidáveis para 1.000 hectares (artigo 7º), e das terras legitimáveis para 2.000 hectares (artigo 8º). Sendo, portanto, muito generosa, para aqueles que ainda poderiam ser beneficiados pelo antigo regulamento de terras do Paraná.

Por um lado, com o Decreto nº 800 de 1931, não há uma consagração da estrutura fundiária vigente, uma vez que estabelece: "Art. 6º – Aos atuais ocupantes das terras, que não possuírem documentos que os habilitem a legitimá-las, será facultado a compra da área ocupada, até, o máximo de 200 hectares, [...] desde que nos terrenos se verifique a cultura efetiva e a morada habitual;"[138] Por outro lado, o limite de 200 hectares para compra por "pretendentes à terra devoluta" ou de "ocupantes" era generoso e deveria visar a eliminação do latifúndio improdutivo, das vastas áreas de terras particulares mantidas incultas para especular ou para manter o prestígio dos "coronéis". Afinal, as áreas voltadas realmente para a produção familiar eram bem menores, como os "lotes de 5 a 25 hectares" estabelecidos pela lei estadual 1642, de 5 de abril de 1916, ou a "área variando entre 20 e 50 hectares" dos lotes coloniais estabelecidos pelo Decreto Estadual nº 218, de 11 de junho de 1907, ou até mesmo o limite de 100 hectares "em terras de lavouras" para legitimação de posses com cultura efetiva e morada habitual (estabelecidas entre a Lei de Terras de 1850 e a proclamação da República).[139] Tal limite não consagrava a propriedade familiar e sim a média propriedade "produtiva".

É importante notar que havia várias possibilidades legais de formação de latifúndios. A Lei Estadual nº 46, de dezembro de 1935, reforça a atuação de empresas particulares na colonização dirigida, pelo sistema de concessões de forma semelhante à lei 1.642 de 1916, mas sem estabelecer limites para o tamanho dos lotes, salvo o limite já existente de 200 hectares. Tal Lei Estadual nº 46 de 1935, reforça a possibilidades de concentração de terras, ao estabelecer que:

---

137 DIAS; CASTRO, *op. cit.*, p. 13.

138 DEPARTAMENTO de Terras e Colonização, 1935, *op. cit.*, p. 186.

139 Lei estabelecida por uma sociedade que tinha uma elite campeira, que, talvez, estivesse querendo legitimar seus vastos latifúndios de pecuário, daí estabelecer (para legitimação nas mesmas condições) o limite "de faxinais ou campos de criação dois mil (2.000) hectares", e limitando a área de "terras de lavouras", ou seja, matas, que poderiam ser açambarcadas por sertanejos pobres, ou não tão pobres, mas vindos de outros estados como os produtores de café paulistas e mineiros. Ver: WESTPHALEN; MACHADO; BALHANA, 1968, *op. cit.*, p. 2.

> ART. 5º – As glebas serão divididas em lotes nunca maiores de 200 hectares e a um mesmo colono só poderá ser concedido outro lote, depois de haver cultivado, pelo menos, metade do que lhe foi concedido anteriormente. [...]
>
> ART. 10º – Fica o Poder Executivo autorizado, também a conceder por venda ou aforamento, a agricultores ou criadores terras devolutas, no máximo de 2.000 hectares para cada comprador ou foreiro, (826,4 alqueires).[140]

O Decreto nº 800 não vetava a compra de mais de um lote e o Decreto nº 46 vai autorizar tal prática, criando a possibilidade legal de formação de grandes propriedades. A exigência estava em que o lote fosse cultivado, mesmo que fosse apenas "pela metade". Impedir a situação informal, impedir a especulação com terras que mantinha áreas improdutivas era o objetivo da legislação de terras então criada.

O Decreto nº 800 previa em seu artigo primeiro que as terras devolutas poderiam ser compradas pelos que "revelem o propósito de nela se localizar" e preencham os requisitos de "cultura efetiva e morada habitual".[141] O extinto regime de sesmarias, todavia, já previa a utilização da terra como condição para a concessão de sesmarias e a Lei nº 68, de 20 de dezembro de 1892, estabelecia o princípio de que as terras devolutas só deveriam ser alienadas a quem estivesse em condições de cultivá-las ou torná-las úteis. O que havia de novidade na legislação da década de 1930, não era a tentativa de organizar um sistema de produção de mercadorias para o mercado, mas sim a racionalização, ou seja, tudo, a terra e os seres humanos, deveriam ser reduzidos ao princípio único da produção. Produção e controle eram as palavras de ordem, uma extensa regulamentação que é criada tentando impedir a informalidade e incentivar o uso produtivo da terra.

O Governo do Estado, sob a influência da política de *Marcha para o Oeste*, executa uma grande política de combate à grilagem e às concessões de terras que não eram efetivamente colonizadas, as quais, por ocuparem a maior parte das áreas devolutas, eram um grande obstáculo para projetos de colonização.[142] Como os concessionários possuíam muita influência junto ao Governo, conseguiam prorrogações dos seus contratos, mas muitas vezes, não efetivavam a colonização, às vezes por falta de recursos, às vezes para especular com a terra esperando sua valorização. Até mesmo há casos de venda de grandes lotes para um único proprietário na tentativa de formar grandes propriedades. Segundo

---

140 DEPARTAMENTO de Terras e Colonização. *Legislação de Terras. De 1º de janeiro de 1935 a 31 de dezembro de 1940, coordenada pelo Departamento de Terras e Colonização*. Curitiba, [s.d.], p. 18-19.

141 DEPARTAMENTO de Terras e Colonização (da Secretaria dos Negócios de Obras Públicas, Viação e Agricultura). *Legislação de Terras. Vigente até 31 de dezembro de 1934 coordenada e consolidada pelo Eng. Civil Francisco Gutierrez Beltrão*. Curitiba, 1940, p. 185.

142 SERRA, 1991, *op. cit.*, p. 75.

Tomazi, o Estado vai cancelar "todas as concessões de terras concedidas até então", salvo "algumas exceções", como as "terras da CTNP, que tinham sido compradas e as de Francisco G. Beltrão e dadas como pagamento pelos seus serviços como agrimensor"[143]

> Com a Revolução de 1930 que denunciaria também as negociatas de terras no Paraná, várias concessões, sobretudo pela inoperância e o não cumprimento de cláusulas contratuais, foram anuladas, voltando 2.300.000 hectares de terras ao patrimônio do Estado.[144]

Todavia, há o "jeitinho brasileiro". Apesar "do discurso oficial paranaense, de 1930 à redemocratização em 1946, insistir em qualificar negativamente a política das concessões, esta ainda perdurou até os anos 50. Já não mais com força total, é bem verdade".[145] Ana Yara D. P. Lopes indica várias concessionárias de terras que continuaram a operar sem a autorização do Governo ou através da prorrogação de prazos, até 1960.[146]

A grilagem também havia açambarcado vastas áreas do Estado. Em

> [...] 1940, o interventor Manoel Ribas declarava: 'precisamos acabar com esses feudais' e iniciava forte luta contra os grileiros que se haviam apossado de cerca de 59 mil quilômetros quadrados de terras do Estado (mais de um quarto do seu território) [5,9 milhões de hectares], procurando reconquistar milhões de hectares que deveriam ser efetivamente colonizados.[147]

Mesmo não tendo eliminado a grilagem de terras, é inegável que houve um grande esforço governamental para regularizar a situação das terras devolutas e incentivar a sua colonização dirigida, em especial com pequenas e médias propriedades. Há autores que, apesar de reconhecer esse esforço político para a criação da propriedade familiar rural pelo Estado, apontam uma conjuntura econômica que condicionou o processo. Cancian reconhece o papel central do Estado no parcelamento das terras devolutas em propriedade menores. Ela argumenta que:

> A democratização da propriedade das terras foi uma decisão governamental. Tudo indica que, face aos problemas sociais da época em vista da Depressão, foi esta a resposta ao desassossego da propaganda socialista no período. Procurava-se evitar uma situação que poderia se tornar insolúvel

143 TOMAZI, *op. cit.*, p. 201 O que não é confirmado por: DEPARTAMENTO de Geografia Terras e Colonização. *Relatório dos serviços executados pelo Departamento de Geografia Terras e Colonização durante o ano de 1942.* Curitiba, 1943. (Arquivo Público do Paraná) e PARANÁ. Secretaria de Fazenda e Obras Públicas. *Relatório dos serviços e ocorrências da Secretária de Fazenda e Obras Públicas no ano de 1934.* Curitiba, 1934.

144 WESTPHALEN; MACHADO; BALHANA, 1968, *op. cit.*, p. 5.

145 LOPES, 1982, *op. cit.*, p. 85.

146 *Ibidem*, p. 92-93.

147 WESTPHALEN; MACHADO; BALHANA, 1968, *op. cit.*, p. 5- 6.

> pela agitação do proletariado. Fixar o homem ao campo, torná-lo proprietário, seria evitar que se tornasse um proletário insatisfeito.[148]

Mas aponta, também, outros fatores para a redução da área ocupada pelos grandes latifúndios na colonização dirigida no Norte do Paraná, em especial nas terras argilosas em que o café era o principal cultivar. Nomeadamente, as grandes geadas nas terras do Norte do Paraná, como fator restritivo à grande propriedade, que não poderia suportar os prejuízos das grandes geadas, enquanto o pequeno e o médio lavrador sobreviveriam economicamente graças às culturas de subsistência:

> Essas propriedades [grandes lotes comprados da Companhia de Terras Norte do Paraná, posteriormente Companhia Melhoramentos Norte do Paraná — CTNP/CMNP], quando se intensificou a procura de terras, foram fracionadas em pequenas e médias e revendidas. Não se atrevia numa latitude tão ao sul, sujeita a geadas intensas e periódicas (1931, 1942, 1953, 1955, 1963, 1969, 1975), manter fazendas tão grandes. *São as melhores terras para o café, porém para pequenos e médios produtores ou no máximo até 100 alqueires de cafezais. Os grandes produtores afastaram-se ou se dirigiram mais a noroeste, de clima mais ameno* (grifo meu).[149]

Tal hipótese deveria ser melhor explorada. Todavia, o principal fator para entender esta questão, neste período de 1930 a 1944, para a citada autora, seria a crise no sistema-mundo capitalista ocorrida entre as duas grandes Guerras Mundiais, com a Grande Depressão iniciada com a quebra da Bolsa de Nova Iorque, em 1929, que causa uma baixa no preço do café. Isto gerou uma "minimização dos lucros da cafeicultura, a especulação com lotes, dado a vastidão de terras roxas ainda desocupadas, tornou-se mais lucrativa que a própria lavoura",[150] dando margem para a colonização em pequenas propriedades, e preparando o *boom* do período pós-Segunda Guerra Mundial. Mas, como admite a própria Cancian, independente desta conjuntura econômica, o parcelamento da terra esteve muito condicionado às "decisões governamentais". Embora no caso estudado de Campo Mourão isso seja incontroverso, uma vez que o foco é a iniciativa estatal direta de colonização dirigida.

Entre 1916 e 1938, a colonização dirigida foi realizada, no Paraná, principalmente, através da iniciativa privada. O Governo do Estado continuou a atuar concedendo títulos a "requerentes de terras", a posseiros e nas colônias estaduais, mas sem grandes projetos de colonização sistemática. O Decreto Estadual, nº 1-A, de 8 de abril de 1893, previa que a Secretaria de Estado dos Negócios e Obras Públicas e Colonização teria um ramo especial de Serviços de Terras e

---

148 *Ibidem*, p. 125.

149 CANCIAN, 1977, *op. cit.*, p. 169.

150 *Ibidem*, p. 142.

Colonização, a qual competiria titular, fiscalizar contratos de concessão e colonização, mas não efetuar a colonização diretamente.[151] Somente em 1923 o Governo cria a Inspetoria de Terras e Colonização.[152] Sendo criado em 1928 o Departamento de Terras e Colonização (DTC). Todavia, naquele momento, não havia uma atuação sistemática e direta por parte do Governo Estadual na colonização dirigida.

> Talvez o Paraná continuasse com esse plano assistemático, não fosse a criação, no Estado Novo, em 1938, da Divisão de Terras e Colonização [...]. Durante os próximos 16 anos aquele órgão estabeleceria núcleos coloniais administrados pelo Governo Federal, as chamadas Colônias Agrícolas Nacionais.[153]

O Governo Federal criaria no Paraná a Colônia Agrícola General Osório – CONGO, no Sudoeste do Estado. Já para o Governo Estadual a *Marcha para o Oeste*, iria se caracterizar pelo incentivo do Estado à colonização e pela criação de um plano de colonização sistemático efetuado diretamente pelo Governo Estadual. Plano a partir do qual o Estado tentaria ordenar o processo de apropriação da terra atuando sistemática e diretamente na colonização dirigida, em geral sobre terras em que foram anulados grilos e concessões. Assim, o

> Governo do Estado, proprietário, ainda, de grandes áreas de terras devolutas e de terras de antigas concessões anuladas que haviam retornado ao seu patrimônio, iniciou [...] diretamente, um programa de colonização.[154]

O Decreto Estadual nº 8.564, de 17 de maio de 1939, o qual autorizava a Secretaria de Obras Públicas, Viação e Agricultura a "organizar e efetuar trabalho de colonização em glebas de terras de domínio do Estado, nos municípios de Londrina, Guarapuava e Paranaguá", iniciando uma colonização dirigida sistemática por parte do Governo Estadual, estabelecia que:

> ART. 2º Esses trabalhos de colonização obedecerão às disposições legais vigentes sobre a matéria inclusive o que dispõe, o artigo 35, e parágrafo e alíneas, do decreto-lei federal nº 1.202 de 8 de abril do corrente ano e mais as disposições deste decreto. [...]
>
> ART. 4º – A área dos lotes deverá variar entre 10 e 200 hectares.[155]

---

151 DEPARTAMENTO de Terras e Colonização, 1940, *op. cit.*, p. 10 *et seq.*

152 INSTITUTO Ambiental do Paraná – IAP. *Histórico*. Disponível em: <http://www.iap.pr.gov.br/modules/conteudo/conteudo.php?conteudo=186>. Acesso em: 14 abr. 2006.

153 LOPES, 1982, *op. cit.*, p. 165.

154 WESTPHALEN; MACHADO; BALHANA, 1968, p. 19.

155 DEPARTAMENTO de Terras e Colonização. *Legislação de Terras. De 1º de janeiro de 1935 a 31 de dezembro de 1940, coordenada pelo Departamento de Terras e Colonização.* Curitiba, [s.d.].

O citado Decreto-Lei Federal nº 1.202 estabelecia no seu parágrafo único, à alínea "b", que para vender terras de área superior a 500 hectares seria necessária licença do presidente da República.[156] O projeto inicial acompanhava as orientações federais, sendo que os lotes previstos eram de pequenas a médias propriedades, 10 a 200 hectares.

Além, obviamente, das políticas do Governo Federal as pressões que incentivam o Governo Estadual na sua ação como colonizadores são um tema controverso. Para Nelson D. Tomazi, havia um interesse do Governo do Estado de uma rápida colonização, interesse atrapalhado principalmente pelas consequências da Grande Depressão, sendo que, houve uma concorrência direta entre os projetos de colonização dirigida, estatais e privados:

> Em 1939 foram fundadas as primeiras colônias estaduais, a de Içara e Jaguapitã, e, a partir de então, foram sendo feitas as medições das outras colônias, [no Norte do Estado] [...] que tiveram uma procura muito grande, pelo fato de os preços serem bem mais convidativos que os da CTNP, e porque as terras eram de boa qualidade e ainda não exploradas (novas) em culturas agrícolas extensivas, principalmente o café.[157]

Para o citado autor, depois de 1945, havia pressões das empresas colonizadoras privadas sobre o Governo do Estado para este reduzir a concorrência representada pela iniciativa direta Estatal de colonização dirigida.[158] José Henrique R. Gonçalves argumenta que há, no período, não apenas uma concorrência entre as colonizadoras privadas e a ação colonizadora estatal, mas que deveriam concorrer, também, com outras áreas que estavam sofrendo processo de colonização dirigida com forte presença de pequenas e médias propriedades, como ainda, "havia a própria concorrência do mercado de trabalho urbano, em franca expansão no período".[159]

Serra, por outro lado, afirma que a demora na atuação direta do Estado, na colonização no pós-1930, se deve à "intenção do poder público de não competir abertamente com a iniciativa privada no que diz respeito à mercantilização das terras".[160]

> Depois de 1939, o Estado passa a agir diretamente [sic] na estruturação do espaço, mas optando por desenvolver seus projetos em áreas de menor interesse comercial, quer pela inferior qualidade da terra, quer pelo distanciamento de vias de comunicação ou centros de consumo, quer ainda pelo fato da área objeto da colonização estar sob litígio, o que a tornava desinteressante do ponto de vista do negócio.[161]

---

156 BRASIL. Decreto-Lei Federal nº 1.202 de 08.04.1939. Disponível em: <www.senado.gov.br/legislacao>. Acesso em: 12 out. 2006.

157 TOMAZI, 1997, p. 209.

158 *Ibidem*.

159 GONÇALVES, 1999, *op. cit.*, p. 100.

160 SERRA, 1991, *op. cit.*, p. 80.

161 *Ibidem*, p. 81.

Para tal autor, a colonização direta do Estado "teria basicamente a preocupação de manter em equilíbrio o mercado imobiliário".[162]

> De maneira geral, desta forma, a colonização desenvolvida pelo Estado se manteria sempre a jusante da colonização empresarial, funcionando, via de regra, como fator de ajuste ou de equilíbrio no processo de repartição e apropriação da terra e embutindo a preocupação de evitar que as terras sofressem a *ocupação desordenada e predatória por parte de posseiros e outras categorias de ocupantes* (grifo meu).[163]

Tomazi argumenta que há um "discurso" no qual se procura identificar a colonização dirigida do Norte do Paraná com a atuação de uma empresa privada, a CTNP/CMNP, a qual, todavia, deve-se a responsabilidade pela ocupação de apenas 20% da citada região. Argumenta Tomazi, que, ao contrário do que propala o "discurso Norte do Paraná", o Estado não esteve ausente do processo de colonização dirigida. Mesmo quando o processo foi exercido diretamente pela iniciativa privada, havia uma regulação e apoio constante do Estado, em especial, ao vender terras a preços muito baixos às empresas colonizadoras.[164] Ademais, a participação direta na colonização dirigida foi bastante significativa. O Estado foi diretamente responsável pela colonização dirigida de, pelo menos, 31% do "Norte do Paraná".[165]

O fim da Segunda Guerra Mundial e do Estado Novo, em 1945, abrem uma nova conjuntura nas políticas de colonização. No período entre 1916-1945 havia se formado um *know-how* voltado para colonização dirigida, tanto de empresas privadas quanto do Estado. Com o fim da Guerra a demanda mundial por café sobe vertiginosamente. Com algumas flutuações, o preço iria subir em dólares até 1954, sendo que em 1962 entra em ação o GERCA – Grupo Executivo de Racionalização da Cafeicultura. Através dele o Governo promoveu a erradicação dos cafezais considerados inviáveis economicamente e procurou baixar os estoques, com uma política de racionalização da cafeicultura.[166] Todavia, a grande valorização de produtos alimentícios para o mercado interno, como os cereais, gerado pelo aumento da população urbana, em especial depois de 1940, fazia

162 *Ibidem*, p. 80.

163 *Ibidem*, p. 80.

164 TOMAZI, 1997, *op. cit.*, p. 162 *et seq.*, 202, 317, *passim*. Como já afirmou Gonçalves as "relações entre empresários colonizadores, políticos profissionais e tecnoburocratas, ao longo dos anos 20 a 60", são um tema que precisa ainda ser melhor delineado (GONÇALVES, 1996. *op. cit.*, p. 26 *et seq.*).

165 Considerando apenas as 5 maiores colônias estatais da região de Campo Mourão e as colônias dimensionadas por: LOPES, 1982, *op. cit.*, p. 109, 168-199. Foi utilizado para o cálculo, ainda, os dados de: TOMAZI, 1997, *op. cit.*, p. 317.

166 CANCIAN, *op. cit.*

compensadora a produção mesmo com os elevados custos de frete.[167] Assim, o crescimento urbano gerado pelas políticas industrializantes e o crescimento demográfico iriam gerar uma demanda de alimentos e produtos que incentivaria empresas colonizadoras, grandes proprietários, mas, também, lavradores pobres a penetrarem no *sertão*.[168] Dessa forma, temos um *boom* na colonização. Milhões de hectares seriam colonizados e milhões de pessoas migrariam para o Paraná. Por "duas décadas - 50 e 60 - o maior saldo migratório do país" foi o do Paraná.[169]

Ou pela ação do Estado, ou pela ação de empresas privadas - que se multiplicaram, favorecidas pelas benesses do Estado, de forma legal ou ilegal - as terras devolutas foram rapidamente vendidas. Detentores de áreas maiores venderam e fracionaram suas propriedades. Houve "fracionamento, transferências e retransferências, mesmo entre as pequenas e médias propriedades".[170] É revelador o fato de muitas grandes fazendas compradas do Governo do Estado, ou das colonizadoras privadas, terem sido loteadas, demonstrando o quanto era lucrativo o negócio com terra. Para Cancian, a especulação imobiliária passou a ser uma alternativa mais lucrativa que a própria lavoura cafeeira. A especulação passou a ser um ótimo negócio e setores da classe média começaram a fazer investimentos em terras.[171]

Dean assinala que tal especulação se explica, pelo menos em parte, pela busca de um investimento seguro diante de uma inflação persistente. Buscava-se um investimento que "pelo menos compensasse o valor decrescente da moeda". Uma alternativa era "a propriedade rural, tradicionalmente o investimento preferido da classe superior e, agora, cada vez mais a especulação da classe média urbana".[172]

> Evidência surpreendente dessa corrida para a fronteira é encontrada nos registros da Companhia de Terra do Norte do Paraná: entre 1946 e 1956, 80% dos lotes que ela vendeu foram revendidos no prazo de três anos; 50% desses compradores depois os venderam novamente no prazo de três anos. Em 1961, 50% dos lotes foram vendidos em dois anos e 33% dos compradores venderam-nos novamente no período de um único ano! De um terço até a metade dos compradores originais, bem como um quarto dos segundos compradores, eram pessoas da cidade.[173]

167 BERNARDES, 1953, *op. cit.*, p. 16.

168 LINHARES; SILVA, 1999. *op. cit.*, p. 104-105.

169 LUZ, France. *As migrações internas no contexto do capitalismo no Brasil: A macrorregião do "Norte novo" de Maringá, 1950-1980*. Tese (doutorado em História) - FFLCH, USP. São Paulo, 1988, p. 350.

170 CANCIAN, 1977. *op. cit.*, p. 142.

171 *Ibidem*, p. 166-7.

172 DEAN, 1996, *op. cit.*, p. 284.

173 Reymond Pébayle et al., *Le Bassin Moyen du Parana Brésilien: L'homme et son milieu* (Talence, França, 1977) p. 45 *apud* DEAN, 1996, *op. cit.*, p. 284.

O fundamental a ser retido é que ocorreu uma dinamização da economia da região, sendo que, nos "negócios com terra", estiveram envolvidos:

> Como vendedores, as antigas e novas companhias privadas de colonização, o governo estadual, como colonizador, e os grandes fazendeiros parcelando suas propriedades. Como compradores, colonos, 'formadores de cafezais' e até profissionais liberais e comerciantes de fora e da própria região.[174]

Ter em mente tal conjuntura econômica favorável ao parcelamento da terra é um elemento importante para entender a ação do Estado, em especial no *boom* de colonização no pós-Segunda Guerra Mundial.

No Paraná, com o fim do Estado Novo, sai do Governo o interventor Manoel Ribas. O executivo estadual terá cinco diferentes chefes com mandatos curtos, até a eleição de Moysés Wille Lupion de Troia (03/1945-01/1951). Não houve, em nível estadual, uma mudança radical na legislação que continuou a incentivar o parcelamento do solo em unidades menores que pudessem ser efetivamente trabalhadas e pudessem absorver os homens e mulheres pobres, como, por exemplo, estabelecia a Constituição Federal de 1946 e a Constituição Estadual a ela vinculada, ambas já aqui citadas.

Um bom exemplo é a Lei Estadual nº 38, de 20 de janeiro de 1948, que estabelece:

> ART. 1º – As terras com cultura efetiva e morada habitual, mantida por mais de 20 anos ininterruptamente e até esta data, sob terras de domínio público estadual, habilitam seus detentores à obtenção a um título de domínio pleno, por doação autorizada pelo poder executivo, desde que sobre as mesmas incidam escrituras públicas de compra e venda ou documentos hábeis de sucessão hereditária.
>
> ART. 2º – A doação objetivada no artigo supra será compreendida pelos limites figurados nos documentos instrutores, desde que não seja ultrapassada a área máxima, fixada em 100 hectares de terras, e se constante, por verificação, "in loco" total aproveitamento agrícola da gleba.[175]

Isso abria uma exceção, no princípio introduzida pela Lei de Terras de 1850, de que a única forma de acesso à terra devoluta era a compra. Não sei quantos fizeram uso do benefício desta lei, se é que alguém fez, mas no caso estudado, mesmo os posseiros que tive acesso, adquiriram terra pela compra. Todavia, a legislação de terras, por todo o período pesquisado, formava um grande labirinto, no qual existiam muitas "maneiras" para, de forma legal ou ilegal, constituir grandes propriedades.

No mandato de Moysés Lupion se edita o Decreto nº 10.806, de 10 de maio de 1950, que altera o processo de requerimento, medição e titulação de terras devolutas, previsto no Decreto nº 800, de 8 de abril de 1931, agilizando e facilitando

174 TOMAZI, *op. cit.*, p. 232.

175 DEPARTAMENTO de Geografia, Terras e Colonização. *Legislação de Terras. Vigente até 31 de maio de 1953*. Curitiba, [s.d.]. p. 14.

tal processo.[176] Bem como, se edita, o Decreto Estadual nº 646 de 1947, cria a Fundação Paranaense de Colonização e Imigração, FPCI, influenciada pela legislação federal e por entendimentos com o Governo Federal de Eurico G. Dutra. O objetivo da fundação era "o aproveitamento das riquezas naturais e a expansão econômica do Estado por meio da colonização de suas terras, devolutas ou não", considerando que ao "Estado interessa, imediatamente, o povoamento intensivo, racional e prático de todo o seu território". Para formar o patrimônio da fundação foram previstas 484 mil hectares de terras devolutas, espalhadas pelo Estado, inclusive no Município de Campo Mourão. Estabelecia ainda o decreto que: "Essa colonização, obedecidas ainda as disposições de lei, deverá ser baseada no regime da pequena propriedade e ter um sentido agroindustrial". [177]

Segundo Serra, a FPCI caiu no descrédito, e era negligente "principalmente em relação aos pequenos posseiros".[178]

> Instituída em 1947 por Lupion, em seu primeiro mandato como governador, a FPCI funcionou para proteger os interesses privados e estaduais nas terras devolutas do Oeste contra os primeiros e poderosos colonizadores como os Dalcanelle, tendo servido como mais um instrumento de especulação de terras apoiado pelo Governador do Estado.[179]

Graves eventos de conflitos por terra podem ser encontrados por toda a história de colonização do "Paraná moderno",[180] durante o século XX, mas o Governo de Moysés Lupion foi especialmente pródigo em produzi-los. Um dos mais expressivos conflitos por terras da história do Paraná, a Guerrilha dos Posseiros de Porecatu, no Norte do Paraná, em 1950-1951, tem na sua origem o fato do Governo Estadual ter distribuído títulos de propriedade para apadrinhados políticos em áreas que já contavam com uma grande quantidade de posseiros, que se deslocaram para a região quando souberam que a concessão para Antonio Alves de Almeida havia sido cancelada. Muitos interpretam que os posseiros de Porecatu foram "manipulados" pelos agentes do Partido Comunista Brasileira – PCB, que atuaram na região, visando fomentar seu projeto revolucionário. Todavia o desenrolar dos eventos indicam que os posseiros tinham como objetivo o acesso à terra e não aceitaram a ingerência do PCB. No final as "terras de primeira qualidade, apropriadas à cultura do café na zona de Porecatú, [sic] ficaram mesmo em poder dos fazendeiros." Sendo que muitos posseiros foram transferidos para outras áreas, como na região

176 *Ibidem.*

177 *Ibidem*, p. 28.

178 SERRA, 1991, *op. cit.*, p. 85.

179 FOWERAKER, Joe. *A luta pela terra: a economia política da fronteira pioneira no Brasil de 1930 aos dias atuais*. Rio de Janeiro: J. Zahar, 1982. p. 177.

180 WESTPHALEN; MACHADO; BALHANA, 1968, *op. cit.*

de Campo Mourão, onde "foram assentadas 380 famílias, num total de 1.520 pessoas, nas colônias Tapejara e Goiô-Erê".[181]

Com a eleição de Bento Munhoz da Rocha Netto (01/1951 a 04/1955) há uma paralisação nas atividades estatais de colonização para se proceder uma reforma no DGTC, a fim de evitar as fraudes endêmicas na instituição. É neste momento, para ser exato em 1952, que o DGTC se torna uma autarquia, diretamente vinculada ao governador e não mais às Secretarias de Estado.[182]

Graças à gigantesca demanda por terras e às fraudes o Estado perdeu o controle do processo, considerando ainda que:

> Na década de 1950 praticamente elas [as terras por colonizar] estavam quase todas nas mãos de particulares. Em vista disto, o Governo se viu obrigado a promulgar o Decreto nº 3.060 [de 26 de outubro de 1951] [...], reduzindo a 250 hectares a área máxima a ser marcada, em favor de cada requerente, com exceção apenas dos pedidos de compra protocolados em data anterior a 2 de maio de 1947.[183]

O Decreto nº 3.606 assegurava ao lavrador, com morada efetiva e cultura habitual anterior a fevereiro de 1951, o direito a ser incorporado ao projeto de colonização até o limite de 100 hectares[184] e no preâmbulo do Decreto nº 3.060 se argumenta:

> Considerando: – que o estudo procedido pelo D.G.T.C., revelou ser insuficiente a área disponível de terras do domínio estadual, para atender a totalidade das áreas pretendidas pelos requerentes, munidos de despacho favorável – o que importa na necessidade de serem as áreas dos requerentes, reduzidas obrigatoriamente.[185]

Os limites estabelecidos, de 100 hectares para posseiros e de 250 para "requerentes de terras", eram bastante generosos, como já argumentei, eram bem superiores à propriedade familiar média. Fazer a terra produzir era a intenção principal da legislação em tela. O Decreto Estadual nº 7.700, de 18 de novembro de 1952, por exemplo, estabelecia que os "requerentes de terras", a contar da data de recebimento da autorização de ocupação, teriam "doze (12) meses para o aproveitamento das terras, segundo determina o artigo 85 da Constituição Estadual".[186]

---

181 SERRA, 1991, *op. cit.*, p. 136, 149, *passim*. Para uma outra interpretação ver: WESTPHALEN; MACHADO; BALHANA, 1968, *op. cit.*

182 LOPES, 1982, *op. cit.*, p. 83-84. Visando ainda limitar a ingerência de políticos no processo de colonização efetuado diretamente pelo Estado, o DGTC recebe autonomia pela Lei Estadual nº 866, de 16 de julho de 1952. DEPARTAMENTO de Geografia, Terras e Colonização. *Legislação de Terras. Vigente até 31 de maio de 1953*. Curitiba, [s.d.].

183 CANCIAN, 1977, *op. cit.*, p. 129.

184 DEPARTAMENTO de Geografia Terras e Colonização, 1954, *op. cit.*

185 *Ibidem*.

186 *Ibidem*, p. 75.

Retomado o "controle" do processo de colonização "o Governador libera novas áreas para loteamento e no final de seu mandato, em 1955, lança novo plano de colonização que privilegia a pequena propriedade em diversos projetos que passam a ser desenvolvidos pelo Estado, diretamente".[187]

Com as novas eleições Moysés Lupion inicia um segundo mandato (01/1956 a 01/1961). A retórica do Governo e da legislação continua afinada com o parcelamento produtivo da terra. Afirma Moysés Lupion, na Mensagem para Assembleia Legislativa de 1959: "Prosseguimos no Plano de Colonização aprovado em outubro de 1956 – um plano preocupado de proporcionar ao pequeno agricultor a aquisição da pequena propriedade".[188]

Para Serra, o segundo mandato de Moysés Lupion "foi a fase em que o poder público manteve-se de costas para o que estava acontecendo no campo, deixando caminho livre para a atuação de grupos políticos e econômicos de suas relações."[189] Foi neste momento que explode um dos maiores conflitos abertos por terras, a Revolta dos Posseiros do Sudoeste do Paraná de 1957. Grandes empresas privadas colonizadoras ligadas a Moysés Lupion queriam obrigar os posseiros a deixarem a região ou comprarem as terras em que moravam, sendo que, era sabido que as empresas não possuíam a propriedade da área, pois a forma como as adquiriram estava sendo questionada na justiça. Milhares de posseiros tomaram em armas. Diante da repercussão nacional e diante da ameaça do Governo Federal em efetuar uma intervenção, Moysés Lupion retrocede. O Governo Estadual subsequente consegue com o Governo Federal a desapropriação das terras e paulatinamente se faz a regularização da situação dos posseiros na região.[190]

Quando Ney Aminthas de Barros Braga assume seu mandato (01/1961 a 11/1965), há muitas denúncias da corrupção envolvendo o DGTC. Inicia-se, então, uma política de pacificação dos conflitos agrários. Ney Braga, por meio do Decreto Estadual nº 3.602, de 21 de agosto de 1960, "estabeleceu novas bases para a titulação de terras devolutas",[191] as quais marcavam este período final da colonização dirigida.

Na introdução do Decreto Estadual nº 3.602 se reafirma a posição, presente em todas as outras falas, do "imperativo social e humano, voltado ao atendi-

---

187 SERRA, 1991, *op. cit.*, p. 87.

188 PARANÁ. *Mensagem apresentada à Assembleia Legislativa do Estado por ocasião da abertura da sessão legislativa ordinária de 1959 pelo Sr. Moysés Lupion governador do Paraná.* Curitiba, 1959.

189 SERRA, 1991, *op. cit.*, p. 88.

190 *Ibidem*, p. 111 *et seq.*

191 PARANÁ. *Mensagem apresentada à Assembleia Legislativas do Estado por ocasião da abertura da 4ª sessão ordinária da 4ª legislatura pelo Sr. Ney Aminthas de. Barros Braga governador do Estado.* Curitiba, 1962.

mento do pequeno lavrador em sua justa aspiração a propriedade da terra."[192] E afirma que o DGTC, devido ao levantamento efetuado, indica que a "restrita disponibilidade de área, somente poderá alienar lotes de terras destinados àqueles que efetivamente desejam torná-la produtiva, mesmo porque a *evolução social e agrária tende* para extinção gradativa dos latifúndios improdutivos" (grifo meu).[193] A grande propriedade de terras com baixa produtividade era interpretado na época como um "resquício feudal" no Brasil, a qual dentro de um pensamento evolucionista estaria fadado a desaparecer. No Decreto se denuncia o descumprimento da legislação ao considerar

> [...] que embora as Constituições Federal e Estadual e a Legislação de Terras em vigor estabeleçam preferência para o colono no parcelamento das terras, tem sido frequente a expedição de títulos de domínio de terras a pessoas alheias ao problema rural, em detrimento dos altos interesses do Estado e das populações interioranas.[194]

E o legislador confirma o que vários autores já indicaram, em estudos de caso, sobre o preço das terras, a saber, que "o preço irrisório estipulado [ilegível] das terras do Estado tem permitido o enriquecimento dos intermediários sem nenhum proveito para o verdadeiro colono".[195]

Diante de tal situação, o decreto eleva o preço mínimo das terras devolutas, reduz o tamanho máximo do lote colonial para 50 hectares e estabelece que o DGTC não reconhecerá requerentes que transfiram para terceiros áreas superiores a 200 hectares. Entre várias outras medidas administrativas, que ao fixar prazos rígidos, procurando disciplinar o acesso à terra e impedir a corrupção, acabavam por dificultar o acesso à terra a lavradores pobres, que não conseguiam transitar pelo processo burocrático.

Previa o referido Decreto, em seu artigo 10 que: Nenhum título será expedido com área superior 100 (cem) hectares, devendo ser revistos os requerimentos já deferidos e não incursos em caducidade, procedendo-se, para tal fim, a revisão dos projetos de loteamento em execução.[196] O limite de 100 hectares para título de domínio e 50 hectares para lotes coloniais indica a prioridade dada, na legislação, à pequena e media propriedade. Por mais que, ao mesmo tempo, tal limite indique o quão menor eram os lotes dos agricultores familiares da região: em 1970, 80,4%

---

192 PARANÁ. Decreto nº 3.602, de 21 de agosto de 1961. *Diário Oficial [do] Estado do Paraná*, Curitiba, nº 159. 21 ago. 1961, p. 1.

193 *Ibidem*, p. 1.

194 *Ibidem*, p. 1.

195 *Ibidem*, p. 1.

196 *Ibidem*, p. 1.

dos estabelecimentos rurais da microrregião de Campo Mourão possuíam menos de 20 hectares.[197]

O citado Decreto indica claramente o propósito de fazer a terra produzir, conforme se percebe no "Art. 17 – Nenhum título de terras será expedido sem a comprovação da existência de cultura efetiva e morada habitual do requerente do lote. [...]"[198] Dessa forma, pelo Decreto nº 3.602, mais uma vez, procurava tornar a terra produtiva, partindo, assim, do pressuposto que a terra não produzia, e procurando destiná-la a quem "produzia".

No mandato de Ney Braga as terras devolutas haviam praticamente se esgotado no Paraná. Por alguns anos empresas privadas ainda teriam terras para vender, mas a atividade do Governo, na questão da terra, se volta para a desapropriação e para a "recolonização" de áreas baixamente povoadas, tentando resolver os conflitos por terra que ainda persistiam. A colonização dirigida massiva de terras devolutas havia terminado.

Os relatórios governamentais: a *colonização racional* de Campo Mourão face o conflito por terras

A partir deste quadro geral, ou pelo menos destes pontos mais amplos, é possível entender melhor a atuação do DGTC na gestão das terras devolutas na região de Campo Mourão. Partindo não mais da legislação, mas das fontes oficiais, relatórios do DGTC e Mensagens dos Governadores à Assembleia Legislativa, e em uma *leitura a contra pelo* procuro, inserir a *colonização racional* da região de Campo Mourão no projeto de modernização da nação, mais especificamente da modernização dos homens e mulheres pobres do campo e do espaço em que viviam, o *sertão*.

A *colonização racional*: um projeto modernizador pautado na certeza da tecnociência

O relatório do então Departamento de Terras e Cartografia, referente aos exercícios de 1938 e 1939, esclarece que o plano de colonização, elaborado em 1939 para a sistemática participação do Estado na *colonização racional* ao lado da iniciativa privada, aponta algumas experiências anteriores de *colonização racional* estatal. Sendo que, segundo o Relatório, tais experiências acabaram "animando" a instituição

> [...] no propósito de incentivar a colonização direta por parte do Estado em vista dos resultados satisfatórios obtidos com a colonização do Faxinal de São Sebastião e das colônias de nacionais nos municípios de Palmas

197 IBGE. *Censo Agropecuário*, 1970.

198 PARANÁ. Decreto n. 3.602, *op. cit.*.

> e Clevelândia, cujos núcleos são células vivas do pregresso econômico do Estado.[199]

A Colônia Estadual de Faxinal de São Sebastião, criada em 1929, é avaliada em 1937 como um exemplo a ser seguido de realização da *colonização racional*:

> 'Zona em que a *tendência nômade do nosso caboclo, tara* que lhe foi transmitida pelos seus avoengos índios, produzia a *devastação criminosa* que assola todo o Estado numa *rotina perniciosa e prejudicial*, tornada centro de uma *população desordenada e turbulenta*, que aí procurava se homisiar [sic] para fugir à sanção das leis que não raro infringia, preservando-se, assim, do contacto com as autoridades, está hoje transformada em um vasto *núcleo ordeiro*, com o respeito mais absoluto à Lei, aos princípios da ordem e das propriedades rurais, estável dentro dos quinhões convenientemente demarcados, como célula viva e progressista da economia do Estado' (grifo meu).[200]

A população do *sertão*, tida como "desordeira e turbulenta", que vivia um modo de vida que era uma "tara" e produzia "devastação criminosa", foi transformada, graças ao processo de *colonização racional*. Isso porque, teria a localidade se tornado um "núcleo ordeiro", uma "célula viva e progressista da economia do Estado", uma célula produtiva. O fato da área em questão ter sido palco de um forte conflito aberto pela posse de terra entre fazendeiros e os posseiros que se deslocaram para aquela região, sendo a colonização estatal uma forma de tentar apaziguar os conflitos, não é mencionada.[201] Dessa forma, a ação planejada, técnica e impessoal é apresentada como capaz de operar a transformação de "terras e homens" em uma ordeira, produtiva célula do "progresso".

A tecnoburocracia, que escrevia os relatórios aqui abordados, pensava a si mesma como devendo ser duas vezes impessoal: uma enquanto constituída por técnicos e outra enquanto constituída por burocratas, ou seja, por agentes do Estado e por agentes da tecnociência. O ano de 1939 marca uma reforma no Departamento de Terras e Colonização, na qual havia uma preocupação como uma organização impessoal e sistemática do trabalho. Essa reforma acompanhava uma tendência geral pois, afinal, foi só na Era Vargas que se introduz a obrigatoriedade de concursos para entrada no serviço público. No caso da reforma do DTC, de 1939, a principal mudança foi extinguir os Comissariados de Terras e criar, segundo uma nova divisão regional, as Inspetorias de Terras, o que se instituiu pelo Decreto Estadual nº 8.716, de 14 de junho de 1939. Os comissários recebiam por tarefas, por isso, às vezes, se recusavam a fazê-las, os Inspetores, tendo "responsabilidade funcional" a

---

199 As três colônias citadas fazem parte de uma relação de 83 "colônias estaduais" apresentadas no mesmo relatório. Portanto, as outras colônias não eram tomadas como "exemplares". DEPARTAMENTO de Terras e Colonização, 1940, *op. cit.*

200 PARANÁ. Departamento de Terras e Colonização. *Relatório*. Curitiba, 31 de mar. 1937, Othon Mäder, Eng. Diretor: s.p. *apud* LOPES, 1982, *op. cit.*, p. 163-164.

201 SERRA, 1991, *op. cit.*

partir da reforma, garantiriam um maior controle, probidade e eficiência, segundo o citado relatório. Dessa forma,

> [...] a responsabilidade funcional outorgada aos inspetores, porá as partes interessadas ao abrigo das explorações a que estavam sujeitas pagando duas ou três vezes o custo de medição que não se realizavam a comissários que eram demitidos ou falecidos, o que constitui para a moral administrativa uma legítima defesa.[202]

No mesmo relatório, o DTC critica as colônias de particulares por estarem fora do controle do Estado, e igualmente critica o sistema de concessões de terras para colonização por particulares, pois "este sistema de colonização não produziu os resultados colimados, na lei que o instituiu". Faltava para os autores do relatório um planejamento centralizado. Sendo que, no relatório se conclama ao Estado a ampliar a "colonização direta" nos moldes da Colônia Içara – que foi efetivamente loteada diretamente pelo Estado em decorrência do plano de colonização de 1939. Uma vez que as terras nas "colônias estaduais" estavam se esgotando, considera, ainda, que isto se daria

> [...] em contraposição ao sistema de concessões, cuja finalidade única é assegurar proventos materiais aos respectivos concessionários que obtêm as terras ao preço ínfimo e irrisório de 5$000 [cinco mil reis] por hectare, alienando-se por valores elevados e dificultando, des'arte [sic] o povoamento das mesmas, de vez que são alienadas a pessoas abastadas e não a colonos, prolongando o plano que lhes é facultado pelos respectivos contratos com sucessivas e reiteradas prorrogações, a-fim-de [sic] obterem lucros vantajosos na transação comercial de simples venda de terras que continuam no estado primitivo, desabitadas e improdutivas.[203]

O relatório destaca, em contraposição às concessões, o sucesso da Colônia Içara, na qual quase toda em lotes coloniais, foram vendidos por um preço "reduzido e no qual estão incluídos as despesas decorrentes da abertura de estradas para acesso à Colônia e lotes, bem como, os de medição e demarcação destas, para integralização em cinco prestações anuais, ou seja a razão de 70$000 por hectare."[204]

O clamor por um planejamento centralizado, a fé na tecnociência e a certeza do progresso perpassam os outros relatórios sobre a *colonização racional*. Sady Silva, como ex-inspetor da 5ª Inspetoria de Terras, que incluía o então distrito de Campo Mourão, em seu relatório de atividade da Inspetoria entre 1940 e 1945, afirma que:

> Os trabalhos de medição, demarcação e divisão das glebas coloniais, são executados tecnicamente e constam:
>
> 1º – Levantamento topográfico e altimétrico do perímetro;

---

202 DEPARTAMENTO de Terras e Colonização, 1940, *op. cit.*

203 *Ibidem.*

204 *Ibidem.*

> 2º – Idem, Idem de todas as águas internas ao perímetro e espigões divisores de águas;
>
> 3º – localização de todas as benfeitorias e moradas de ocupantes já existentes;
>
> 4º – demarcação e divisão dos lotes, com divisas, tanto quanto possível, pelos acidentes físicos e naturais, tais como águas espigões e estradas;
>
> Aos ocupantes já localizados, são demarcados lotes, abrangendo suas benfeitorias e moradias.
>
> Os levantamentos dos espigões, além de servirem de divisas para lotes, são aproveitados para locação de estradas, principais e vicinais.[205]

Afirma ainda o relatório que não foi descuidado o planejamento urbano, bem como da constituição de uma infraestrutura para atuação do DGTC:

> No lote nº 1, com 630 hectares, foi criada a sede que inicialmente se chamou de 'Lagoa', hoje Peabirú, que dista de Campo Mourão 18 quilômetros e que constitui o patrimônio mais importante da Colônia e escolhido posteriormente como sede da Inspetoria de Terras e onde o governo do Estado, por intermédio do Departamento de Terras, Geografia e Colonização, construiu as instalações próprias para este fim, como sejam: casa da Inspetoria, com residência para Inspetor, instalação de uma estação rádio-receptora e transmissora, farmácia, moradia do médico, hotel, garagem, depósito de materiais.[206]

Havia na sede da colônia inclusive uma escola, sendo que o DGTC: "anualmente distribui gratuitamente aos colonos grandes quantidades de sementes de cereais para incentivar a produção agrícola na colônia".[207] O planejamento centralizado atingiria, assim, os mais diferentes aspectos da vida dos *colonos*. Sendo que a tecnoburocracia tinha os olhos voltados para uma agricultora "modernizada", – a qual era muito distante da grande maioria da atividade agrícola então praticada. – como ao ponderar sobre a Colônia Goio-Bang, que a "topografia é, em geral, plana permitindo perfeitamente o desenvolvimento agrícola mecânico".[208]

Seja na forma de máquinas, procedimentos de manejo agrícola ou na forma dos procedimentos de planejamento – medição, demarcação etc – das colônias as tecnociências garantiriam o bem-estar coletivo, um mundo melhor para todos. É salutar recordar que, no imaginário medieval Ocidental, a técnica não era pensada como algo que "progrediria", muito menos que geraria um desenvolvimento moral geral. Foi o mundo moderno que introduziu tais crenças, que pelo menos desde a Primeira Guerra Mundial estavam sendo fortemente questionadas.[209] Mas em um

205 DEPARTAMENTO de Terras e Colonização. 5ª Inspetoria de Terras. [s.d], *op. cit.*

206 DEPARTAMENTO de Geografia Terras e Colonização, 1954, *op. cit.*, p. 26.

207 DEPARTAMENTO de Terras e Colonização. 5ª Inspetoria de Terras. [s.d], *op. cit.*

208 *Ibidem.*

209 LE GOFF, Jacques. *História e Memória.* 4ª ed. Campinas: Ed. da Unicamp, 1996. p. 264-273.

país em processo de industrialização o "imperativo do progresso" deixava menos espaços para críticas.[210] A certeza da positividade da ação, desde que "tecnicamente orientada", própria de uma visão de mundo mecanicista, orientava a ação daqueles homens que tinham fé de poderem construir o "progresso".

Um dos aspectos autoritários da *colonização racional* está presente na certeza da ação técnica. A tecnocracia deveria ter o monopólio das decisões, não sendo influenciada por interesses, seja da elite, seja dos posseiros que já haviam se estabelecidos anteriormente na região, sendo a grande preocupação a estrita obediência aos critérios técnicos. Como uma ação que visava garantir a modernização, entendida como um bem em si e para todos, poderia ser questionada, em especial por aqueles que não detinham o conhecimento perito da tecnociência?

O autor do relatório do exercício de 1948 argumenta que, havendo "terras adequadas à colonização nos sertões dos baixos Ivaí e Piquirí e mais ao sul no vale exuberante do rio Paraná, [...] [se faz] necessário que o plano de colonização iniciado alcance essas regiões", e assim, atenda "a verdadeira avalanche de colonos que já se comprimem no norte do Estado".[211] Este novo plano de colonização deveria obedecer os princípios instituídos em 1939, apontando o autor 15 pontos, os quais gostaria de destacar alguns:

> 1) a manutenção do princípio de autoridade, punindo a apropriação *indevida da terra e a devastação das florestas*;
>
> 5) *sujeição dos colonos* ao regulamento da administração (preceitos de higiene, educação e trabalho);
>
> 8) aproveitamento imediato do lote, subordinada a essa condição a expedição do título definitivo;
>
> 11) distribuição de 70% dos lotes a agricultores profissionais e 30% a outros profissionais;
>
> 12) distribuição de 10% dos lotes a colonos estrangeiros disseminados na gleba;
>
> 13) fornecimento gratuito de sementes selecionadas e manutenção de campos agropecuários experimentais;
>
> 14) assistência médica e escolar efetiva e obrigatória; (grifo meu)[212]

210 ALMEIDA, Jalcione. "Da ideologia do progresso à ideia de desenvolvimento (rural) sustentável". In: ALMEIDA, Jalcione; NAVARRO, Zander. (orgs.). Reconstruindo a agricultura: ideias e ideais na perspectiva de um desenvolvimento rural sustentável. 2ª ed. Porto Alegre: Ed. Universidade/UFRGS, 1998, p. 33-55.

211 DEPARTAMENTO de Geografia, Terras e Colonização. *Relatório 1947 apresentado ao excelentíssimo sr. Cél. Antenor de Alencar Lima digníssimo Secretário de Viação e Obras Públicas pelo Engº. Diretor do Departamento de Geografia, Terras e Colonização*. Curitiba, 1948.

212 *Ibidem*.

Temos aqui claramente esboçados os pontos do projeto autoritário de "sujeição do colono" visando a modernização não apenas das práticas agrícolas, como na adoção de "sementes selecionadas", mas, também, dos homens e mulheres pobres do campo que deveriam incorporar os "preceitos de higiene, educação e trabalho", ou melhor os preceitos de educação para o trabalho, ministrado pelos detentores do conhecimento tecnocientífico: médicos, professores, engenheiros etc. Apesar de tais princípios não terem sido, em geral, efetivados, eles apresentam claramente um projeto pautado no imaginário urbano da "tristeza do campo": do "homem capaz" mas que precisava ser "ajudado" (tutelado) para transformar o "atraso em progresso". Até a sugestão de 10% de lotes para estrangeiros pode ser vista como uma tentativa de modernização pela "pedagogia do exemplo" dos "laboriosos imigrantes". Apesar destes não eram mais vistos como "raça superior" e agora precisavam ser disseminados na gleba para evitar a formação do que era chamado de "quistos étnicos", em especial de alemães e italianos, diante da política de nacionalização. A "pedagogia do exemplo" também deveria funcionar nos "campos agropecuários experimentais", o que iria difundir a agricultura moderna e, dessa forma, disciplinar homens e mulheres para o trabalho produtivo, produzindo um "homem novo".

No período democrático, 1946-1964, os planos de colonização continuam a enfatizar a certeza na tecnociência e a fé no progresso. Não cabe aqui insistir neste ponto. Mas sim, insistir na ênfase dada à pequena propriedade e em tornar a terra "produtiva". No final do mandato de Bento Munhoz e início do mandato de Moysés Lupion cria-se um novo plano de *colonização racional*, o qual era voltado oficialmente para a "pequena propriedade agrícola". O novo plano foi aprovado em 4 de outubro de 1956,[213] já no segundo mandato de Moisés Lupion, que também estabeleceu, pela Portaria nº 55 de 1957, ao DGTC "a máxima atenção, urgência e preferência, indistintamente, [de] todos os pedidos e requerimentos de compra relativos a lotes coloniais, isto é, com áreas inferiores a 50 hectares".[214]

Na Mensagem a Assembleia Legislativa de 1960, o governador Moysés Lupion argumenta que os editais que declaram caducos os requerimentos de terras que não fossem ocupadas e tivessem "aproveitamento da terra" descontentou aqueles que pretendiam "adquirir terras somente para transações lucrativas, de imediato." E argumenta que:

> Como é evidente, todos estes, de posse da ordem de ocupação do lote requerido, não se empenhavam na exploração do mesmo, e sim tratavam logo de transferi-lo para terceiros que, por sua vez, quando não faziam nova trans-

---

213 COSTA, 1976, *op. cit.*, p. 835.

214 PARANÁ. *Mensagem apresentada à Assembleia Legislativa do Estado por ocasião da abertura da sessão legislativa ordinária de 1957 pelo Sr. Moysés Lupion governador do Paraná.* Curitiba, 1957. O tamanho de um "lote colonial" pode variar no tempo, no espaço, ou por interesses circunstanciais. Os relatórios do DGTC tendem a se referir a lotes coloniais como aqueles com até 100 hectares.

> ferência, aguardavam a sua valorização, deixando, portanto, de cultivá-lo, em consequência, era grande o prejuízo para a nossa economia.

Todavia, mais tarde, depois de reavaliadas as terras disponíveis pelo Estado, se verificou, ainda, "lotes considerados vagos" em grande quantidade. Afirmando, Moysés Lupion segundo a referida Mensagem:

> Por essa razão, o primeiro plano foi a publicação de editais com o prazo de seis meses, em favor de todos os titulares de requerimentos, incursos em caducidade, para dar-se aos mesmos, através de requerimento, a oportunidade de revalidarem a suas compras de terras, sem prejuízo das quantias já pagas, com a obrigação, porém, de no prazo fixado em lei, aproveitá-las nas novas localizações, e desta vez sob pena de perdê-las definitivamente na forma da legislação em vigor.
>
> Partimos daí para elaborar o novo Plano de Colonização, ao qual vem obedecendo todos os trabalhos de medição e demarcação das áreas devolutas ainda existentes no Estado.
>
> De acordo com esse plano, estão se processando, desde o início de nossa gestão, os trabalhos de colonização em todo o Paraná já tendo sido instalados vários núcleos coloniais, todos divididos em pequenas áreas, facilitando, dessa forma, a aquisição de lotes por parte do pequeno agricultor.
>
> Continuamos na sadia política de solução racional dos problemas de terras no Paraná, realizando trabalho administrativo planificado.[215]

Aqueles que requereram terra e não a utilizaram e, por isto, tiveram seus requerimentos cancelados no mandato de Bento Munhoz, poderiam agora ter seus requerimentos desarquivados e atendidos pelo DGTC. Na retórica oficial fica claro que o que não poderia ser admitido era o acesso à terra àqueles que não a cultivassem, causando, em "consequência, grande prejuízo para a nossa economia" em processo de industrialização.

O Outro do projeto modernizador era o latifúndio improdutivo. Dessa forma, Moysés Lupion organiza a história da alienação das terras devolutas no Paraná em três fases: a primeira, segundo o governador, foi quando se alienava grandes extensões de terras, "verdadeiros Estados dentro do Estado", os quais não eram aproveitados, o que se encerrou com a "Revolução de 1930"; a segunda fase é mais complexa, é marcada por empresas que, "obtendo concessões ou adquirindo áreas", as revendem para pequenos agricultores, obtendo lucro mas também "prestando um serviço para" o desenvolvimento do Paraná.

> Resultava daí a invejável situação do Paraná com o seu regime de propriedade média nas áreas em que a colonização se desenvolveu por esse processo.

215 PARANÁ. Mensagem apresentada à Assembleia Legislativa do Estado por ocasião da abertura da sessão legislativa ordinária de 1960 pelo Sr. Moysés Lupion governador do Paraná. Curitiba, 1960.

> É claro que esse regime ideal de propriedade média não é o fruto de um propósito das companhias colonizadoras, mas de um complexo de fatores.[216]

Alguém como Moysés Lupion, que foi dono de concessões de terras, não poderia deixar de exaltar o trabalho das colonizadoras privadas. De qualquer forma, o embate era colocado como sendo entre a "propriedade média", regime "ideal" de propriedade, e o "latifúndio improdutivo" e fora do controle estatal, os "Estados dentro do Estado".

No segundo mandato de Moysés Lupion já se percebe, nas falas governamentais, um deslocamento da "questão de terras" no Paraná. A dimensão de desenvolvimento econômico perde ênfase e a "questão de terras" como um problema social – presente desde pelo menos a Constituição então vigente ao estabelecer que para o aproveitamento de terras devolutas serão preferidos os "habitantes das zonas empobrecidas, e os desempregados" – ganha ênfase. Talvez tenha sido a Revolta dos Posseiros do Sudoeste, em 1957, um grande evento midiático a marcar, no nível estadual, uma tendência nacional de ampliação da variável social na questão agrária. Nota-se isto quando Moysés Lupion argumenta:

> Com esse trabalho de equipe, vimos concretizando nossa velha aspiração de contribuir, de modo objetivo, para a *solução dos problemas sociais* do Estado, prestando nossos serviços à colonização paranaense, inegavelmente, uma das que se fazem com mais ordem e tranquilidade, de quantos movimentos similares foram até agora realizados. (grifo meu)[217]

No mandato de Ney Braga a questão da terra como uma questão social se radicaliza, mas após o Golpe Civil-Militar de 1964 a retórica se alinha com o Governo Federal e a questão da terra passa a ser enfocada como uma questão principalmente técnica. Em sua Mensagem de 1962 o governador Ney Braga afirma que o Governo "está consciente da existência do problema social na área rural. Através da tese de desapropriação por interesse social, [...] colaboração do Estado à reforma agrária brasileira".[218]

A produção de alimentos para sustentar o processo de industrialização ainda era algo premente. Afirma Ney Braga: que com "o plano 'Alimentos para o Brasil' elaborado pela Secretaria da Agricultura já no início da atual gestão [...] se procura conduzir a política agrária de acordo com os interesses do desenvolvimento econômico".[219] Pesquisa agropecuária, extensão rural, melhoramento do rebanho,

---

216 PARANÁ. *Mensagem apresentada à Assembleia Legislativa do Estado por ocasião da abertura da sessão legislativa ordinária de 1958 pelo Senhor Moysés Lupion governador do Paraná.* Curitiba, 1958. p. 109-110.

217 PARANÁ, 1960, *op. cit.*, p. 121.

218 PARANÁ, 1962, *op. cit.*, p. 80-81.

219 PARANÁ. *Mensagem apresentada à Assembleia Legislativa do Estado por ocasião da abertura da 2ª sessão da 5ª legislatura pelo Sr. Ney Arminthas de Barros Braga governador do Estado.*

medidas fitossanitárias, tudo isto iria "racionalizando a produção agrícola",[220] ou seja, a questão era cada vez mais vista como um problema tecnológico. Ou melhor, um problema de mudar a base técnica da agricultura e não a estrutura fundiária. Instalava-se a "revolução verde". Tal deslocamento da ênfase de uma questão social para uma questão técnica fica explicita na Mensagem de 1965, Ney Braga argumenta que o "problema da posse da terra", com o fato de muitos ainda não terem um título de propriedade, era um obstáculo para se tomar empréstimos, o principal instrumento governamental para a instalação da "revolução verde":

> A solução dos problemas ligados à posse das terras, principalmente nas regiões de colonização recente, do Sudoeste e do Oeste do Estado, é uma das formas de fomentar a produção agrícola. A instabilidade constante que caracteriza as terras em litígio desestimula os investimentos e impedem a obtenção de maior produtividade, além de prejudicar a regularidade da produção.[221]

Na mesma mensagem Ney Braga defende uma determinada memória a respeito do processo de colonização dirigida ocorrido no Paraná no século XX:

> O Paraná em muitos aspectos *antecipou-se a reforma agrária* resolvendo velhos conflitos de terras e assegurando a posse pacífica a milhares de agricultores. As frentes pioneiras, entretanto, deixaram na sua retaguarda ainda vastas extensões ainda subdesenvolvidas que agora com novos instrumentos legais, de âmbito nacional, podem possibilitar mais amplitude a *reforma proprietarista* [sic] que vinha sendo seguida pelo atual governo. (grifo meu)[222]

Esta interpretação, de que o processo de colonização dirigida correspondeu a uma reforma agrária, a qual gerou a democratização do acesso à terra, foi aceita em alguns trabalhos acadêmicos, em especial, em uma outra versão na qual atribuía a democratização da terra à eficaz ação das companhias colonizadoras privadas, o que teria sido, portanto, uma reforma agrária em moldes liberais.[223] Nas décadas de 1980 e 1990 grandes proprietários instrumentalizam tal tese como argumento para afirmar que no Paraná não havia "problemas com terras", pois o acesso à terra foi democratizado no momento da colonização moderna. A midiatização da ação

Curitiba, 1964. p. XXVI.

220 *Ibidem*, p. XXVII.

221 PARANÁ. *Mensagem apresentada à Assembleia Legislativa do Estado por ocasião da abertura da 3ª sessão ordinária da 5ª legislatura pelo Sr. Ney A. de B. Braga governador do Estado.* Curitiba, 1965, p. 25.

222 *Ibidem*, p. 112.

223 Para uma crítica da produção de tal imaginário, ver: GONÇALVES, José Henrique Rollo. "O espaço regional como ideologia: anotações sobre algumas coreografias políticas do norte do Paraná". *Cadernos de METEP*, Suplemento História, Maringá, nº 5, supl. 1, vol. 6, 1994, p. 1-40; GONÇALVES, 1996. *op. cit.* TOMAZI, 1997, *op. cit.*

do Movimento dos Sem Terras, que, aliás, foi fundado no Paraná em 1984, ajudou a combater tal tese/memória.

Dessa forma, a estratégia da *colonização racional* se insere em um projeto[224] modernizador do campo, a partir do qual se elabora uma dada memória em consonância com uma dada percepção sobre a questão então colocada, ou seja, se elabora um futuro desejado e, até mesmo, uma forma como pretendia que suas ações fossem lembradas.

COLONIZAÇÃO ESPONTÂNEA: O DEVASTADOR A SER TRANSFORMADO NO TRABALHADOR

Argumentei que o Outro da *colonização racional* era o latifúndio improdutivo. Mas, havia um outro modelo do que o campo moderno não deveria ser e que nesta pesquisa é central. Trata-se dos homens e mulheres pobres do campo que buscam "fazer uma posse", ou melhor, tal como citam os relatórios, trata-se do *intruso.* O *intruso* é uma representação construída buscando deslegitimar o agente da colonização espontânea. Ou seja, são aqueles que se embrenham no *sertão* sem o controle estatal, o oposto da *colonização racional.* O *intruso* é o posseiro, e só é possível fazer posse quando a terra passou a ser "cativa". O significado de fazer uma posse antes da Lei de Terras de 1850 era bastante diverso, pois as normas e práticas que regulavam o acesso à terra eram outras. O *intruso* é o sertanejo, são os homens e mulheres pobres nacionais, que viviam um modo de vida caipira/ sertanejo e teimavam em não se subordinar à disciplina do trabalho. O *intruso* é o *caboclo*, aqueles que estão embrenhados no *sertão* adiante da fronteira agrícola. Sendo que o *caboclo* é uma categoria racializante, como explica Wachowicz, pois para ser considerado *caboclo* o indivíduo "precisava ter sido apenas criado no *sertão*, ter hábitos e comportamentos de sertanejo. [...] Porém o caboclo não podia ter pele clara, a ele se atribuía uma cor mais ou menos escura."[225] *Intruso* pode ser, também, o *colono* "caboclizado". *Colono*, entendido como o lavrador descendente de europeus vindos nas grandes imigrações do século XIX, ou simplesmente brancos, é uma representação, neste contexto especifico, positivada e sinônimo de "pioneiro", aquele que vem com a fronteira agrícola trazendo a civilização. Ocorre que, no período abordado, muitos descendentes de imigrantes europeus já haviam se "caboclizado" e estavam do lado de lá da fronteira agrícola, adotando técnicas e práticas dos *caboclos.* Tanto o sertanejo nacional, como o *colono* de origem europeia, acabavam por adotar a estratégia da posse, para horror dos intelectuais influenciados pelas ideias racistas do final do XIX. Tal horror dos intelectuais se deu ao ver que o imigrante italiano ou alemão se "caboclizou", ou seja, mostrando que a sua condição de vida era fruto das condições socioculturais e não raciais, portanto,

224 Sobre o conceito de projeto ver: VELHO, Gilberto. *Projeto e Metamorfose: Antropologia das Sociedades Complexas.* 3ª ed. Rio de Janeiro: J. Zahar, 2003, p. 40-41.

225 WACHOWICZ, 1988, *op. cit.*, p. 179.

residia "nas instituições, e não na raça, a origem das misérias nacionais."[226] *Intruso* poderia ser, ainda, um preposto de alguém rico o suficiente para buscar açambarcar terras. Representação formada na convergência de todos estes homens e mulheres pobres do campo, o *intruso* é, para o Governo, o devastador e o destruidor das terras e florestas a ser controlado pela ação racionalizadora do Estado.

É justamente o *intruso* que marca a terceira fase da história da alienação de terras devolutas no Paraná para Moysés Lupion. A grande presença de tal figura e o conflito entre estes e os detentores dos títulos de domínio marcariam uma nova fase na história da alienação de terra no Estado, conflito que, segundo o governador, seria solucionado basicamente por acordos. Na Mensagem para Assembleia Legislativa, de 1958, o governador passa a explicar os graves acontecimentos da Revolta dos Posseiros do Sudoeste no ano de 1957 como fruto da ação manipuladora da oposição.[227] Infelizmente, como já argumentei, não era apenas o governador que afirmava serem os homens e mulheres pobres do campo passivos. O que implica que toda ação de protesto deve ser fruto de uma ação externa que os manipula. Seguindo essa tradição de pensamento vitimizador, os *intrusos*, homens e mulheres pobres do campo, aparecem na documentação como devastadores de terras e florestas por uma inveterada tradição, na qual eles "passivamente" se mantinham, e da qual cabia ao Estado arrancá-los.

Dessa forma, os *intrusos* estavam no centro da ação, dos objetivos da *colonização racional*. Eles deveriam ser controlados e incorporados à nova ordem produtiva. O relatório do DGTC, datado de 1954, afirma que, ao efetuar os serviços de colonização da Colônia Içara, a primeira a ser efetuada dentro do novo projeto de colonização de 1939, o trabalho visava dar cumprimento ao Decreto Estadual nº 8.564, de 17.05.1939, e cumprir os preceitos técnicos da *colonização racional*, visando ainda:

> 3º) Ordenar a ação de intrusos e ocupantes de terras.
>
> 4º) Limitar essa ação tendo em vista evitar o desbravamento das terras, pelos chamados intrusos e invasores [...] a pretexto de seu aproveitamento da inestimável riqueza constituídas pelas reservas florestais.
>
> 5º) Localizar esses intrusos e invasores em lotes medidos e *demarcados a fim de que sejam os mesmos circunscritos em sua ação que, desmedida e desordenada*, passa a ser limitada, e traz, em consequência de resguardo, extensíssimas de terras que, além de pouco produzirem, estavam sujeitas à *ação devastadora dos mesmos*, e estimular-lhe o *amor ao solo* e à aquisição de título definitivo de domínio. (grifo meu).[228]

---

226 LINHARES; SILVA, 1999, *op. cit.*, p. 87.

227 PARANÁ, 1958, *op. cit.*

228 DEPARTAMENTO de Geografia Terras e Colonização, 1954, *op. cit.*, p. 9-10.

Os objetivos da instalação da colônia Içara, que aparecem neste relatório, podem ser resumidos em: conter a ação do *intruso* (objetivo 3,4,5) e submetê-lo a uma ordem produtiva moderna. O Estado deveria ordenar os lavradores espalhados pelo *sertão*, os quais não deixavam de estar integrados ao sistema-mundo capitalista, mas estavam muito longe do controle estatal e do novo modelo de regulação da desejada sociedade industrial, uma sociedade fordista. O que implicava uma forma de produção mais centralmente ordenada, ou seja, implicava em homens e mulheres do campo que tivessem o trabalho como um valor central em suas vidas, que fossem consumidores de produtos produzidos em massa; e que não tivessem a vida pouco produtivista de um *caboclo* entregue à caça e se deslocando com sua agricultura de coivara. Buscava-se limitar os "nacionais aí espalhados" em um lugar específico que pudesse ser precisamente identificado e registrado, isto é, a um lote rural registrado em cartório, vinculando cada indivíduo a um sistema e a um local específico no qual pudesse ser encontrado e responsabilizado individualmente. Mas, mais que uma coação externa, pretendia-se uma coação interna. Buscava-se mudar os seus valores, criando um "amor ao solo" e ao trabalho.

É importante notar que, ainda hoje, é possível encontrar afirmações na imprensa e no debate político que procuram explicar o fracasso de processos de assentamento rural promovidos pelos programas de reforma agrária em virtude do "amor à aventura", por parte dos homens e mulheres pobres do campo. Nestes faltando o devido "amor à terra", que não faltaria para aqueles que compram a terra sem a intervenção do Governo, com o "suor do seu rosto". Tais afirmações ignoram olimpicamente as condições de vida, valores e inspirações dos assentados da reforma agrária.[229]

Nos relatórios aqui abordados a colonização espontânea era o caos a ser evitado e a *colonização racional* era a ordem. Ou, ainda, a colonização espontânea era apresentada como o resultado da falta de controle. O relatório do DGTC, do exercício de 1947, afirma que "as qualidades bioquímicas das terras roxas" atraíram milhares de pessoas para o Norte do Paraná. Foi então elaborado o plano da colonização, todavia, segundo o relatório, por vários fatores, como a falta de pessoal, a "Grande Guerra" etc, não foi possível atender a todos.

> Verificou-se, então, o que não estava previsto, a intrusão, bons e maus elementos *atraídos, os primeiros pela fama de fertilidade das terras roxas paranaenses* e, os segundos pelas facilidades dos negócios, deixaram os rincões de origem em São Paulo e Minas Gerais e vieram juntamente com muitos aventureiros, *apossar abruptamente [sic] das melhores terras* devolutas do Estado, assentando benfeitorias provisórias e *desordenadamente,* as mais das vezes [sic] em *terras já tituladas e comprometidas*.
>
> [...]...contrariando o artigo 34 do Regulamento de Terras e aprovado pelo Decreto nº 1A de 8 de abril de 1893 que proibiu a invasão das terras pú-

229 GONÇALVES, 1999, *op. cit.*, p. 87-121. DIAS; CASTRO, 1986, *op. cit.*

> blicas, originou providências de todas as ordens para que ampliada fosse a fiscalização, com policiamento enérgico, cerceador de novos intrusos.
>
> Infelizmente não obstante as medidas tomadas, já em face das grandes extensões de áreas a fiscalizar, já por efeito da incerteza e da multiplicidade de diretrizes de administração que se sucederam em curtos e sucessivos interregnos interventoriais.
>
> A intrusão encontrou o auge em que veio encontrar [o][...] governo, quando a estatística identificou *aproximadamente duas mil famílias localizadas em terras do Estado*, das quais muitas já transferidas por títulos de domínio a terceiros e outras oneradas por compromissos que a administração assumiu. (grifo meu)[230]

Apesar da afirmação das terras ocupadas pelos posseiros já serem tituladas, muitas vezes terras devolutas com posseiros eram tituladas desrespeitando o direito de preferência dos posseiros. Ademais, a ação do Estado vai a reboque dos *intrusos*. Afinal, o plano de colonização de 1939 já objetivava conter a ação do *intruso*. A ação efetiva do Estado pode ser interpretada, em parte, como uma reação à ação dos *intrusos*:

> Visando aproveitar de maneira racional as reservas de matas ainda existentes nas terras devolutas do oeste e ao mesmo tempo, *conter* a 'excessiva expansão e consequente isolamento das famílias de agricultores nacionais cuja tendência é a exploração de grandes áreas de mata virgem' (portaria nº 161 de 19 de maio de 1947) *resolveu* o governo do estado em 1939 iniciar os serviços de colonização em terras devolutas situadas nos então municípios de Guarapuava e Londrina. (grifo meu)[231]

No relatório do DGTC, do exercício de 1947, são apresentadas algumas, possíveis, soluções para o "problema" dos *intrusos*:

> 1ª – Redução por decreto da área reservada como floresta protetora na região noroeste do Estado, para obtenção de uma gleba com extensão de 50.000 hectares que seria destinada a localização de 2.000 famílias de intrusos, em lotes de 25 hectares para cada um.
>
> 2ª Abertura de crédito [...]
>
> 3ª Elaboração de uma lei que faculte aos intrusos ocupantes o pagamento dos lotes adquiridos pelo sistema de prestações anuais no prazo máximo de 10 anos, ficando o lote e as respectivas benfeitorias como garantias do Estado.
>
> Atualizadas estas medidas, o Estado estabeleceria um sistema racional de colonização para aqueles ocupantes nacionais, custando-lhes o transporte das famílias e das bagagens e ferramentas para o novo local, pro-

230 DEPARTAMENTO de Geografia, Terras e Colonização,1948, *op. cit.*

231 BERNARDES, 1953, *op. cit.*, p. 18.

> vendo-lhes o fornecimento de mantimento para o primeiro ano e quiçá o fornecimento de sementes, despesas essas que seriam computadas no valor total dos lotes, com moradia, a ser pago em prestações, suavemente, após a primeira colheita.[232]

A grande parte dos *intrusos* não possuía condições de pagar os lotes, mesmo estes sendo baratos. Dessa forma, os burocratas pensavam ser necessária a ampliação dos prazos de pagamento para que as prestações se tornassem "suaves", e pretendiam submeter o *intruso* a todo um conjunto de ações do Estado que iriam ensiná-lo a ter "amor ao solo", ou melhor dizendo, a ser um trabalhador obediente.

No relatório do DGTC de 1954 há uma avaliação da venda de terras devolutas apontando alguns problemas e sugerindo soluções. É afirmado no relatório que a exigência de cultura efetiva e morada habitual como requisito para obter o título definitivo de propriedade é prejudicial ao Estado, pois "estimula e favorece a invasão das terras públicas, determinando como consequência inevitável e imediata a sua devastação impiedosa, com a derrubada das matas que as cobrem, atividade criminosa que é acobertada e incentivada pelo preceito legal que regula a adjudicação de terras"[233] A passagem em que a sugestão é feita é exemplar da forma como eram representados os *intrusos* e os "males ocasionados pela colonização espontânea", pois apresenta a questão nos seguintes termos:

> Além disso, a localização espontânea dos ocupantes de terras de domínio, do Estado favorecidos nesse propósito pela simples circunstância de se considerar, muitas vezes, o rotineiro preparo para futuras atividades agrícolas como cultura efetiva e um tosco rancho de caráter provisório tido como requisito essencial de morada habitual, se processa de maneira desordenada com o objetivo de dilatação e expansão sempre crescente da posse originária, com a consequente devastação, escolha das melhores terras, serventia de águas e outras servidões de utilidade prática, além de conformações perimétricas irregulares, como resultante das razões apontadas, quando da execução dos serviços de medição e demarcação que são levados a efeitos mediante requerimento das partes interessadas.
>
> O resultado de tal norma, como é fácil prever-se, é contrário aos interesses do Estado, pois facilita a devastação de suas melhores terras e o abandono das julgadas imprestáveis, cuja alteração por essa razão, se torna difícil pela falta de procura.[...]
>
> Quem, como V. Excia., conhece os benefícios que advirão para o Estado na adjudicação de tratos de terra de seu domínio previamente medidos e demarcados em conjunto de grandes glebas, não só quanto ao *aproveitamento integral e racional das terras*, como também, na coletânea de elementos to-

232 DEPARTAMENTO de Geografia, Terras e Colonização,1948, *op. cit.*

233 DEPARTAMENTO de Geografia Terras e Colonização, 1954, *op cit.*, p. 72-73.

> pográficos valiosos para aceleração do cadastro territorial do Estado, não poderá deixar de reconhecer as reais vantagens que oferece esse sistema de alienação que, além do mais, irá se constituir em *anteparo à desmedida ambição de nosso sertanejo* da dilatação de suas ocupações clandestinas, bem como, evitar a devastação criminosa da vegetação exuberante que reveste o território ubérrimo de nosso Estado (grifo meu).[234]

O posseiro, ao ser representado com um *intruso*, é colocado na posição de Outro, daquele que não produz e apenas devasta a floresta. Sua prática de fazer posses era um mal a ser evitado a fim de possibilitar a racionalização da atividade produtiva.

É importante notar que a implantação da planificação das atividades, consubstanciada neste caso pela colonização dirigida, implantada tão recentemente, é que tornou inaceitável a colonização espontânea. Colonização espontânea que era incentivada pelo Estado até poucos anos antes,[235] que deixava espaços não controlados e era ineficaz no total aproveitamento da terra.

INSPIRAR AMOR À TERRA: DESMONTAR OS MECANISMOS DE REPRODUÇÃO E AUTO-EQUILÍBRIO

O projeto modernizador da *colonização racional* desmontava os "mecanismos existentes de reprodução e auto-equilíbrio"[236] da população livre pobre "nacional", e daqueles imigrantes que por condições socioambientais vieram adotar práticas semelhantes.[237] Quero aprofundar esta argumentação sob bases ecológicas. Uma passagem exemplar desta posição deslegitimadora se encontra na exposição de motivos da elaboração do plano de colonização efetuada diretamente pelo Governo, segundo uma comissão que atuou quase 10 anos depois:

> '*Visando reprimir tão abusiva quão perniciosa atividade* (a localização desordenada e espontânea dos que se dedicavam às atividades agrícolas), preservando o patrimônio territorial público da *inevitável devastação que se processava por aquele meio*, bem como solucionar gradativamente o problema da colonização planejada de famílias nacionais em terras de domínio do Estado, objetivando, simultaneamente, sistematizar a ocupação das terras públicas, por meio de iniciativas que possibilitassem circunscrever a determinadas áreas, previamente demarcadas, a excessiva expansão e consequente isolamento das famílias de *agricultores nacionais, cuja tendência é a exploração individual de grandes áreas em mata virgem, estimando-lhes por este modo o amor e o zelo* por aquilo que iria constituir seu patrimônio

234 *Ibidem*, p. 71-73.

235 BERNARDES, 1953, p. 42.

236 BAUMAN, 1999, *op. cit.*, p. 29.

237 Para uma descrição detalhadas e modelação de como os aspectos geo-bio-físicos destes agroecossitemas "tradicionais" são, em geral, desmontados pelos agroecossistemas modernos. Ver: ALTIERI, 2002, *op. cit.*, 179 *et seq.*

> próprio, com respeito à propriedade territorial pública, o Departamento de Geografia, Terras e Colonização elaborou um plano de colonização que veio ao encontro do programa administrativo traçado pelo Governo do Estado, para o incremento dos respectivos serviços, cuja influência social, econômica e política é de grande alcance e interesse coletivo' (grifo meu).[238]

As preocupações ambientais da tecnoburocracia estavam alinhadas com uma crítica ambiental que desde, pelo menos, o início do século XIX vinha atribuindo ao "Antigo Regime", e em especial a governança comunitária, a responsabilidade por catástrofes ambientais como inundações e desertificações; e atribuíam aos mecanismos de mercado a capacidade de solucionar tais problemas ambientais, mesmo quando posteriormente comprovamos que os problemas ambientais eram gerados justamente pela implantação de tais mecanismos de mercado e pela destruição das formas tradicionais de gestão ambiental. Por exemplo, as inundações observadas por G. P. Marsh, um dos fundadores do conservacionismo, no século XIX, foram causadas em grande parte pela introdução das reformas napoleônicas com a privatização de terras comunitárias o que aumentou o desmatamento das encostas até então preservadas, mas Marsh atribui a culpa, de forma "mítica", ao despotismo do mundo feudal e da Roma Imperial. Como afirma Stefania Barca: a "consciência ambiental moderna ocidental [...] está fundada sobre a ideia que a crise ambiental era causada pelas comunidades tradicionais enquanto incapazes de uma gestão racional e moderna da natureza".[239]

E não é estranho o fato de alguns princípios persistirem ainda na segunda metade do século XX. Afinal em 1968 Garrett Hardin ainda podia propor a existência de uma "tragédia dos comuns". Entendendo recursos de uso comum como aqueles "recursos que compartilham duas características básicas: (i) a exclusão ou o controle do acesso de usuários potenciais é problemático; e (ii) cada usuário é capaz de subtrair daquilo que pertence também a todos os demais usuários, isto é, existe um problema de uso compartilhado".[240] Em 1968, Hardin afirmou que tais recursos estariam inexoravelmente condenados ao esgotamento em nossa sociedade. Para explicar por que, ele propõe o seguinte exemplo:

238 PARANÁ. *Relatório apresentado ao Exmo. Snr. Dr. Benjamim de Andrade Mourão, D. D. Secretario de Viação e Obras Publicas, pela Comissão incumbida de proceder o tombamento geral de todos os serviços atinentes à colonização e as medições, em tratos isolados, executados na zona Norte e Oeste do Estado, em obediência à Portaria nº 161, de 19 de maio de 1947.* Curitiba, 29 de setembro de 1947, p. 7 *apud* LOPES, 1982, *op. cit.*, p. 167.

239 BARCA, Stefania. "Natureza, política e 'desordem das águas'. Teorias da vulnerabilidade ambiental na Europa Mediterrânica (sécs. XVIII e XIX)". In: NODARI, Eunice S.; CORREA, Silvio M. de S. (orgs). *Migrações e Natureza.* São Leopoldo: Oikos, 2013, p. 145-163.

240 BERKES, Fikret. "Sistemas sociais, sistemas ecológicos e direitos de apropriação de recursos naturais". In: VIEIRA, Paulo Freire; BERKES, Fikret; SEIXAS, Cristiana S., (orgs.). *Gestão integrada e participativa de recursos naturais: conceitos, métodos e experiências.* Florianópolis: Secco/APED, 2005, p. 47-72.

> Se cada pecuarista [de um pasto comunal] considerasse mais lucrativo criar mais animais do que uma pastagem poderia suportar, uma vez que cada criador obteria todo o lucro proveniente dos animais extras, e somente uma fração do custo decorrente da sobre-exploração de pastagens, o resultado seria uma trágica perda de recurso para a totalidade da comunidade de pecuaristas [devido à sobrepastagem]. Assim, Hardin conclui que 'a liberdade em relação a recursos comuns gera a ruína de todos'.[241]

Para impedir o esgotamento e a degradação dos recursos, seria necessário transformar os recursos comuns em propriedade privada ou estatal, pois estas teriam como controlar o acesso ao recurso.

Tal tese de Hardin parte de um "homem econômico", ou seja, de um modelo de racionalidade que não se afasta

> [...] dos esquemas funcionalistas ou da economia neoclássica; e estes supõem atores perfeitamente informados e consideram, por convenção, que todos os indivíduos têm as mesmas disposições cognitivas, obedecem aos mesmos mecanismos de decisão e agem em função de um cálculo, socialmente normal e uniforme, de lucros e perdas. Tais esquemas levam pois à construção de um homem inteiramente racional, sem dúvidas, sem incertezas, sem inércia.[242]

Davi Feeny *et. al.*, analisando os milhares de estudos de casos, efetuados em mais de vinte anos decorridos do lançamento da hipótese de Hardin, assinalam que a tese de Hardin se mostrou simplista e determinista, visto que parte do pressuposto de que a propriedade comum implica livre acesso e que os usuários são incapazes de mudar suas regras. Comparando quatro regimes de apropriação (tipos ideais, pois na prática há múltiplos cruzamentos entre eles) de recursos comuns: 1 – livre acesso; 2 – propriedade privada; 3 – propriedade comunal; 4 – propriedade estatal, os autores encontraram em todos os regimes de propriedade vitórias e derrotas no processo de gestão dos recursos, apesar do modelo de Hardin poder ser aplicado quando se trata de recursos de realmente livre acesso. Mas o "argumento do autor negligencia" o fato da propriedade comunal não implicar necessariamente livre acesso, já que não atenta para "o importante papel de arranjos institucionais que geram exclusão e regulação de uso. Ele também diminui fatores culturais."[243]

Hardin parte da ideia de uma racionalidade única, individualista e mercantil. Por exemplo:

---

241 FEENY, David; et al. "A tragédia dos comuns: vinte e dois anos depois". In: DIEGUES, Antônio Carlos; MOREIRA, André de Castro. (orgs.). *Espaços e Recursos Naturais de Uso Comum*. São Paulo: NUPAUP-USP, 2001, p. 17-42. Citando: "HARDIN, G. (1968) The tragedy of the commons. Science 192: 1243-1248".

242 LEVI, Giovanni. "Usos da biografia". In: FERREIRA, Marieta de Moraes; AMADO, Janaína. (orgs.). *Usos & Abusos da História Oral*. 4ª ed. Rio de Janeiro: Ed. FGV., 2001. p. 167-182. p. 180-1.

243 FEENY; et al. *op. cit.*, p. 32.

> para ilustrar a racionalidade individual subjacente à sobre-caça do bisão, Hardin (1968) invoca a imagem do vaqueiro-herói americano Kit Carson atirando em bisões nas pradarias, retirando-lhe somente a língua e abandonando o resto. Isto não é economicamente irracional, se considerarmos que a caça era então abundante e o tempo do caçador escasso.[244]

Igualmente, na atualidade, já se afirmou que alguns recursos como as baleias azuis, demoram tanto para se reproduzir que muito mais lucrativo seria matar todas elas e investir os recursos no mercado financeiro. Felizmente, as motivações para a ação dos seres humanos são bem mais complexas que o mero cálculo econômico individualista

Isso posto, posso volta a tragédia de "fixar o homem ao solo". Um aspecto trágico desta busca de "fixar o homem" no solo e evitar um povoamento "disperso", não estava apenas em ignorar as fortes relações de reciprocidade que ligavam estas pessoas supostamente "isoladas",[245] mas no fato de ignorar as bases ecológicas de uma agricultura de coivara demandava, em geral, uma população menos densa e a não utilização para o plantio de toda a área. Dessa forma, o projeto modernizador repudiava justamente o que permitia certo equilíbrio ecológico nas práticas agrícolas então utilizadas.

Na história das grandes imigrações europeias para o Sul do Brasil a rejeição da coivara esteve associada a sua utilização em bases menos sustentáveis. O fato de os imigrantes europeus e seus descendentes terem adotado as práticas básicas de cultivo da coivara, mas em pequenas propriedades, foi um dos fatores que contribuiu para a mobilidade espacial relativamente alta destes grupos. Embora se tenham desenvolvido modelos de manejo que, em alguns casos, mais sustentáveis e ainda hoje praticados. O caso narrado por Paulo Zarth é mais exemplar desta relação: no final do XIX, no Noroeste do Rio Grande do Sul, diante da crise da produção tradicional, em especial de erva-mate, uma solução pensada pela elite regional era trazer "imigrantes alemães e italianos do Norte", para desenvolver uma "agricultura moderna", pois estes teriam a capacidade que faltava ao trabalhador nacional. Neste caso, o "europeu" seria melhor produtor por sua capacidade de trabalho e de inovação tecnológica, superior à aplicada na região pelos "caboclos".[246] Todavia, a

> [...] tecnologia utilizada pelos agricultores nacionais na região era determinada pelas próprias condições ecológicas e econômicas e, nesse sentido, era racionalmente adequada, ou seja, não se tratava de simples ignorância,

244 BERKES, *op. cit.*

245 MONTEIRO, Duglas Teixeira. "Estrutura social e vida econômica em uma área de pequena propriedade e de monocultura". *Revista Brasileira de Estudos Políticos*. nº 13, p. 47-63, out. 1961, p. 55.

246 ZARTH, 1999, *op. cit.*, p. 115.

mas, sim, de um outro raciocínio econômico, que privilegiava os recursos naturais disponíveis.[247]

No caso da agricultura do Noroeste do Rio Grande do Sul, a partir da década de 1950, os filhos dos lavradores, que foram instalados na região para "modernizar a agricultura", sofreram com a crise na agricultura, gerada em parte pela degradação do solo. Então passaram a ser tomados como os "atrasados" que deveriam ser modernizados, agora com o modelo da "revolução verde".[248]

Portanto, voltando, para o caso de Campo Mourão, pode-se afirmar que o "amor e o zelo" a terra, que oficialmente os idealizadores do projeto modernizador queriam produzir nos lavradores, era uma forma de ampliar a degradação ambiental, pois ter amor a "terra" era, basicamente, fazê-la produzir intensamente.

A atividade dos "safristas" é um exemplo de como a "fixação do homem no solo" eliminava a possibilidade da reprodução da atividade tal como era praticada. Por mais que tais técnicas tradicionais não estivessem fora do sistema-mundo capitalista, como indicado no primeiro capítulo, como no caso dos "safristas", uma vez que as políticas industrializantes e infraestrutura de transporte foram fundamentais para a ampliação de tal atividade no *sertão* do Paraná no século XX.

Pierre Monbeig afirma sobre os "pioneiros" em 1949:

> O avanço pioneiro proveniente de São Paulo, tradicionalmente baseado na cultura do café, encontra aqui outras correntes de povoamento. Ao sul do espigão Londrina-Apucarana, quando se vai em direção a São Sebastião, encontram-se outros pioneiros paulistas, que vieram dos municípios vizinhos à fronteira com o Estado do Paraná (Itararé e Faxina). São criadores de porcos que, depois de fazer queimadas e semear o milho, soltam os animais no campo até a engorda. São chamados 'safristas' e não se fixam a terra, portanto nada têm em comum com o pioneiro que planta café e algodão. Junto à margem direita do Ivaí, onde já tomaram pé alguns derrubadores de mata, vindos de Londrina, há o mesmo tipo de contato. Campo Mourão parece ser atualmente [em 1949] o extremo de uma corrente migratório [sic] que vem do Rio Grande do Sul e de Santa Catarina, migração essa também de 'safristas' que tudo ignoram das culturas tropicais.
>
> Atualmente as duas correntes pioneiras superpõem-se curiosamente, os paulistas procurando as boas terras roxas, que ficam nas partes baixas do vale do Ivaí, enquanto os 'safristas' vindos do sul preferem os solos pobres dos altos.[249]

No conjunto de "pioneiros" entrevistados pelo principal jornal de Campo Mourão, também localizei "safristas", como Francisca Teodora Pereira e João Teodoro

247 *Ibidem*, p. 115.

248 *Ibidem*.

249 MONBEING, Pierre. *Pioneiros e Fazendeiros de São Paulo*. São Paulo: HUCITEC, 1984, p. 207.

de Oliveira. Ele nasceu em Campo Mourão dia 1 de abril de 1915, foi identificado como tendo sido "lavrador e safrista de porcos." Ela afirma que nunca teve "medo de nada. Ficava e dormia sozinha no meio do sertão". Casados, João e Francisca montaram um ranchinho na beira do Rio da Várzea e abriram a Fazenda São João: "por mais de trinta anos fomos safristas de porcos e também plantava café".[250]

Um outro caso é o da família de José Arana, nascido em Ponta Grossa em 1924, filho de um fotógrafo, mudou-se para Campo Mourão na década de 1940, sendo que podia ser identificado, em dado período, como "safrista":

> Safras – [...] A família Arana com o início do desmatamento a base da 'coivara' (queima das árvores derrubadas) e a abertura da terra, passou a criar cavalos e porcos meio soltos que, uma vez por ano (safra) eram reunidos confinados nas roças de milho para ganharem peso, tocados a pé por entre matas e rios, vendidos no patrimônio de Apucarana, em jornadas que duravam cerca de um mês.
>
> Barreiras – Nesta viagem o maior obstáculo era o Rio Ivaí, atravessado a nado. Quando chovia precisava acampar e esperar a água baixar, dias e às vezes semanas. José Arana também foi 'tocador' de tropas de mulas (cargueiros) e 'puxador' de porcos. Esse trabalho "madrinheiro" geralmente era executado por um rapazote que ia à frente da tropa com a 'égua madrinha' (sinoeiro) ou chamando a porcada. Dispunha de um bornal de pano, sempre cheio de milho debulhado, a tiracolo. O milho jogado a pequenos lanços é o que atraia e mantinha os porcos reunidos na trilha. Os de trás atropelavam os da frente por causa do alimento, e assim iam. Á noite faziam-se 'cercas' de galhos de arbustos para 'prender' os animais. Mantinha-se fogueira acesa para 'espantar' as onças. Os cachorros mateiros eram indispensáveis nestas viagens. Pressentiam e 'avisavam' (ladravam) qualquer barulhinho ou aproximação.[251]

Todavia, o processo de colonização dirigida impedia a criação de porcos "soltos", pois gerava conflitos com os vizinhos. Como narra Manoel do Nascimento, que no início da década de 1950, a família com a qual estava vivendo mudou-se de Guarapuava para Juranda, pois estavam com "saudades dos filhos", que moravam na região, lá abriram a "fazenda Salmo 23", com 242 hectares. Afirma que os porcos eram adquiridos na fazenda por um comprador que os vinha buscar com um caminhão, mas que, tiveram que parar com as "'bem-sucedidas safras de porcos, que *não podiam mais ser criadas soltas por causa*

---

250 BATHKE JÚNIOR, Wille. "Francisca Teodora Pereira, 41". *Tribuna do Interior*, Campo Mourão, 9 jun. 2002. Especial: Projeto Raízes.

251 BATHKE JÚNIOR, Wille. "José Luiz Arana, 35". *Tribuna do Interior*, Campo Mourão, 28 abr. 2002. Especial: Projeto Raízes. (com informações de Lúcio Arana).

das plantações dos vizinhos fazendeiros, que rapidamente se estabeleceram em volta da Fazenda Salmo 23' (grifo meu)".[252]

Na *ação de reintegração*, de um lote de 146,7 hectares, na Colônia Muquilão, de propriedade de Carlos Caetano de Gouveia, que entrou com tal ação contra Joaquim Nogueira, alegando que, em 1963, este, "com alguns empregados, invadiu a posse" de Carlos C. de Gouveia "e aí passaram a construir e a plantar milho em área onde se procedia a formação de pastagens, cuja intenção" de Joaquim Nogueira era "fazer uma 'safra de porcos', praticando, assim, esbulho da posse dos requerentes".[253] As testemunhas do autor esclarecem melhor o caso. Como o testemunho de Wilhelm Hans, alemão, lavrador, 52 anos que afirmou: "Joaquim Nogueira é proprietário nas vizinhanças; que de fato Joaquim Nogueira ficou no lote 19-A até agosto de 1963, no fito de cuidar de uma safra, dali desinteressando-se, quando então [...] a posse do terreno ficou definitivamente para o requerente e proprietário, da terra".[254] Havia um acordo entre as partes que, depois da utilização da área para a "safra de porcos", Joaquim Nogueira deveria, em troca da utilização da área, plantar gramíneas para formação de pastos. O que, segundo outra testemunha, não foi realizado, mesmo assim "depois da queima que assolou todo Estado do Paraná, permitindo a limpeza integral do terreno onde fazia safra, Joaquim Nogueira, este indevidamente, voltou a fazer roças naquele local contra a vontade do dono".[255] O processo termina com uma "composição amigável" entre as partes.[256] Há muitas ações judiciais envolvendo "safras" na região e na memória local ainda é comum encontrar a invasão de porcos criados soltos como motivo para graves desavenças entre vizinhos.

Assim como "fazer safras" a coivara perde sua lógica ambiental quando se "fixa o homem ao solo". Mas isto não implicava que aqueles que adotavam uma agricultura de coivara estivessem "errantes". É evidente que na coivara "há sempre necessidade de novas terras (e, portanto, de paulatino deslocamento dos agricultores em direção a terras virgens)".[257] Todavia, era um deslocamento local, que não implicava a mudança da família, o deslocamento para novas áreas era menos frequente e, muitas vezes, provocado pelo conflito por terras, como afirma Martins: "entre 1940 e 1960, as famílias camponesas da fronteira podiam esperar ter que se mover para uma nova terra apenas uma ou duas vezes em sua vida, incluindo aí, o deslo-

252 BATHKE JÚNIOR, Wille. "Manoel do Nascimento, 45". *Tribuna do Interior*, Campo Mourão, 7 jul. 2002. Especial: Projeto Raízes.

253 Processo nº 691 de 1963. Ação de Reintegração. Requerente: Carlos Caetano de Gouveia. Requerido: Joaquim Nogueira. Arquivo da Biblioteca da Universidade Estadual do Paraná – Unespar – Campus de Campo Mourão, p. 2.

254 *Ibidem*.

255 *Ibidem*, p. 7.

256 *Ibidem*.

257 MARTINS, 1996, *op. cit.*, p. 50.

camento provocado pela exaustão do solo".[258] A representação do *caboclo* errante vem deslegitimar as práticas agrícolas reais destes lavradores; assim como o "amor à terra" produtiva, elemento atribuído ao *colono* em sua idealizada representação, e que a *colonização racional* procurava incutir, acabava por desmontar mecanismos de auto-equilíbrio presentes nas práticas agrícolas na realidade.

COLONIZAÇÃO RACIONAL: A FALA ESTATAL

Alguns dados do DGTC são suficientes para indicar as limitações de sua atuação na gestão de terra em Campo Mourão. No relatório dos exercícios de 1931 a 1933, da Secretaria de Negócios de Finanças e Obras Públicas, já se argumentava que "racional seria a fundação de colônias com estradas, caminhos, localizadas em terras férteis saudáveis, dispondo de boas águas, divididos em lotes proficientes, escolhidos e demarcados, constituindo núcleos de população dirigidos e assistidos pelo governo",[259] mas que a modesta organização do então Departamento de Terras não permitia "um plano mais vasto e avançado".[260] O relatório de 1940, sobre as atividades de 1938 e 1939, afirma que, de acordo com o Decreto Estadual nº 8.716, de 14 de junho de 1939, o quadro de funcionários do órgão contava com 18 funcionários para atuar em todo Estado do Paraná, contanto com os sete inspetores de terras, os quais, então, não contavam com um quadro de pessoal próprio. A 5ª Inspetoria de Terras, responsável pela região de Campo Mourão, abrangia o município de Guarapuava e Foz do Iguaçu, o que na época significava se estender das cidades de Guarapuava até Guaíra e Foz do Iguaçu. O Engenheiro Diretor Antonio Batista Ribas reclamava da falta de pessoal e afirmava que, devido a isto e à falta de meios de transportes, as novas Inspetorias só iriam começar a "render frutos" em dois ou três anos, e que o cadastro de terras previsto no regulamento de terras do Estado do Paraná, do início da república, ainda não havia sido realizado. No ano de 1939 foram realizados 109 autos de medição de terras em todo o Estado do Paraná, isto dá uma ideia do quanto era difícil acessar os serviços do DT/DTC/DGTC e conseguir a compra de um título de terras.[261]

A crença em uma organização burocrática, impessoal e centralizada dos engenheiros do DGTC aparece como um caminho para solucionar os problemas enfrentados, como neste comentário sobre a nova organização do DTC, com a introdução das Inspetorias de Terras:

---

258 *Ibidem*, p. 61.

259 PARANÁ, Secretaria de Viação e Obras Públicas. Departamento de Geografia, Terras e Colonização. *Relatório apresentado ao Excelentíssimo Senhor Manoel Ribas d. interventor federal no Estado do Paraná, pelo Secretário dos Negócios da Fazenda e Obras Públicas, Rivadavia de Macedo. Exercícios de 1931, 1932 e 2º semestre de 1933*. Curitiba, 1933, p. 313.

260 *Ibidem*, p. 313.

261 DEPARTAMENTO de Terras e Colonização, 1940, *op. cit.*

> Confiamos que com a nova organização desse departamento [...] a execução dos trabalhos sobre a égide de um principio técnico racional é um critério absoluto, como também, a impossibilidade de serem lesadas as partes interessadas com o pagamento de serviços de medição e demarcação que não eram executados, de valores de terras e prestações que comissários de terras e auxiliares destes, inescrupulosos e agindo de má-fé, desviaram em beneficio próprio deixando de dar-lhe, o destino conveniente, como aconteceu em Guarapuava, onde uma infinidade de adquirentes de terras foram prejudicados em somas vultosas que se destinavam aquele fim, com a agravante de terem ficado com suas situações por legalizar, em virtude de terem incorridos em caducidade os despachos dos respectivos pedidos, sem que, até agora, se tivesse normalizado essa situação.[262]

No relatório das atividades da 5ª Inspetoria de Terras, dos anos de 1940 a 1945, o seu ex-Inspetor Sady Silva, dá mais detalhes sobre este episódio.

> A parte de terras que ainda depende de medição e requerida em tratos isolados está situada no distrito e município de Pitanga. [...] Na zona de Pitanga [na época Campo Mourão fazia parte do município de Pitanga] houve uma grande irregularidade nos trabalhos de medição a título de compra, como é do conhecimento de V. S., ocasionada por alguns ex-comissários de terras, e seus auxiliares, que fizeram infinidades de medições sem escrúpulo técnico e não deram entrada dos necessários processos no D.G.T.C., embora tivessem cobrado os valores das medições, das respectivas partes, e até mesmo prestações de terras. [...] Esse assunto, que foi motivo de inquérito policial sem circunstancial e com provas irrefutáveis, não foi julgado com severidade e justiça no juizado da comarca de Guarapuava, para se pronunciar os culpados. [...] Assim mais de 200 interessados foram prejudicados com as medições que mandaram efetuar pelos ex-comissários referidos e a inspetoria ficou com esse trabalho para medir novamente essas terras.[263]

A corrupção, a falta de recursos contrastavam fortemente com o projeto racionalizador. Quando "pelo Decreto nº 8.564 de 17 de maio de 1939" o Governo do estado atendeu ao apelo do DTC "no sentido de se estender aos municípios de Londrina e Guarapuava, os benefícios da colonização oficial", foi ordenado aos comissários de terras que providenciassem os trabalhos técnicos de demarcar as áreas e escolhessem as sedes e tudo mais "a-fim-de [sic] que a colonização objetivada seja feita de maneira racional e compensadora." Em Londrina o comissário planejou e instalou a colônia Içara, "em terras constitutivas da ex-concessão A. Alves de Almeida", nas quais os trabalhos transcorreram a contento do DTC.[264] O mesmo não se deu em Guarapuava:

---

262 *Ibidem*.

263 DEPARTAMENTO de Terras e Colonização. 5ª Inspetoria de Terras. [s.d], *op. cit.*, p. 19-20.

264 DEPARTAMENTO de Terras e Colonização, 1940, *op. cit.*

> Devemos notar que o trabalho executado por aquele funcionário [Inspetor de Londrina] corresponde às exigências técnicas para serviços daquela natureza, satisfazendo as instruções emanadas deste Departamento, o mesmo não acontecendo em relação aos serviços de organização, medição e demarcação da gleba Campo Mourão, situada no município de Guarapuava, a cargo do Engº Civil Dr. Ernesto Wilhelm, que na ocasião, exercia as funções de Comissário de Terras com jurisdição naquela região, os quais não puderam ser aceitos dada, não só a imprecisão de que se revestiam, como também, à falta de critério que presidiu a sua execução, em completo desacordo com as instruções expedidas e abarcando dos mais comezinhos princípios regulados pela técnica, quer no sistema de parcelamento e divisão da gleba, levantamento de seu perímetro e águas internas, frutos de mera fantasia, quer ainda, pelo instrumento adotado que consistiu em uma simples bússola para a execução e quase todo o serviço. [265]

Dessa forma, a primeira tentativa de estabelecer a *colonização racional* em Campo Mourão fracassou.

O relatório da 5ª Inspetoria também tratava sobre a situação dos "interessados sertanejos que se vão embrenhando desordenadamente pelos sertões afora, [que] requeriam antes do Plano de Colonização traçado pelo D.G.T.C., áreas de terras devolutas em lugares esparsos e [que] ali se localizaram, fazendo suas posses e construindo benfeitorias".[266] Afirma também que a "maior parte apenas requeria as terras para justificar a intrusão nas mesmas, mas nunca trataram de legalizar as suas situações nas terras públicas"[267] e que a "pequena parte que desejava adquirir seu título de propriedade, procurava o D.G.T.C., para legalizar a terra ocupada. Esses mediram as terras e obtiveram os seus títulos de propriedade".[268] Por isto, com "o plano de colonização a Inspetoria foi opinado pelo arquivamento das petições de compra que se achavam paradas e cujas terras foram abrangidas pelas colônias criadas".[269]

O ideal, para o projeto de *colonização racional*, era que o "sertão desabitado" fosse preenchido pela concretização de traços e marcos planejados em escritórios e concretizados em estradas e marcos divisórios, excluindo aqueles que entraram com pedidos mas não conseguiram recursos para terminar o processo de compra de terra. E mesmo os requerimentos que não foram arquivados e ficaram pendentes na Inspetoria, dos processos que ainda da época do Comissariado foram cobrados e não executados, ainda não haviam sido regularizados porque a prioridade era dada a *colonização racional.* [270] Isto ocorreu concomitantemente, segundo

---

265 *Ibidem.*

266 DEPARTAMENTO de Terras e Colonização. 5ª Inspetoria de Terras. [s.d], *op. cit.*, p. 19.

267 *Ibidem*, p. 19.

268 *Ibidem*, p. 19.

269 *Ibidem*, p. 19.

270 *Ibidem.*

o relatório do exercício de 1940 do DTC, ao fato do referido departamento não poder contar com "uma dotação que lhes assegurasse a possibilidade de poder desenvolver o plano traçado, de uma colonização oficial intensa e produtiva, calcada nos moldes ditados pela técnica e experiência do assunto".[271] Dessa forma, procurava-se impedir uma *colonização espontânea* sem criar condições para realização de uma *colonização racional.*

No relatório da 5ª Inspetoria de Terra, outro problema apresentado eram as estradas. Na Colônia Cantu, apesar de já terem sido instaladas três glebas com uma área total de 37.046 hectares e 361 lotes, não havia sido construídas estradas por falta de pessoal. Problema semelhante enfrentava a Colônia Goio-Bang, na qual a falta era de estradas vicinais que permitissem acesso aos lotes e escoamento da produção.[272]

No relatório do DGTC, datado de 1948, afirma-se que o órgão contava com 79 funcionários, sendo que a 5ª Inspetoria de Terras contava apenas com 17 funcionários.[273] O diretor reclama fortemente da falta de pessoal especializado, principalmente cartógrafos, os quais eram atraídos para a iniciativa particular devido aos baixos salários do setor público. Reclama, também, da falta de veículos, os quais estariam muito velhos e obstaculizavam o trabalho nas Inspetorias. Reclama principalmente das dotações orçamentárias no primeiro ano de mandato de Moysés Lupion, 1947, que "calculadas para Cr$ 10.630.000,00 sofreram de início uma redução para Cr$ 3.465.899,00 prejudicando um programa de labor previamente traçado e exigindo suplementação que somente se verificou em Junho". Aponta, ainda, como fator limitante da atividade do DGTC, a "invasão abrupta de intrusos em terras do norte e noroeste paranaense".[274] Dessa forma, naquele ano, a movimentação foi de: "Processos de medição recebidos 135; Título de domínio definitivo expedidos por vendas de terras 83; Títulos de terras de concessão para colonização 15; Títulos de lotes coloniais 147". Sendo transferida para terceiros uma área de 90.102,5 hectares.[275]

Entretanto, havia uma grande demanda por terras, sendo feita a primeira suspensão de venda de terras para avaliação da disponibilidade global de terras por parte do Estado, o que indica o grau de descontrole do Estado em relação ao processo de parcelamento do solo:

> A valorização de glebas, decorrentes de uma procura jamais registrada, fez com que no exercício de 1947 4.991 petições fossem recebidas e in-

271 PARANÁ. (Estado). *Relatório dos serviços executados p/Dep. De Terras e Coloniz. durante o ano de 1940*... f. 71. *apud* COSTA, 1976, *op. cit.*, p. 828.

272 DEPARTAMENTO de Terras e Colonização. 5ª Inspetoria de Terras. [s.d], *op. cit.*

273 DEPARTAMENTO de Geografia, Terras e Colonização,1948, *op. cit.*

274 *Ibidem.*

275 Por venda: 86.482,8 hectares; por legitimação: 2.082,2 hectares; por revalidação: 30,2 hectares; por concessão: 1.507,4 hectares. *Ibidem.*

> formadas a esse total muito mais se elevaria não fora a interdição das regiões norte e noroeste, com a suspensão da entrada de novas petições, motivadas pela necessidade de se promover a um tombamento aferidor das áreas disponíveis.[276]

O então diretor do DGTC, Acrício L. Marques, explica, ainda melhor, os motivos de tal reavaliação:

> Fato inédito no panorama da vida rural paranaense, o que vem registrando no decorrer dos últimos anos. [...] Milhares de famílias acorreram de todos os recantos do país, atraídas pela fama de uberdade das terras roxas do setentrião e, tem origem nessa anormalidade, o acúmulo jamais registrados de requerimentos, cuja área pretendida ultrapassa de muito a que foi demarcada e a que se demarca, mercê da falta de aparelhamento, de verbas e recursos outros que não poderiam ser previstos, como previsto não foi o interesse inigualável que se manifestou por essas terras em tão curto espaço de tempo. [277]

Os *intrusos* vinham estabelecer posses antes da ação do Estado, mas quando esta se inicia amplia o fluxo de migrantes interessados em se estabelecer e "fazer uma posse". Por exemplo, o citado relatório aponta que um outro fator gerador do grande afluxo de migrantes era os planos de colonização feitos pelo Estado em 1939.[278] São comuns os relatos de época ou analistas posteriores apontarem que a notícia que uma área seria loteada podia, naquela conjuntura, provocar um fluxo de pessoas para a região e aumentar a vinda de migrantes para o Paraná.[279]

No relatório datado de 1954 se faz um balanço da colonização do "noroeste" do Paraná entre 1940 e 1954. Elaborado na época do mandato de Bento Munhoz, o relatório visava em especial a verificação do cumprimento da Lei Estadual nº 3.060, de 26 de outubro de 1951, que limitava para 250 hectares a área de terras para os requerentes de terras, pois havia um grande número de requerimentos acumulados e não havia terras suficientes em domínio do Estado para todos. Novamente no relatório se reclama das restrições orçamentárias, ao afirmar que a atuação na

> [...] Colônia Mourão, que bem demonstram o interesse do Departamento de Terras, Geografia e Colonização, em obedecer as normas, planos e determinações referentes aos trabalhos de colonização, tendo em vista dar melhor assistência aos colonos dentro de suas possibilidades, muitas vezes reduzidas, no que diz respeito aos orçamentos apertados a fazer face as despesas que são amplas.[280]

---

276 *Ibidem.*

277 *Ibidem.*

278 *Ibidem.*

279 WESTPHALEN; MACHADO; BALHANA, 1968, *op. cit.*, p. 35.

280 DEPARTAMENTO de Geografia Terras e Colonização, 1954, *op. cit.*, p. 27.

Cecília Westphalen, Brasil Pinheiro Machado e Altiva Balhana foram categóricos quanto aos mandatos de Moysés Lupion e seus reflexos em Campo Mourão: "As glebas de Campo Mourão haviam notoriamente sido concedidas a partidários do Governo",[281] as fontes abordadas matizam e ao mesmo tempo dão mais conteúdo a tal afirmação.

A própria elevação de Campo Mourão à categoria de município em 1947 foi fruto de um acordo entre Moysés Lupion e líderes políticos locais que aceitaram que "em troca" da elevação do distrito para Município o prefeito e toda a câmara de vereadores seriam do seu partido, o Partido Social Democrático - PSD. [282] Partido este criado por Getúlio Vargas no final do Estado Novo para reunir seus aliados na elite, em especial na elite rural.

Na primeira Mensagem no mandato de Bento Munhoz, de 1951, há uma denúncia ao Governo anterior que teria gerado um "completo desvirtuamento do verdadeiro objetivo da colonização racional". Ela afirma que Moysés Lupion adotou uma série de medidas, em especial no final do mandato, para acelerar os negócios com terras. Apesar das terras vendidas pelo Estado já serem mais baratas que o preço do mercado, houve uma redução injustificável de preços na última hora favorecendo apenas alguns requerentes. Os prazos de tramitação dos processos, inclusive para o pagamento da primeira prestação, foram sensivelmente reduzidos. Foram expedidas ordens de máxima urgência para requerimentos de terras, contrariando a ordem cronológica dos pedidos, foram chamados a Curitiba os chefes de serviço para acelerar os processos o que tornou acéfalo o DGTC e criou um clima favorável à corrupção. Dessas providências resulta uma série de situações denunciadas na Mensagem, tais como: terem encontrado no assoalho do DGTC uma letra de câmbio de Cr.$ 500.000,00 assinada por um grande magnata na aquisição de terras devolutas em favor de um funcionário do DGTC; a atuação de "intermediários" que tinham livre acesso aos corredores e salas oficiais, para acelerar processos; a venda de requerimentos de terras nas ruas e cafés da capital; e o preterimento de centenas de interessados, a maioria pequenos lavradores, em favor de alguns que recebiam o título de propriedade em um tempo recorde. Tudo isto implicava no desvirtuamento da *colonização racional*, do seu procedimento de planejamento técnico do espaço quanto ao seu objetivo de resgatar, para o mundo do trabalho disciplinado, as "desamparadas e esquecidas populações rurais do Brasil":[283]

> O desvirtuamento dos planos de colonização que vinham sendo executados pelo Departamento de Terras através de várias administrações, sempre voltadas, como princípio fundamental, à elevação de nível material e moral

281 WESTPHALEN; MACHADO; BALHANA, 1968, *op. cit.*, p. 39.

282 VEIGA, 1999, *op. cit.*, p. 133.

283 PARANÁ. *Mensagem apresentada à Assembleia Legislativa do Estado por ocasião da abertura da 1ª sessão ordinária da legislatura pelo Sr. Bento Munhoz da Rocha Neto Governador do Estado*. Curitiba, 1951, p. 6, 61-65.

> do agricultor brasileiro, e disto são atestados eloquentes as colonizações levadas a efeitos no Sul do Estado, no município de Clevelândia, e na zona Norte nas glebas das colônias de Jaguapitã, Içara, Centenário, Faxinal de São Sebastião e as primeiras glebas das colônias Mourão e Paranavaí, pelo parcelamento da área em pequenos lotes coloniais, norma esta que foi completamente excluída nos últimos anos, notando-se que quase todas as glebas da Colônia Paranavaí, Goio-Erê, Tapejara e outras foram divididas em lotes de 500 hectares aproximadamente, sem qualquer planejamento ou espírito de colonização ao ponto de não terem sido previstas nem sequer as áreas destinadas às futuras sedes coloniais.[284]

As Mensagens anuais para a Assembleia Legislativa, apesar de não oferecerem dados específicos para Campo Mourão, trazem dados esclarecedores. Na Mensagem de 1957 o governador Lupion afirma que de "fevereiro de 1956 a abril de 1957 foram expedidos 634 títulos dos quais 367 dizem respeito a lotes coloniais."[285] Ou seja, foram 42,1% de lotes não coloniais, os quais não se informa a dimensão. Informa ainda que foram assinados em 1956, 484 compromissos particulares de compra e venda, relativos a 136.541,5 hectares de terras, o que dá uma área média de 282,1 hectares. Igualmente foram assinadas 122 escrituras definitivas referentes a 14.662,5 hectares, portanto com uma área média de 120,2 hectares. Ainda, foram firmadas em cartórios 61 escrituras de compromisso de compra e venda, correspondentes a área de 95.809 hectares, o que dá uma área média de 1.570,6 hectares.[286]

Na Mensagem de 1959 o governador Moysés Lupion informa que "mais de cinco mil requerimentos estão em trânsito por esse departamento, todos solicitando compra de pequenas áreas, tendo sido a maior parte, atendida favoravelmente",[287] e que durante sua gestão foram expedidos "cerca de 2.000, referentes a lotes coloniais" que "já foram entregues a pequenos agricultores, e mais 1.000 relativos a lotes com áreas superiores a 100 hectares, além de outros expedidos para legitimação de posse e revalidação de direitos."[288] Nesse ano, segundo o informado, 33,3% dos títulos eram de lotes não coloniais, os quais, novamente, não informa a dimensão.

Na última Mensagem do mandato de Moysés Lupion, 1960, o governador reafirma: "o princípio que tem, neste sentido, servido para nossa orientação, é o da disseminação da pequena e média propriedade, e o de obter que o processo de expansão rural do Paraná [...] [aconteça] dentro de um ambiente de ordem e num clima de estímulos para o trabalho honesto".[289]

284 *Ibidem*, p. 63.

285 PARANÁ, 1957, *op. cit.*

286 *Ibidem*.

287 PARANÁ, 1959, *op. cit.*, p. 95.

288 *Ibidem*, p. 95.

289 PARANÁ, 1960, *op. cit.*

No mandato de Ney Braga há uma atuação mais coerente no tocante à questão de terras, até porque já não havia grandes áreas à disposição a serem distribuídas e as tensões sociais no campo eram grandes. A Mensagem do governador Ney Braga à Assembleia Legislativa do ano de 1962 denuncia os desmandos nos negócios com terras das "administrações anteriores" e informa seu projeto de "pacificação" do campo, procurando corrigir situações potencialmente violentas na busca de evitar os acontecimentos de 1957.

> Logo de início foi procedida a revisão administrativa dos títulos concedidos por administrações anteriores. Quer administrativamente quer através do Conselho Superior da Magistratura, já foram anulados títulos correspondentes a mais de 100.000 alqueires [242.000 hectares], [estão] correndo no judiciário as ações propostas pelo Estado, visando o cancelamento dos títulos nos cartórios de registro de imóveis. [...]
>
> Entre as diversas anulações procedidas, desde então, destaca-se a da Colônia Adelaide, devido à amplitude de sua área (quase 40.000 alqueires) em que foram expedidos títulos à [sic] pessoas estranhas a região, prejudicando 1.300 famílias de posseiros.[290]

Informa também a Mensagem que o DGTC realizou vistorias numa área total de 1.089.000 hectares, além de medição de 72.600 hectares, "através de autorização a firmas contratadas."[291] Nas áreas de colonização antiga, visando regularizar sua situação, foram realizadas medições em mais de 12.100 hectares".[292] "Em 1961, foram processados 1.114 requerimentos de terras, sendo expedidos 251 títulos, apesar do Departamento de Terras somente ser reaberto suas atividades em setembro".[293] A colonização dirigida do Paraná dava seus últimos fôlegos.

Em meados da década de 1970, o Instituto Paranaense de Desenvolvimento Econômico e Social (IPARDES) faz um diagnóstico da posse e uso da terra. Os graves problemas encontrados levam os técnicos a fazerem observações sobre a atuação direta do Estado como colonizador. Observações um pouco exageradas, mas reveladoras dos resultados da ação "racionalizadora" do Estado:

> Ainda que algumas publicações façam referência à ação deliberada do governo estadual no sentido de colonizar suas terras, os fatos indicam a ausência de qualquer planejamento que definisse esta intenção como tal, o que é facilmente identificado quando se constatam titulações irregulares (duplas) da mesma propriedade, o que, no mínimo, indica não haver controle sobre aquilo que realiza. Toda a titulação (ou a maioria delas) feita pelo Estado

290 PARANÁ, 1962, *op. cit.*, p. 79.

291 *Ibidem*, p. 79.

292 *Ibidem*, p. 79-80.

293 *Ibidem*, p. 80.

nas áreas legalmente vazias foi aleatória, definida pelo pretendente que obteve documentos em troca de pagamento de favores políticos.[294]

COLONIZAÇÃO RACIONAL: REPRODUÇÃO DA HIERÁRQUICA CULTURA BRASILEIRA

O que até aqui foi explanado, permite tecer algumas considerações sobre o papel do Estado na colonização dirigida. Se é correto que havia uma escassez crônica de recursos humanos e materiais, por parte do Estado, que eram bastante presentes no DGTC, e uma excepcional corrupção e explícito favorecimento de apadrinhados políticos, em especial nos governos de Moysés Lupion,[295] por outro lado, tais fatores não devem ser entendidos como simples desvios morais ou ineficiência administrativas, e sim entendidos em um quadro mais amplo. Silva e Linhares afirmam que havia uma tensão interna naqueles que queriam modernizar, ou melhor, transformar terra e trabalho em "mercadorias fictícias". Isso não implicava em um projeto anti-industrial, mas uma reserva quanto ao tipo de alteração que tal processo industrializante provocaria no campo, que pudesse ameaçar a grande propriedade.[296] Todavia, no período estudado, o campo sofreu alterações profundas. As oportunidades de ganho com a expansão do mercado interno, no caso do Paraná, em especial pela colonização dirigida e pela apropriação pelos caminhos lícitos e ilícitos da burocracia e legislação de terras, geravam novas e poderosas fontes de recursos. A figura de Moysés Lupion, que esteve envolvido nas atividades madeireira e de venda de terras, é exemplar a este respeito. Como afirma Martins: "Enquanto os grupos políticos falavam em aumentar os lucros da burguesia através da ampliação do mercado interno, a burguesia procurava aumentar os seus lucros envolvendo-se nos negócios de terras, na grilagem, na especulação".[297] Dessa forma, a "corrupção", o uso do DGTC para favorecimento de apadrinhados e para se manter no Governo[298] e a venalidade de muitos funcionários do DGTC não eram "falhas" no sistema, mas parte de como a sociedade brasileira fortemente hierarquizada se reproduz.

Para colocar a questão em termos utilizados por Roberto DaMatta: havia aqueles que chegavam no DGTC e eram "pessoas", grande parte daqueles que aparecem como "requerentes de terra" eram desta categoria, e havia aqueles que eram "indivíduos", como os posseiros/*intrusos*. Segundo DaMatta, na hierárquica "cultu-

294 IPARDES. *Subdivisão, Posse e Uso da Terra no Paraná*. Curitiba, Convênio CODESUL/ IPARDES, 1976, p. 49 *apud* HESPANHOL, Antonio Nivaldo. "A formação sócio-espacial da região de Campo Mourão e dos municípios de Ubiratã, Campina da Lagoa e Nova Cantu – PR". *Boletim de Geografia*. Maringá, nº 1, vol. 11, dez. 1993, p. 17-28.

295 Como parece fazer SERRA, 1991, *op. cit.*, p. 87, *passim*.

296 LINHARES; SILVA, 1999, *op. cit.*, p. 72, 93.

297 MARTINS, 1995, *op. cit.*, p. 92.

298 Ou para se eleger, como fez Moysés Lupion em seu segundo mandato. Conf. SERRA, 1991, *op. cit.*, p. 122.

ra brasileira" há tal distinção, entre os "indivíduos" e "pessoas". Os primeiros são mais um na multidão, devem ser tratados impessoalmente e segundo os rigores da lei. Quando "indivíduos" conseguem alcançar direitos junto ao Estado, muitas vezes, este é interpretado como um favor pessoal de algum poderoso que busca estabelecer relações clientelistas. Já aqueles que se consideram e/ou são considerados "pessoas" são os que não podem ser "tratadas como qualquer um". Eles são titulares de favorecimentos pessoais – e, aliás, como nós brasileiros ainda usamos expressões de indignação aristocrática quando dizemos: "*fui tratado como qualquer um*". Dessa forma, para as "pessoas", não apenas a lei funciona, como há um sistemático favorecimento, enquanto os "indivíduos" ficam, em geral, excluídos, ou no máximo sujeitos aos rigores da lei.[299] A utilização da coisa pública em favor próprio, da família, do partido é a marca do "homem cordial", do brasileiro, que mantém laços pessoais, quase familiares, na esfera pública, ao mesmo tempo em que mantém a extrema hierarquia das relações.[300] Em geral, no Brasil moderno, prefere-se silenciar sobre as práticas pelas quais reproduz-se tais características hierarquizantes de nossa sociedade.[301] Mas lembrá-las é fundamental para entender o tratamento diferenciado que os sujeitos recebiam junto aos órgãos governamentais, e, portanto, entender as diferentes possibilidades de apropriação da terra que estavam em seus campos de possibilidades.

Dessa forma, é necessário reconhecer o papel funcional desta "organização paralela a oficial" na realização da *colonização racional* no Paraná e na manutenção de uma estrutura fundiária excludente. Ademais, entre as décadas de 1930 e 1960, a "questão de terras" constitui o eixo central da política, *strictu sensu*, no Estado do Paraná. E isso em especial no *boom* posterior a Segunda Guerra Mundial, com o rendoso negócio de venda de terras e as oportunidades de novos negócios geradas pelo deslocamento de milhões de pessoas para o território paranaense. Como afirmam alguns trabalhos quase contemporâneos aos eventos:

> A questão de terras constitui o centro da ação política, na conquista e no exercício do Poder, presente na programação dos Partidos políticos, nas campanhas eleitorais, nos debates do Congresso Nacional, da Assembleia Legislativa Estadual e das Câmaras Municipais.[302]

Diante da enorme pressão sobre o DGTC, para o favorecimento de grupos e interesses particulares ou setoriais, não é estranho que, mesmo com as reformas saneadoras, que visavam impedir a corrupção no DGTC, da realizada em 1939 até a feita por Ney Braga, não se impediu a formação de "um poder paralelo, formado por funcionários públicos, que adulteravam o trâmite legal dos requerimentos" de

299 DAMATTA, 1990, *op. cit.*

300 HOLANDA, 1995, *op. cit.*, p. 139 *et seq.*

301 DAMATTA, 1990, *op. cit.*

302 WESTPHALEN; MACHADO; BALHANA, 1968, *op. cit.*, p. 51.

terras.[303] Todavia, para além dos "funcionários públicos" tal "poder paralelo" permeava todo o Estado e a sociedade, sendo tal "poder paralelo" – ou seja as relações de poder "reais" e não as formais – o principal local de atuação dos interesses dos grandes proprietários e especuladores.

Por exemplo, Westphalen, Machado e Balhana afirmam que os problemas

> [...] de terras são registrados, em 1948, em Campo Mourão, onde grossas negociatas contra pequenos lavradores, estariam sendo realizadas. Havia sido abertas as glebas de Paranavaí e Campo Mourão, mas os moradores das zonas próximas que anseiam por um pedaço de terra, são preteridos nas suas expectativas de aquisição, pelo critério do pistolão. [...][304]

Um outro bom exemplo é dado por Geraldo Boz, um engenheiro que entrou no DGTC em 1951 e trabalhou no Estado até 1979. Assim explica a sua função e a corrupção no DGTC:

> 'A minha missão foi trabalhar em grandes regiões de terra devoluta onde existiam conflitos pela posse entre posseiros, grileiros e donos legítimos das áreas. Eu era realmente um pacificador. Sempre agi dentro da lei e de forma correta, apesar da enorme corrupção da época, principalmente dos funcionários nos quais o governador Moysés Lupion depositava confiança. Essa falta de seriedade é que gerava as brigas e mortes porque funcionários irresponsáveis escondiam os documentos e depois cobravam importâncias absurdas pelas buscas, enquanto [...] o título de propriedade de terra custava uma pequena importância, expedido pelo governo desde que respeitadas as exigências que o futuro proprietário tinha que obedecer, como por exemplo: provar que estava na terra com benfeitorias realizadas. A minha função era fiscalizar estas posses, acabar com as falcatruas e defender os direitos de quem realmente os tinham.'[305]

Explica ainda o engenheiro que o "'Departamento de Terras era o que mais tinha influência política e foi bastante usado para fins eleitorais. Havia muita corrupção no meio por causa das tais barganhas e negociatas da terra'".[306]

> 'Em 1953 fui mandado para Londrina com a finalidade de resolver aquele conflito terrível [A Guerrilha de Porecatu]. Eu utilizava veículos do Estado com chapa branca. Só que para entrar no sertão tinha que retirar as placas para não ser morto. Chegava, conversava com os posseiros e só depois me identificava e dizia a minha missão. Os posseiros, tipo os sem-terra de hoje, sofriam com as ações da polícia e por isso odiavam carros oficiais. A minha missão no Norte do Paraná era retirar os intrusos, selecionar as famílias e

303 SORIANO, 2002, *op. cit.*, p. 83.

304 WESTPHALEN; MACHADO; BALHANA 1968, *op. cit.*, p. 34-35.

305 BATHKE JÚNIOR, Wille (Ed.). ALVES, Eleano (reportagem). "Walkyria Goertner e Geraldo Boz, 52". *Tribuna do Interior*, Campo Mourão, 25 ago. 2002. Especial: Projeto Raízes.

306 *Ibidem.*

> encaminhá-las para assentamento na região de Campo Mourão e Pitanga, onde havia quantidade maior de terra devoluta. Essa peãozada era transportada em caminhões fretados. Tratava-se de um povo, muito carente, morava e se alimentava mal. Morria muitos à mingua, principalmente criança picadas de mosquitos e subnutridas', narra triste.'[307]

Geraldo Boz esteve presente na viagem que Ney Braga fez no início do seu mandato buscando "pacificar" a "questão de terras". Narra que em Cascavel a "'coisa estava [...] feia lá, roubaram tanto" que quando chegaram lá "todas as repartições públicas estavam abandonadas e os titulares foragidos. [...] Tivemos que reorganizar tudo e fazer as coisas funcionarem corretamente"'.[308] Já sobre Campo Mourão narra:

> 'No dia 18 de julho de 1952 assumi a 8ª Inspetoria de Terras de Campo Mourão que abrangia a região entre Pitanga, os rios Ivaí, Piquirí e Paraná. Era imensa para cuidar. Não existiam estradas e meios de ligação. Estava conturbada e havia violência exacerbada. Poucos trechos davam passagem a jipes e a maioria se fazia a cavalo ou a pé. Em muitas ocasiões éramos recebidos à bala. Nunca andava armado. Sou avesso à violência. A situação era terrível. Passei apuros, fome, dormia mal, mas tinha que encarar e resolver. Hoje esta região tem mais de sessenta e cinco municípios. [...] Fui enviado a Campo Mourão porque o meu antecessor foi baleado por causa da terra. Ele estava hospitalizado em Curitiba. Eu não sabia exatamente qual era o meu serviço ou como era Campo Mourão e desconhecia os perigos que iria enfrentar. Mas cheguei e toquei o barco sem medo. À noite lia os processos e fui aprendendo. Nessa época o governador Bento Munhoz da Rocha Neto criou a Delegacia Especial de Terras com sede em Campo Mourão onde se concentrava o maior conflito. O delegado era Alberto Abujanra, com o qual acabei me desentendendo em 1952, porque ele extrapolava a função. Meu trabalho era encontrar os posseiros e legalizar a ocupação da terra, titular entregar o documento e registrar no Cartório de Imóveis. Do outro lado estavam os grileiros que lutavam para tomar a terra dos posseiros e nesse meio estava eu como *mediador dos conflitos*. Uma *espécie de juiz sem tribunal*, que tinha que decidir sozinho o certo e o errado numa missão espinhosa porque a gente sofria muita pressão de políticos, daí as constantes *ameaças, de morte ou de perder o emprego,* que eu recebia de todo lado. Porém, com medo ou sem medo, tinha que resolver' relata Geraldo (grifo meu).[309]

A longa citação é reveladora no que tange o papel do agente público na situação de conflito. Ele era pressionado pelos posseiros, os quais, em geral, desconfiavam dos agentes públicos, pressionado por ameaça a sua vida e pressionado do alto da hierarquia de "perder o emprego" se contrariasse os interesses errados,

---

307 *Ibidem.*

308 *Ibidem.*

309 *Ibidem.*

com poucos recursos, mas ocupando um cargo com amplos poderes, um "juiz sem tribunal". A impessoalidade da burocracia e a suposta isenção do técnico se defrontavam com uma cultura personalista e com relações de poder que trazem ao primeiro plano a violência física. Mesmo que houvesse, e deveria haver, pessoas que, por questões morais, não se entregavam à corrupção as condições eram propícias para constituição de um "poder paralelo", que favorecia as "pessoas".

A complexidade das situações geradas pode ser percebida nesta fala de Silvestre Stanszíewski que conta como seu pai, um "lavrador" polonês, que no Brasil se tornou dono de serraria e veio para o "sertão requerer terra de pinhal":

> Grilo – 'Em 1946 requeremos, do governo Moisés Lupion, quatro mil e quinhentos hectares de terra na Gleba 10, região do Pinhalzinho (Janiópolis). Perdemos tudo por causa de um rolista, no tempo do governo Bento Munhoz da Rocha Neto, que comprou nossos documentos de posse e direito de exploração da terra. Deu uma entrada e não pagou mais nada. Albino Gugelmin (avô do piloto de carro, Mauricio Gugelmin) e João Scheder (deputado constituinte) também foram vítimas do mesmo grileiro[310]

Após ter requerido uma área de 4,5 mil hectares, portanto uma grande propriedade em uma época em que havia tantos obstáculos legais para consegui-lo, o proprietário perdeu a área em um negócio com um "rolista", que se aproveitando da condição precária da documentação do imóvel, o qual provavelmente não possuía título definitivo mas apenas "o requerimento deferido", não conseguiu receber o restante das prestações da venda.

É importante notar que em tais negócios, "paralelos" ou "oficiais", com terras a violência era uma constante. Na década de 1980 eu morava na região e lembro que a memória popular ainda identificava certas áreas do primitivo município de Campo Mourão, como Goioerê e Campina da Lagoa, como lugares violentos, nos quais havia pistoleiros e conflitos armados constantes. Tal memória foi formada a partir da experiência da sua colonização dirigida. Em artigo de 1952, em um jornal curitibano, Nelson B. Prado busca negar a representação de Campo Mourão como uma região violenta marcada pela ação de pistoleiros e pelo conflito por terra, afirmando que o território:

> [...] que está sendo povoado por elementos provindos de todos os pontos do país e muitos do estrangeiro, mostra uma crescente disciplina e ordem social, para desmentir a fama injusta. Os bandidos que acaso ainda não estão recolhidos ao xadrez, já estão identificados perfeitamente, como todo mundo sabe, e só não foram segregados do convívio social por certas deficiências que não devem ser comentadas aqui [...].[311]

---

310 BATHKE JÚNIOR, Wille. "Silvestre Stanszíewski, 40". *Tribuna do Interior*, Campo Mourão, 2 jun. 2002. Especial: Projeto Raízes.

311 PRADO, Nelson Bittencourt. "Evolução social de Campo Mourão". *O Dia*. Curitiba, nov. 1952. In: VEIGA, 1999, *op. cit.*, p. 159-160.

Contra a "fama de terra de violência e de pistoleiros" Nelson B. Prado mobiliza os elementos positivados do imaginário da "tristeza rural", ou seja, do homem capaz de "ganhar um milhão" e de se submeter à ordem. Todavia as narrativas de violência são abundantes, Geraldo Boz rememora que:

> Entrevero – 'recordo-me que tivemos que resolver uma encrenca no Barreirão do Oeste (Boa Esperança). Fomos em dois jipes. O delegado levou os jagunços dele. Turma da pesada. Na ida, no meio do carreador, que não cabia dois jipes lado a lado, paramos para dar passagem a um outro que vinha em sentido contrário. As pessoas procediam do local de conflito. Um homem estava estirado no assoalho, ferido à bala, para ser socorrido em Campo Mourão. Chegando perto da clareira avistamos uns seis ranchinhos de pau-a-pique e ouvimos tiros. A polícia saltou do jipe e atirava para o alto e dava gritos. Apavorei. Pulei e me escondi atrás de um toco de árvore. Depois nos identificamos. O tiroteio cessou. A jagunçada saiu do mato e veio. Começamos a conversar. Um dos ranchos servia comida e tinha um morto jogado em um canto, cheio de sangue no chão. Pernoitamos e dormimos em tarimbas, de paus. À noite o tiroteio continuou. No dia seguinte o delegado abriu inquérito e tomou vários depoimentos. Na volta pensei e fiz planos de retornar à Curitiba. Aquela encrenca me assustou. Não sabia que a região era assim tão perigosa. Mas com vergonha de eu mesmo, permaneci em Campo Mourão', decidiu Geraldo.[312]

Grupos privados que agiam na região de Campo Mourão também poderiam atuar na repressão aos lavradores: "Grupos de jagunços, organizados pela Sociedade Imobiliária Noroeste do Paraná – Sinop, e pela Companhia Brasileira de Imigração e Colonização – Cobrinco, expulsam posseiros do imóvel Boa Esperança".[313]

Quando os agressores tinham a proteção do Governo, a polícia não agia contra os agressores, e, muitas vezes, agia diretamente na repressão aos posseiros: "A própria Polícia é acusada de favorecer a formação de grilos, como no caso de Boa Esperança, entre os rios Ivaí, Paranapanema e Paraná; onde se registram encontros armados entre a Polícia, ao lado de grileiros, e aqueles que defendiam suas posses".[314] Os autores argumentam ainda que, em "Goio-Erê, [...] as famílias são escorraçadas de suas terras. Jagunços e policiais muitas vezes trabalham juntos."[315]

Não apenas os posseiros estavam sujeitos à violência. Aqueles que chegavam e compravam terras também poderiam se ver em meio a conflitos com um posseiro ou com uma empresa ou particular que afirmavam ser donos da terra. Um destes episódios, ocorrido na região de Campo Mourão, para ser mais exato no atual município de Engenheiro Beltrão, é a tentativa de grilagem dos Marimpá.

---

312 BATHKE JÚNIOR, Wille (Ed.). ALVES, Eleano (reportagem). "Walkyria Goertner e Geraldo Boz, 52". *Tribuna do Interior*, Campo Mourão, 25 ago. 2002. Especial: Projeto Raízes.

313 WESTPHALEN; MACHADO; BALHANA, 1968, *op. cit.*, p. 48.

314 *Ibidem*, p. 39-40.

315 *Ibidem*, p. 43.

Sebastião de Castro, ou um grupo ligado a ele, chegaram a se estabelecer na região e vender terras, ficando conhecido como MARIMPÁ. Ocorre que as terras também estavam sendo vendidas, desde 1948, por um concessionário de terras, a Sociedade Técnica Colonizadora Engenheiro Beltrão Ltda, de propriedade de uma tradicional família de engenheiros curitibanos ligados ao DGTC. Em 1952, estes grupos chegaram a pegar em armas. Na época, esta disputa chegou a ter projeção nacional, visto que dois moradores da localidade, Benedito Rodrigues da Silva e Pedro Bosa, foram até o Rio de Janeiro a fim de falar com o presidente da república, Getúlio Vargas. Não conseguiram, mas através do jornalista Carlos Lacerda chamaram a atenção da imprensa nacional para esta questão, especialmente porque envolvia altos nomes do escalão político, nomeadamente o então senador, pelo PSD, Pinto Aleixo (acusado de favorecer os Marimpá). Os "Beltrão" ganharam a causa e, em uma operação violenta da polícia estadual, os "Marimpá", juntamente com as famílias que ficaram ao seu lado por terem comprado terras deles, foram expulsos da região.[316]

Todos esses conflitos geravam situações dramáticas, como, no caso da "Dona Remedia Alcântara" que foi uma das transferidas da região da Guerrilha de Porecatu para Colônia de Goio-Erê, na região de Campo Mourão, e posteriormente "novamente é expulsa de suas terras."[317] O fato de os posseiros estarem sujeitos a tal grau de violência não é motivo para vitimizá-los, deve-se reconhecer sua agência, seu campo de possibilidades.

Os lavradores: a luta pela terra e a estrutura fundiária

Os trabalhos que lidaram com a questão de terras na colonização dirigida do território paranaense são pouco atentos às pressões geradas pela demanda de terras, concentrando-se na estruturação da oferta de terras e na ação das colonizadoras privadas. E como sugere Motta, a posse é uma estratégia de luta secular de homens e mulheres pobres do campo contra os terratenentes.[318]

No conflito pela terra, às vezes também no lado dos posseiros, havia a utilização da violência física: "Alguns posseiros, como os da colônia Cantu, tentavam, na Justiça, a defesa dos seus direitos, outros, porém, reagiam com violência ante a usurpação de que eram vítimas",[319] ou ainda se organizavam para garantir o que entendiam ser seus direitos.

> Ainda, em janeiro de 1951, animados pelo exemplo de Porecatu, e ludibriados por um falso agrimensor com quem haviam contratado serviços de de-

---

316 SILVA, Benedito Rodrigues da. *Benedito Rodrigues da Silva: depoimento* [17 fev. 1998]. Entrevistador: Ely Bergo de Carvalho, Engenheiro Beltrão, 1998. 2 fitas cassete *apud* CARVALHO, 2004, *op. cit.*

317 WESTPHALEN; MACHADO; BALHANA, 1968, *op. cit.*, p. 48.

318 MOTTA, 2001, *op. cit.*, p. 9-10.

319 WESTPHALEN; MACHADO; BALHANA, 1968, *op. cit.*, p. 39.

> marcação, cerca de 300 posseiros invadem e acampam na cidade de Campo Mourão, a fim de fazer valer os seus direitos.[320]

Todavia, mais do que em atos de confronto aberto, é na estratégia de fazer posses que se pode acompanhar um confronto pela terra, mas, também, a negociação, como abordarei no terceiro capítulo. Martins já postulou que "o camponês brasileiro é um desenraizado, é migrante, é itinerante. A história dos camponeses - posseiros é uma história de perambulação."[321] Em tal perambulação, invariavelmente, eles se colocavam para além da fronteira agrícola. Portanto, a colonização dirigida acaba entrando em choque com os posseiros. Mesmo empresas privadas de colonização que difundiram a "fantasmagoria" de não terem tido problemas com *intrusos*, pois compravam e negociavam as terras e posses destes, para poder vender terras com certeza de direito de propriedade, mantinham um enorme contingente de homens armados, para fazer garantir a "tranquilidade em suas terras".[322]

Na primeira colônia implantada com o Plano governamental de colonização direta pelo Estado de 1939, a Colônia Içara, a figura do posseiro já estava presente. Eram "cerca de 100 famílias, de intrusos, na época da demarcação do núcleo colonial Içara, eles foram notificados que deveriam regularizar a sua situação, enviando requerimento ao Governo do Estado, solicitando a concessão, por compra, das terras".[323] Inicialmente, os 4.430 hectares da colônia foram divididos em 46 lotes rurais, mais o núcleo urbano, mas, depois, acabaram por demarcar "134 lotes rurais, 144 urbanos e 15 chácaras, que poderiam servir para" a localização dos *intrusos*.[324] A ação do Estado na colonização dirigida é, em parte, uma reação à ação dos posseiros, que, muitas vezes, garantiu um maior parcelamento da terra, ou pelo menos, o seu acesso individual à propriedade, o qual poderia não se efetivar pelos tortuosos caminhos oficiais.

Na região de Campo Mourão são muitos os indícios da forte presença dos posseiros, como apontam Westphalen e outros:

> [...] quando o Estado vendeu as terras, ou desejou ele próprio colonizá-las, *muitos lotes, e mesmo glebas inteiras, já se encontravam ocupados pelos posseiros*. Foi, por exemplo, o caso, no Norte do Paraná, da colônia Jaguapitã, cujas terras se encontravam praticamente todas ocupadas quando o Governo iniciou ali os trabalhos de medição e demarcação. No Oeste foram também numerosos os casos da presença, em massa, de posseiros, como nas colônias Piquirí e Cantu." (grifo meu)[325]

Bernardes, também, reconhece a ação dos posseiros:

320 *Ibidem*, p. 39.

321 MARTINS, 1995, *op. cit.*

322 TOMAZI, 1997, *op. cit.*

323 COSTA, 1974, *op. cit.*, p. 54.

324 *Ibidem.*

325 WESTPHALEN; MACHADO; BALHANA, 1968, *op. cit.*, p. 22.

> Em grande parte das colônias de nacionais fundadas pelo governo estadual, especialmente junto ao divisor Ivaí-Piquirí e no vale deste, o povoamento [sic] já se iniciara espontaneamente desde o começo do século. Aí se haviam instalado, em número bastante elevado, caboclos e colonos de origem estrangeira, especialmente poloneses e ucraínos vindos das velhas colônias do leste (Rio Claro, Prudentópolis, etc.) que agora estão requerendo a posse das terras por eles ocupadas.
>
> Nas glebas 3 e 7 da colônia Mourão havia, respectivamente, 102 e 60 famílias com morada efetiva e culturas habituais. Na de nº 4 da colônia Goio-Bang, situada no divisor Ivaí-Piquirí, [...] havia 43 lotes ocupados, em um total de 140.[326]

No relatório do DGTC, datado de 1954, também consta *intrusos* na Colônia Mourão: na Gleba 13, 90 famílias sendo a gleba dividida em 182 lotes, a Gleba 11 registra 36 famílias, sendo dividida em 80 lotes, na Gleba 9 "existiam na ocasião da demarcação mais de 70 famílias, de nacionais e entre estas 8 famílias de poloneses e ucranianos"[327] Na Gleba 5 encontravam-se 60 famílias de nacionais, afirma o relatório, e que em todos os casos "as benfeitorias foram respeitadas". A respeito da Colônia Cantu, o relatório informa que ela serviu para "localização de famílias de nacionais muitas das quais ali já aí radicadas".[328] O fato de não haver dados sobre posseiros nas outras glebas e colônias não indica que não existissem, pois o relatório é assumidamente incompleto, não sendo esta uma questão central para seus elaboradores. Bernardes reforça tal perspectiva:

> O mesmo se dá em relação à colônia Cantu, onde nos extensos pinheirais de glebas 1 e 3, as primeiras a serem demarcadas, *havia um número de ocupantes superior ao de lotes previstos* (140 famílias para 79 lotes de gleba 1 e 227 para 147 lotes da gleba 3). 'Em consequência da ocupação desordenada, verificam-se pequenos agrupamentos de moradias formando algumas aldeias em vários pontos da gleba (nº 3), resultando ficarem no mesmo lote mais de uma família de colonos; se bem que a maioria seja de colonos nacionais há *grande porcentagem de descendentes de poloneses* originários das colônias federais antigas' [...]. Nas outras colônias verificou-se a mesma ocupação indevida de terras do Estado, porém em menor escala (grifo meu).[329]

O que autores contemporâneos ao processo de colonização dirigida, como Bernardes, não atentam, bem como grande parte dos autores posteriores, é o papel exercido por tal "ocupação indevida" ao incentivar o Estado a atuar diretamente na colonização dirigida, levando a um maior parcelamento, e, portanto, a uma maior democratização da terra.

326 BERNARDES, 1953, *op. cit.*, p. 19-20.

327 DEPARTAMENTO de Geografia Terras e Colonização, 1954, *op. cit.*, p. 25.

328 *Ibidem*, p. 39-40.

329 BERNARDES, 1953, p. 20.

Antonio Nivaldo Hespanhol afirma que "a maioria das glebas da Colônia Cantú (inclusive as que deram origem a Campina da Lagoa e Nova Cantu) se encontravam, naquele período (décadas de 1930 e 1940) parcial ou totalmente ocupadas." Enquanto a área do atual município de Ubiratã estava "praticamente livre de ocupação". Para Hespanhol, tal situação levou ao DGTC a lotear "a área pertencente aos atuais municípios de Campina da Lagoa e Nova Cantu" a partir de 1954, enquanto a área supostamente menos ocupada foi vendida a uma empresa colonizadora, a Sociedade Imobiliária Noroeste do Paraná Ltda (SINOP).[330] Apesar do autor não indicar as fontes para corroborar tais afirmações, estas são uma indicação da dinâmica que quero aqui apresentar, segundo a qual a ação dos posseiros foi um fator fundamental para a relativa democratização do acesso à terra, inclusive da realização de políticas públicas de colonização. Outros autores contemporâneos já haviam apontado nesta direção, de não se perceber os homens e mulheres do campo como meras vítimas dos poderosos ou sujeitos passivos que sofrem a história:

> No plano social-econômico, a ocupação colonizadora da terra resultou, verdadeiramente, na implantação de uma *reforma agrária, fundamentada na pequena propriedade*, que domina hoje no quadro rural paranaense, o qual apresenta certos aspectos característicos, como a densidade demográfica elevada e a existência de uma classe média rural. Reforma agrária presente, até certo ponto, na mentalidade e na ação dos empresários de grandes companhias que colonizaram o Paraná moderno, e de alguns de seus governantes, *concretizada, porém, pela numerosa presença de posseiros e pequenos proprietários lavradores que, a duras penas, defenderam sua oportunidade e o seu direito de acesso à terra.* (grifo meu).[331]

Se, por um lado, discorde fortemente da afirmação de que a colonização dirigida tenha gerado uma "reforma agrária, fundamentada na pequena propriedade"; por outro, me parece, acertada a afirmação final, ou seja, a distribuição da terra, de forma um pouco mais equitativa no Paraná do século XX, se deve, em grande parte, à ação ativa de homens e mulheres que lutaram pela posse da terra, ressalvado apenas que não foram apenas os casos de violência aberta que caracterizam tal luta pela terra, mas um processo cotidiano de resistência, negociação e muitas derrotas.

A respeito da suposta "reforma agrária" gerada pela colonização dirigida, basta aqui apontar que, por um lado, se efetivamente houve uma maior distribuição da terra na região do que a tradição latifundiária brasileira era acostumada, por outro, os contemporâneos do processo já apontavam a concentração fundiária durante o processo de colonização dirigida, e percebiam que as compras especulativas, dos que não cultivavam a terra, e as ampliações de propriedades por revenda colocariam em perigo a pequena e média propriedade.[332] É de se considerar também que

330 HESPANHOL, 1993, *op. cit.*, p. 20-21.

331 WESTPHALEN; MACHADO; BALHANA, 1968, *op. cit.*, p. 51.

332 WAGLEY, Charles. *An introduction to Brazil.* New York: Columbia University Press, 1963, p. 91-92.

era (e é) comum os lavradores terem mais de uma propriedade, sejam chacareiros, sitiantes ou fazendeiros.[333] De fato, fazendeiros conviviam com as médias e pequenas propriedades, no *sertão* do Paraná, com índices de concentração de terra que poderiam variar muito de um município para outro.

A concentração fundiária já durante a colonização dirigida é algo bem claro. E tal constatação reforça a importância da ação dos posseiros para garantir a menor concentração fundiária. No trabalho seminal de Westphalen, Machado e Balhana se afirma que a área média dos lotes agrícolas nas colônias entre os rios Ivaí e Piquirí, colonizadas pelo Estado a partir de 1939, "foram, em geral, de áreas superiores àqueles do Norte do Paraná, medindo, em média, mais de 20 alqueires", ou seja, 44,8 hectares.[334] O trabalho citado acompanha a memória oficial que afirma ter ocorrido uma "reforma agrária" com a colonização dirigida no Paraná. Os citados autores, por exemplo, afirmam que a CTNP/CMNP vendeu terras apenas em pequenas propriedades. Já Cancian demonstrou que também foram vendidas grandes propriedades pela CTNP/CMNP[335] Tomazi discute longamente o motivo da adoção de pequenas e médias propriedades pela CTNP/CMNP e levanta a hipótese de que o fato do grupo empresarial ser dono da ferrovia que chegava à região fez com que, depois de abandonarem a ideia de cultivar a área pelo sistema de *plantation*, adotassem a pequena propriedade para terem demanda para carga nas viagens de volta dos trens e, assim, garantir um maior lucro com a ferrovia.[336] Se os autores exageram a positividade da ação das empresas privadas, no tocante a colonização estatal, aparentemente, também, subestimam os indícios de concentração da propriedade da terra. O relatório de 1954 do DGTC permite calcular, a partir dos dados fornecidos, que a área média dos lotes nas cinco principais colônias da região de Campo Mourão (a Colônia Mourão, Goio-Bang, Goio-Erê, Cantu e Muquilão) era de 115,4 hectares, embora os dados do relatório sejam bastante incompletos.[337]

Já o relatório da 5º Inspetoria de Terras, referente ao período de 1940 a 1945, apesar da lei que autorizou a colonização ter previsto lotes entre 10 e 200 hectares e do próprio relatório afirmar que as áreas eram "divididas em lotes rurais de 100 hectares em média", afirma-se que havia exceções, como explica o Engenheiro Chefe da Divisão de Colonização, Sady Silva:

> Para atender os interessados em formação de fazendas de café e de criar, além da divisão em lotes destinados a localização de colonos, o Departamento de Geografia, Terras e Colonização, delimitou uma parte da colônia

333 CANCIAN, 1997, *op. cit.*

334 WESTPHALEN; MACHADO; BALHANA, 1968, p. 20.

335 CANCIAN, 1977, *op. cit.*, p. 169.

336 TOMAZI, 1997, *op. cit.*, p. 317, *passim.*

337 DEPARTAMENTO de Geografia Terras e Colonização, 1954, *op. cit.*

para ser demarcada em glebas que serão divididas em lotes de áreas de 200 a 500 hectares e alguns de 2.000 hectares.[338]

Para ser mais exato, até 1945, o relatório da 5ª Inspetoria informa que na Colônia Mourão foram "medidas, demarcadas e divididas sete glebas em lotes rurais com a média de 100 hectares, abrangendo a área total de 63.530 hectares com 827 lotes".[339] Entretanto, além "dessas glebas foi medida, demarcada e dividida a primeira parte da gleba nº 8, requerida por agricultores e criadores, com a área de 13.000 hectares e dividida em 3 lotes de 2.000 hectares e 14 lotes de 500 hectares".[340] E afirma ainda que estavam em andamento "os serviços de divisão da 2ª Parte da Gleba nº 8 e os levantamentos do perímetro da gleba nº 4, que também seriam divididas em lotes de 200 a 500 hectares".[341]

No relatório do DGTC, datado de 1954, que avaliava a atuação do DGTC no "noroeste" do Paraná em face da limitação em 250 hectares da área máxima dos lotes no início no mandato de Bento Munhoz, após descrever várias glebas da Colônia Mourão, afirma-se:

> As outras glebas da Colônia Mourão, 1, 4, 6, 8, 10 e 12 todas com processo de medição aprovados por sentenças, com exceção de dois processos da segunda a terceira partes da gleba nº 1. Nessas glebas a divisão de lotes não obedece aos mesmos critérios de lotes coloniais, sendo a grande maioria de lotes grandes, alguns dos quais se aproximam de 500 hectares, onde foram localizadas áreas concedidas em diversos períodos administrativos.[342]

Em relação à Colônia Muquilão, a única informação dada é que "deram entrada no DGTC, 20 processos de medição, abrangendo a área total de 171.310 hectares, dos quais sete já foram aprovados por sentença".[343] Eram, portanto, áreas de 8.565,5 hectares em média. Ademais, havia "medições em separado" que não faziam parte das colônias, derivadas de processos de legitimação de terras pautadas em requerimentos, concessões e outros direitos supostos ou reais de diversos períodos anteriores, que formavam grandes áreas como as terras de "Manoel Mendes Camargo e sucessores" e a Fazenda Santa Maria, áreas com milhares de hectares, constantes na figura 3.

---

338 DEPARTAMENTO de Terras e Colonização. 5ª Inspetoria de Terras. [s.d], *op. cit.*, p. 4.

339 *Ibidem*, p. 4.

340 *Ibidem*, p. 5.

341 *Ibidem*, p. 5.

342 DEPARTAMENTO de Geografia Terras e Colonização, 1954, *op. cit.*

343 *Ibidem*, p. 42.

Figura 3 – Colônias da região entre os médios rios Ivaí e Piquirí

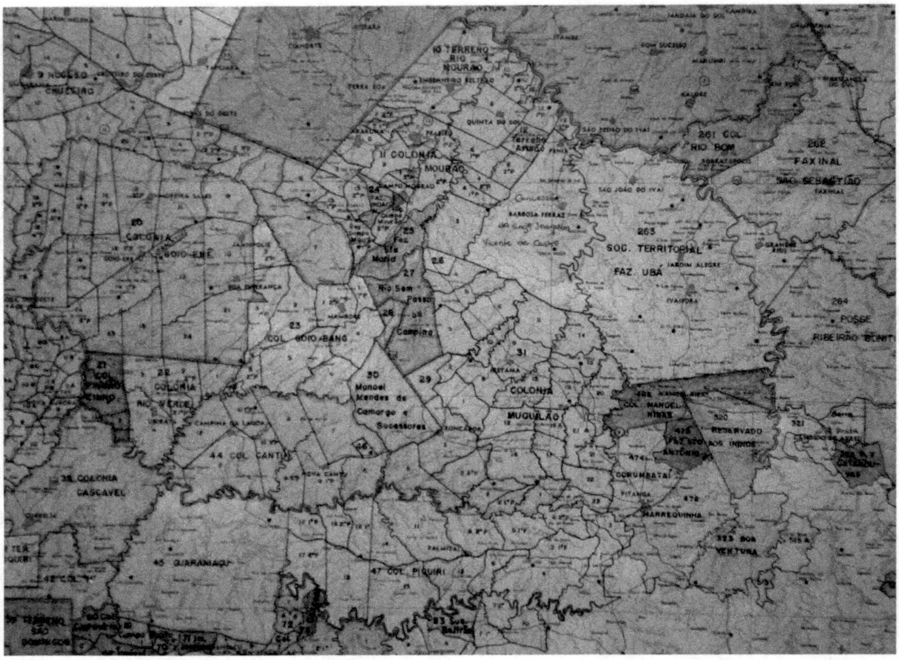

FONTE: MAPA do Estado do Paraná, Curitiba: Fundação Instituto de Terras e Cartografia. Divisão de Cartografia. 1974. Escala: 1:600.000. (detalhe do mapa)

Mesmo as áreas informadas como médias, com 100 hectares, eram bem superiores aos lotes familiares. É pautada neste fato que Bernardes, ainda em 1953, avaliando a colonização feita pelo Estado afirma que a

> [...] área dos lotes rurais nas glebas já demarcadas não é uniforme, variando de 10 a 200 hectares em uma gleba, de 80 a 150 em outra, etc. Se considerarmos a área média, esta é sempre superior a 50 hectares alcançando às vezes 100 hectares ou mais, o que nos leva a concluir *serem pouco numerosos os lotes pequenos.* (grifo meu)[344]

Um critério a partir do qual se pode pensar a estrutura fundiária, então constituída, são os lotes efetivamente titulados pelo Governo do Estado, nas "colônias" já citadas. A tabela 1 apresenta a área total, o número de lotes e a área média dos lotes, segundo as fichas, da atual Divisão de Terras. Em tais fichas foram cadastradas as titulações efetuadas pelo Estado. Apesar da grande maioria dos lotes terem sido titulados nas décadas de 1940, 1950 e 1960, em quase todas as glebas há casos pendentes que só foram titulados nas décadas de 1970 e 1980. O título mais antigo é de 1930 e o mais recente, de 1989 e a sentença de homologação da gleba – que

344 BERNARDES, 1953, *op. cit.*, p. 19.

autorizava o início do processo de loteamento da gleba – mais antiga é de 1942, como a Gleba 9 da Colônia Mourão, e a mais nova, de 1961, como a Gleba 8, 2ª Parte da Colônia Goio-Bang.

Tabela 1 – Lotes titulados das cinco maiores colônias da região de campo mourão			
Colônia	**Área (ha)**	**Lotes**	**Área média**
Mourão	171.001,67	1.606	106,48
Goio-Bang	105.095,29	1.626	64,63
Goio-Erê	333.487,08	2.829	117,88
Muquilão	216.998,53	2.563	84,67
Cantú	201.079,28	2.638	76,22
Total	1.027.661,85	11.262	91,25

FONTE: PARANÁ. Secretaria Estadual do Meio Ambiente e Recursos Hídricos. Coordenadoria de Gestão Territorial. Divisão de Terras. Cadastro de Colônias – fichas. Curitiba, 1930-1989.

O tamanho dos lotes são extremamente variados, indo de menos de 1 hectare até um pouco mais de 2.000 hectares, mas raramente os lotes passavam de 500 hectares. A área média dos lotes era superior ao tamanho de um imóvel familiar na época, apesar de ser, na média geral, inferior a 100 hectares, o que poderia ser legalmente considerado um lote colonial. Todavia, a média dos lotes oculta a discrepância entre a extensão dos lotes e fica despercebido o fato de uma mesma pessoa, família, ou empresa ter conseguido o título de vários lotes, contíguos ou separados. Cabe dar alguns exemplos mais significativos, sem pretender serem exaustivos, no tocante às 5 colônias que foram especificamente analisadas:

Na Colônia Goio-Erê, em 1951, a firma *A. Madeireira Limitada* titulou 20 lotes de quase 500 hectares cada e que foram requeridos por diversas pessoas físicas, mas titulados todos em nome da referida empresa. Há, ainda, 34 lotes de cerca de 450 hectares titulados em nome de *Comissária Import. e Export. União S/A* no mesmo ano de 1951. A Colônia Goio-Erê, que apresenta maior área média dos lotes, é a colônia em que tais casos de compra de mais de um lote por um mesmo proprietário foi mais flagrante, mas estas e outras práticas são também encontradas nas outras Colônias aqui analisadas.

Na Colônia Mourão há casos como o da *Im. Campo Mourão* que titulou três imóveis que foram requeridos por pessoas físicas: um de 633,6 hectares requerido por Luiz Pereira da Cruz em 1938, outro de 356,9 hectares, requerido por José Galvão do Nascimento em 1941 e outro de 1.716,5 hectares, requerido por Ananias L. Pereira em 1940. Há casos ainda em que uma mesma família titula vários lotes, um para cada membro da família, como Lauro, Maria e José Glinski, que titularam respectivamente, em 1961, 26,7, 38,9, 14,3 hectares. Não sendo, portanto, necessariamente grandes lotes que foram comprados por uma mesma empresa ou família que contribuíam por tais processos de concentração da propriedade, como no caso em tela. Mas as fichas registram ainda vários casos de grandes lotes, como um lote de 2.109 hectares titulado para Elias Xavier do Rego.

Na Colônia Goio-Bang, Antonio Germano Wunche titulou 16 lotes; a *Agropecuária São João Ltda* titulou 7 lotes de 12 a 48 hectares; e a família Brunetta titulou, em 1975, uma série de lotes na Gleba 5: Cezar Brunetta titulou três lotes de 13,3, 15 e 25,6 hectares, Deomiro Brunetta titulou um lote de 17,51 hectares e Alcides Brunetta titulou lotes de 24,5, 15,5 e 14,7 hectares.

Na Colônia Muquilão há acontecimentos semelhantes com a família Salvadori. Em 1959, esta titulou uma série de lotes requeridos em 1959, da Gleba 2: Olívio Salvadori 70 hectares, Jacó Salvadori 8,24 hectares, Terezinha Salvadori 9,23 hectares, Adelaide Salvadori 46,47 hectares e outro lote de 47,65 hectares. Caso semelhante ocorreu com a família Ferrari, na mesma Gleba 2 da Colônia Muquilão: Alfredo Ferrari requereu em 1959 e titulou em 1959 os lotes nº 1, 26 hectares, nº 2, 24 hectares, no ano de 1963 titulou os lotes nº 3, 25 hectares e nº 5, 45 hectares, já o lote nº 4 foi titulado em 1960 para Desolina Ferrari; Olga Rocha Ferreira requereu em 1950 e titulou em 1960 8 lotes, sendo o menor de 24 e o maior de 81 hectares. Mas havia grandes lotes, como um de 2.420 hectares, titulado para *Herdeiros de Francisco de Paula Eduardo*, e o lote 76, da Gleba 14, com 1.487,2 hectares na qual a única informação que consta na ficha é "área de domínio particular". Em geral, eram áreas com requerimentos ou alguma outra forma de direito anterior ao processo de colonização dirigida, algumas destas áreas foram mantidas fora das colônias, como se pode perceber na Figura 3, outras foram incorporadas nas colônias e aparecem como "tratos isolados", como em um lote de 1.118 hectares da Gleba 22, na Colônia Muquilão.

Na Colônia Cantú há um dado de um caso revelador, o da Gleba 9, 3ª Parte. Esta foi dividida em 254 lotes, mas que foram titulados em nome de 139 pessoas, o que é indicador da forma como a terra era concentrada não apenas ao ser dividida em grandes lotes, mas também ao ser vendida para uma única família, pessoa ou empresa.

Tais Fichas de controle, da atual Divisão de Terras, apesar de serem um documento oficial apresentam inúmeras inconsistências: registros sem a data do requerimento, da titulação, do número do lote, e até mesmo, do nome para quem foi titulado o lote. Constam nas fichas inúmeros acréscimos entre as linhas e nas margens, além de dados alterados com corretivo. O estado das fichas que serviram de fonte é um indício do fraco controle e dos desvios dos processos oficiais que marcaram a colonização dirigida. Há áreas no Paraná em que, ainda hoje, perduram pendências de regularização de titulação de terras a serem efetuadas, mas este não é o caso da região de Campo Mourão.

Um outro critério, do que o de lotes titulados, possibilita uma visão melhor da estrutura fundiária produzida pela colonização dirigida. Trata-se dos dados do IBGE referente aos estabelecimentos[345] agrícolas do período final da colonização. Tais dados permitem afirmar que falar em "democratização fundiária", no Paraná, é ignorar a condição de vida da maioria da população.[346]

O Censo Agropecuário de 1950 apresenta uma estrutura fundiária do Município de Campo Mourão (ver tabela 2). Há uma predominância de estabelecimentos médios, tanto no que tange a área como ao número de estabelecimentos. Como as informações do censo são por declaração, provavelmente muitos posseiros informaram áreas maiores do que efetivamente cultivavam, seja, porque em uma cultura de coivara havia a necessidade de se ter áreas não cultivadas de florestas, seja porque desejavam "enricar" e tornar-se fazendeiros. Ademais, já havia vários casos de fazendeiros, morando na região ou por meio de prepostos procuravam garantir a posse de fazendas no *sertão*. O vertiginoso aumento da área e principalmente no número de estabelecimentos ocorridos até o censo de 1970, em decorrência, principalmente, da colonização dirigida, aparentemente reduziu a concentração da terra. Todavia, tal aparência é relativizada quando se leva em conta a condição do possuidor da terra.

345 Um estabelecimento agropecuário é para o IBGE "todo terreno de área contínua, independente do tamanho ou situação (urbana ou rural), formado de uma ou mais parcelas, subordinado a um único produtor, onde se processasse uma exploração agropecuária" (IBGE. *Censo agropecuário*. Rio de Janeiro, 1960/1970). Portanto tal critério não corresponde a propriedade da terra, muito menos, aos títulos emitidos pelo Estado. Que além de poderem ter sido divididos posteriormente em cartório, cada estabelecimento pode ser formado por vários lotes, e pelo contrário um lote, pode ser divido em vários estabelecimentos, por exemplo, entre arrendatários ou parceiros. Infelizmente somente há tal informação para a região para o ano de 1970, momento em que a fronteira agrícola já havia se esgotado no Paraná, apesar das inúmeras situações de conflitos e por regularizar que ainda estavam pendentes, também, era um momento em que os efeitos da "Revolução Verde" já começavam a sentir, mas a concentração fundiária ainda não pode ser atribuída a mudança nas bases técnicas, apesar da base técnica já estar em profunda mudança.

346 Já utilizei este argumento e informações *In*: CARVALHO, E. B. de, 2004, *op. cit.*

Tabela 2 – Campo Mourão – PR. Estabelecimentos por grupos de área total								
	1950*				1970**			
	Estabelecimentos	C %	Área (HA)	%	Estabelecimentos	‘ %	Área (HA)	‘ %
Até 5	221	11,28	776	00.03	12.578	31,41	45.895	44,49
5 A <10	882	44,98	6.650	00,28	11.585	28,93	86.024	88,41
10 < 20	884	55,11	11.176	00,51	8.028	20,05	111.705	110,93
20 <50	2261	115,87	99.983	44,35	4.863	12,15	148.525	114,53
50 <100	6675	441,03	558.809	225,61	1.528	3,82	108.082	110,57
100 <500	4482	229,30	994.501	441,15	1.248	3,12	256.641	225,10
500 <2000	335	22,13	330.243	113,17	177	0,44	147.595	114,44
2.000 <10.000	44	00.24	220.899	99,10	23	0,06	97.990	9,59
10.000 <100.000	11	00,06	113.324	55,80	1	0,00	19.844	11,94
Sem declaração	–	–	–	–	9	0,02	–	–
TOTAL	11.645	1100	2.229.661	1100	40.040	100,00	1.022.301	1100

FONTE: IBGE. Censo Agropecuário, 1950, 1970.
*Município de Campo Mourão. ** Microrregião de Campo Mourão.

O Censo Agropecuário de 1970 traz, pela primeira vez, a condição do produtor, por município e microrregiões (ver tabela 3).

Tabela 3 – Paraná: Condição do produtor, segundo a propriedade das terras e grupos de área total, 1970					
Microrregiões	**Proprietário(1)**	**Aarrendatário (2)**	**Parceiros(3)**	**Ocupantes(4)**	**% (2+3+4)**
Campo Mourão	21.831	12.668	16.001	4.482	60.3
N. Novíssimo de Paranavaí	12.031	2.838	7.907	1.903	51.3
N. Novíssimo de Umuarama	29.208	9.080	23.457	4.774	56.1
Norte Novo de Londrina	15.608	2.401	10.277	1.181	47.0
Norte Novo de Maringá	8.243	529	12.071	345	61.1
Norte Novo de Apucarana	19.394	2.763	20.995	2.224	57.3
Algodoeira da Assai	4.594	2.224	1.693	674	50.0
Norte Velho de V. Braz	9.772	4.914	3.805	2.275	52.9
Norte Velho de Jacarezinho	10.135	3.013	7.879	1.122	54,2
Curitiba	12.618	2.272	273	1.658	25,0
Litoral Paranaense	1.312	45	20	780	39,2
Alto Ribeira	2.434	575	38	610	33,4
Alto Rio Negro Paranaense	3.616	993	114	510	30,9
Campos da Lapa	5.123	932	278	683	27,0
Campos de Ponta Grossa	5.963	710	44	795	20,6
Campos de Jaguariaíva	2.017	1.330	100	270	45,7
São Mateus do Sul	4.823	937	73	359	22,1
Colonial de Irati	16.591	2.556	670	1.932	23,7
Alto Ivaí	7.896	2.366	275	1.478	34,3
Pitanga	9.016	1.142	1.268	2.118	33,4
Extremo Oeste Paranaense	48.748	10.171	11.823	11.828	41,0

Sudoeste Paranaense	41.374	1.961	3.409	3.707	18,0
Campos de Guarapuava	11.769	1.702	151	2.893	28,7
Médio Iguaçu	8.646	619	316	1.447	21,6
Total PARANÁ	312.762	68.741	122.937	50.048	43,6
FONTE: IBGE, Censo Agropecuário 1970.					

Na microrregião de Campo Mourão a soma dos arrendatários, parceiros e ocupantes, que podem ser considerados "não-proprietários" (nem sempre realmente estes eram não proprietários, poderia ocorrer de se ter um estabelecimento próprio e arrendar um outro, distante do seu imóvel, por exemplo), era 60,3% do total dos estabelecimentos. O que era algo recorrente em praticamente todo o Paraná. No Norte do Paraná salvo as microrregiões do Norte Novo de Londrina e Algodoeira de Assaí, com 47% e 50%, em todas as demais microrregiões, os "não-proprietários" eram maioria.[347]

É esclarecedor verificar ainda que o "pessoal ocupado" nos estabelecimentos, ainda segundo o Censo Agropecuário de 1970, sob a categoria de empregados em trabalho permanente, empregados em trabalhos temporários, parceiros e outras condições, totalizam 13% na microrregião de Campo Mourão e 20,1% do total do pessoal ocupado nas microrregiões que, então, compunham o Norte do Paraná. Estes trabalhadores não eram necessariamente não-proprietários, pois era comum pequenos proprietários ou seus filhos se empregarem em estabelecimentos maiores para complementar a sua renda familiar.

Mesmo com as ressalvas feitas, o que quero chamar a atenção é que, em Campo Mourão, a maioria da população rural estava excluída da propriedade da terra, pois 60,3% dos estabelecimentos não pertenciam às pessoas que produziam nele, e mesmo assim, 13% do pessoal ocupado eram de "não responsáveis" pelo imóvel, ou membros da sua família não remunerados.[348]

347 As microrregiões de Campo Mourão e do Norte Velho de Venceslau Braz foram incluídas no "norte do Paraná". O Censo Agropecuário de 1970 não incluiu tais regiões no "norte". O faço por priorizar a influência da lavoura cafeeira como determinante do que, aqui, se chama "norte do Paraná." Definir o que é o "Norte" é complicado, pois houve e há uma tentativa das elites regionais de construírem uma identidade regional "norte paranaense" em oposição ao "Paraná tradicional"/Curitiba. O próprio IBGE não utiliza mais uma classificação com um "grande norte". Quando Nadir A. Cancian se refere ao norte, ela usa os critérios do IBGE para defini-lo. Ver: MENDES, Cesar Miranda. "A delimitação regional do norte paranaense". *Consciência*, Palmas, nº 3 jan./jul. 1989.

348 Em 1970 o índice de GINI dos estabelecimentos rurais do Paraná era de 0,702 enquanto a do Brasil era de 0,844, já a microrregião de Campo Mourão tem índice considerado como de "forte concentração", entre 0,501 e 0,700 (SERRA, 1991, *op. cit.*, p. 186-188).

A IRRACIONALIDADE AMBIENTAL DA COLONIZAÇÃO RACIONAL

Uma característica central da estratégia da *colonização racional* é que era uma prática de "manipulação dos indivíduos tratados como coisas, em proveito dos princípios de ordem, de economia, de eficácia".[349] Todavia, os homens e mulheres pobres do campo que deveriam ser transformados em disciplinados produtores de alimentos para a "nação" industrial nascente, não obedeceram os planos traçados nos gabinetes, partiram de seus próprios valores, práticas e representações, e confrontaram a ação do Estado que os tentava enquadrar.

A *colonização racional* também foi uma prática de manipulação do mundo natural tratado como coisa, "em proveito dos princípios de ordem, de economia, de eficácia"[350] O próprio mundo natural não é inerte, ele também é dotado de agência, apesar de não possuir um discurso próprio.[351] E o mundo natural teima em exceder o "*compleat mappa mundi*" pretendido pela "espírito moderno",[352] posto de outra forma "o real excede sempre o racional".[353]

Do ponto de vista da atual racionalidade ambiental é evidente que o processo de colonização dirigida em tela foi ambientalmente irracional. Mesmo em áreas que foram colonizadas mais eficientemente dentro das técnicas de colonização os impactos ambientais não aparentam ter sido menores.[354]

Todavia, não estou postulando, simplesmente, que os processos de degradação gerados pela colonização e pelo desflorestamento rompam com uma lógica que é inerente à natureza em si. Mais que isso, atento para a construção social de racionalidades. Dessa forma, as fontes abordadas apresentavam uma racionalidade tecnocientífica ou burocrática-técnica voltada para ampliação da produção ao infinito. Racionalidade esta que é questionada no mundo contemporâneo, o que tem produzido a emergência de uma outra racionalidade, uma "racionalidade ambiental" na qual "prevalece um valor de adaptação e convivência sobre a vontade de domínio da natureza no qual se fundam a racionalidade capitalista e os paradigmas de ciência moderna".[355] É a partir da emergência dessa nova ra-

349 MORIN, 1999, *op. cit.*, p. 162.

350 *Ibidem*, p. 162.

351 ARNOLD, David. *La naturaleza como problema histórico: El medio, la cultura y la expansión de Europa*. Mexico: Fondo de Cultura Económica, 2000.

352 BAUMAN, 1999, *op. cit.*

353 MORIN, 1999, *op. cit.*, p. 169.

354 MAACK, Reinhard. "A modificação da paisagem natural pela colonização e suas consequências no norte do Paraná", *Boletim Paranaense de Geografia*, Curitiba, nº 2/3, vol. 1, 1961, p. 29-45.

355 LEFF, 2005, *op. cit.*, p. 14.

cionalidade que a *colonização racional* pode ser compreendida como irracional ou como uma racionalização.

Não é a intensão aqui estudar os processos ecológicos de tal irracionalidade ambiental, mas vou me ater aqui a apenas um exemplo desta questão para o caso aqui abordado, o da erosão. Os processos erosivos, causados pela atividade humana, foram particularmente graves no Noroeste paranaense, onde há uma grande área com solos arenosos do tipo arenito Caiuá, que se mostrou extremamente frágil, quando retirada a Floresta Estacional Semidecidual que o protegia. A rápida degradação do solo com a atividade agrícola, em especial com as técnicas que então se adotavam, provocou a ruína de muitos produtores, sobretudo na década de 1960, favorecendo com isto a concentração de terras nas mãos dos grandes pecuaristas.[356]

Na Mensagem para a Assembleia Legislativa do ano de 1964, Ney Braga aborda esta questão nestes termos:

> Na região noroeste do Paraná compreendida entre os rios Paraná e Piquirí e deste pouco adiante de Campo Mourão até o Paraná é constituído de arenito de proveniência eólica. O arenito superficial conhecido como 'arenito Caiuá' é muito sensível a ação erosiva.
>
> As florestas cederam lugar a cultura do café e as cidades 'apareceram' em grande número." [O] homem, *ansioso por conseguir o máximo proveito da terra não cuidou da preservação da flora*, como devia.
>
> As cidades em grande parte, *não foram racionalmente planejadas*, e na sua maioria, encontram-se em terrenos ondulados. Aliada à essa condição topográfica, o crescimento das cidades, em alguns casos, com altas taxas de urbanização, trouxe a diminuição das áreas de infiltração das águas e elevou o processo de erosão a índices de verdadeira catástrofe. [...] Em 1963 foi elaborado projetos para resolver o problema da erosão urbana em: Goio-Erê, [...] Foram atendida ainda Jussara, Peabiru, Ubiratã, etc.(grifo meu).[357]

Diferentemente dos discursos presentes nas fontes antes desta data, agora o governador criticava o desflorestamento gerado pela colonização dirigida por não ter sido eficaz. Da mesma forma criticava o planejamento urbano por não ter sido eficaz. E quando algo é ineficaz em um projeto racionalizador o problema para o modernizador é sempre o mesmo, é falta de "racionalização", dessa forma é sempre necessário mais conhecimento, mais técnica, ou melhor mais tecnociência, e, portanto, mais controle sobre o mundo, para solucionar os problemas que aparecem. Nunca se pensa que o problema era a arrogância do "espírito moderno" que pretendia estabelecer um "*compleat mappa mundi*" no qual nada saia do controle, ou seja, nunca se admite a contingência como parte da condição humana, e de uma

356 GOETZKE, Siumar. Estudos fitossociológico de uma sucessão secundária no norte do Paraná: Proposta para recuperação de áreas degradadas. Tese (mestrado em Botânica) – Universidade Federal do Paraná – UFPR, Curitiba, 1990.

357 PARANÁ, 1964, *op. cit.*, p. 63-64.

racionalidade ambiental.[358] É esclarecedor o fato de nas décadas de 1960 e 1970 a forma padrão de combate a erosão rural na região foi a construção de "curvas de níveis" cada vez maiores, o principio era impor o controle ao mundo natural, com leiras que se abrem no solo em linha acompanhando o nível do terreno, obstaculizando o corrimento da água e com isso ajudando a controlar os processos erosivos. Somente na década de 1980 e 1990 é que foi difundida na região técnicas como o "plantio direto", um sistema de manejo do solo que previne o impacto das máquinas agrícolas, sendo que sua principal característica é a manutenção da palhada e demais restos vegetais da cultura anterior no solo, de forma que ajudam a impedir a erosão do solo. O plantio mecanizado tradicional implicava em arar o solo de forma que esse ficasse mais fácil de ser semeado, todavia nesse momento o solo ficava totalmente exposto e qualquer chuva poderia carregar o solo morro abaixo. O novo sistema de plantio direto é tão eficaz que, dependendo da declividade do terreno, dispensa a utilização das curvas de nível ou pelo menos reduz sua necessidade.[359] Nos anos 1990, na esteira da "onda ambiental" tal técnica foi apresentada na região como uma técnica que procura seguir a "lógica da natureza" ao invés de tentar impor arbitrariamente a vontade humana ao mundo natural.

Nesse capítulo abordei escritos de engenheiros, burocratas e políticos. Eles defendiam e foram responsáveis por colocar em prática uma dada estratégia de gestão das terras devolutas do Estado do Paraná, a qual denominaram de *colonização racional*, que por sua vez estava associada a um projeto de modernização nacional que então se implantou no âmbito das elites brasileiras.

A *colonização racional*, bem como o projeto de modernização da nação, estava assentado em uma visão racionalizadora do mundo. Segundo Morin, a *colonização racional* não seria racional, mas racionalizadora.[360] A *colonização racional* busca reduzir tudo a "eficácia e rendimento", no caso, para produção para o mercado. Para Morin, o racional é compreender a complexidade do real: "A racionalização, apesar de desmentidora, tem os mesmos ingredientes que a razão. A única diferença é que a razão deve estar aberta e aceita, e reconhece, no universo, a presença do não racionalizável, ou seja, o desconhecido ou o mistério".[361] Portanto, uma verdadeira postura racional se abre para o diálogo com o outro e com o mundo, e rejeita as intervenções centralizadas e de cima para baixo.

Isto são preocupações públicas do nosso tempo, na década de 1960, quando o projeto modernizador pensado na Era Vargas já se *desfazia no ar*. Um novo projeto de modernização no campo e dos seus homens e mulheres já estava em prática

358 BAUMAN, 1999, *op. cit.*, p. 169, *passim*.

359 SORRENSON, Willian Jack; MONTOYA, Luciano Javier. "Implicações econômicas da erosão do solo e do uso de algumas práticas conservacionistas no Paraná". *Boletim Técnico IAPAR*, Londrina, nº 21, ago. 1989.

360 MORIN, 1999, *op. cit.*, p. 155.

361 *Ibidem*, p. 112.

na região, a "revolução verde", tendo como seu *Fausto* não mais o engenheiro civil, mas o agrônomo que acionaria novas práticas de manipulação dos seres humanos e do mundo natural "tratados como coisas, em proveito dos princípios de ordem, de economia, de eficácia".[362]

Em fim , para colocar a estratégia de *colonização racional*, em termos de Bauman, se trataria de uma ação típica de um Estado Jardineiro ao tentar, por meio da *colonização racional*, eliminar os mecanismos de auto-reprodução socioambientais das populações e a substituir por um controle central. Ou colocando a questão de outra forma, seguindo Morin, se afirmaria que a *colonização racional* é uma forma de racionalização, ou seja, os proponentes da *colonização racional* compartilham a busca de uma visão do mundo coerente e totalizante a partir de um princípio único. Para tal operação de simplificação é necessário ignorar a contingência da condição humana e pensar que tudo que escape ao controle, seja a erosão ou os *intrusos*, é um "erro" a ser suprimido com um aumento na ampliação da tecnociência, do controle. E que os efeitos-perversos do projeto foram erros a serem consertados em um, permanente, novo projeto modernizador, racionalizador.

Embora a colonização dirigida não tenha gerado uma estrutura fundiária realmente democrática . Como busquei demonstrar, os lavradores pobres não ficavam passivos no processo de gestão das terras devolutas, mas tiveram uma ação ativa em seu parcelamento e na efetivação das políticas públicas. O próximo capítulo é justamente uma tentativa de entender melhor sua estratégia de ação nesse contexto.

362 ALMEIDA, 1998, *op. cit.*, p. 33-55.

Capítulo 3

LAVRADORES NO SERTÃO: FAZER POSSE

"Sertão é onde manda quem é forte, com as astúcias."

Guimarães Rosa

"Não podemos acreditar que a modernidade era monopólio das elites, assim como que a resistência que os de baixo fazem é fruto da tradição."

Federico Navarreti

"O passado era caracterizado pela ausência do Estado, mas era também reconstruído como um quase que total vazio de atuação por parte dos trabalhadores."

Angela de Castro Gomes

A ESTRATÉGIA DE FAZER POSSE

O processo nº 140 de 1957, da Primeira Vara Civil de Campo Mourão é uma *ação de reintegração de posse*, promovido pelo *espólio de Francisco Ferreira Albuquerque* contra *José Pedroso Bueno e outros*, alegando que os segundos invadiram os lotes 31, 36 e 37 da Gleba nº 9, da Colônia Goio-Erê, uma área de 1.075 hectares.[1]

O falecido Francisco Ferreira Albuquerque chegou a Campo Mourão em 1936, vindo de Palmeirinha, Município de Guarapuava.

1 Processo nº 140 de 1957. Ação de Reintegração de Posse. Requerente: espólio de Francisco Ferreira Albuquerque. Requerido: José Pedroso Bueno e outros. Arquivo da Primeira Vara Civil da Comarca de Campo Mourão.

> Foi morar num rancho á beira do Rio do Campo, [...] próximo à serraria do senhor Teodoro Metchko. Logo o senhor Francisco comprou o armazém do senhor Léo Guimarães que ficava bem próximo. Construiu uma boa casa de madeira com sótão, que acabou se transformando numa pensão. [...] Depois de ser agricultor por 10 anos em Pitanga, chegou a Campo Mourão, adquiriu uma fazenda próxima ao Rio da Várzea e outra para o lado de Goio-Erê, comprou uma fazenda de 268 alqueires na Figueira, município de Terra Boa.[2]

Mantinha posse sobre a fazenda em Goio-Erê, segundo consta no citado processo há mais de oito anos, "tendo sempre no local prepostos e empregados, o que vem caracterizar a morada habitual e a cultura efetiva." Sendo que, em 1951, foi expedido o título de domínio pelo Governo do Estado, em que os títulos saíram em nome de "Ivone Gaspari, José Pires Moreira e Djalma Rodrigues Bittencourt, que por sua vez cederam através das escrituras públicas". Como argumentei no capítulo anterior, para poder legalizar grandes áreas de terras, acima de 500 hectares, era comum titulá-las para pessoas diferentes da mesma família. Mas é provável, que alguém que já tivesse a posse pudesse titular a área em nome de terceiros e depois passaria a terra para o seu nome com uma escritura de venda, havendo vários processos que sugerem esta trajetória.

Dos posseiros contra quem a ação era promovida pouco se pode saber. Apenas que treze deles compareceram à audiência inicial do processo: José David dos Santos, José Ramos Nogueira, José Teodoro Ribeiro, Geraldo Manoel Rodrigues, Manoel Evaristo, Otavio Teodoro Ribeiro, Honório Teodoro Ribeiro, Pedro Teodoro Ribeiro, Pedro Ribeiro de Souza, Urias Ribeiro, Pedro Gonçalves, José Ribeiro dos Santos e Francisco Boaventura dos Santos, sendo todos analfabetos. Eles "deixaram o feito correr a revelia".[3] Talvez por não possuírem dinheiro para pagar um advogado.

De qualquer forma, este processo, como todos os processos em que o que estava em disputa era a posse de uns contra o título de propriedade de outros, o julgamento favoreceu o portador do título de propriedade. Devo esclarecer que os processos da Primeira Vara Civil que serviram de fonte são os de 1949,[4] quando há os primeiros processos da Comarca, até 1964. Portanto, dentro dos marcos legais estabelecidos com a Constituição de 1946, pós-Estado Novo e, basicamente, antes do Estatuto da Terra, de 1964.

---

2 LARA, 2003, *op. cit.*, p. 164-165.

3 Processo nº 140 de 1957, *op. cit.*

4 Foram consultados todos os arquivos da Primeira Vara Civil do Fórum de Campo Mourão, do período de início dos processos, 1949, até 1964. E, também, os processos que foram transferidos para a guarda da Biblioteca da Universidade Estadual do Paraná – Unespar, Campus de Campo Mourão. Todavia, pelo estado de conservação e quantidade de processos, nem todos os processos estavam nestes arquivos. Sendo que há nos arquivos um total de 239 processos que envolviam a apropriação de terras e madeiras.

Um dos elementos mais instigantes do processo nº 140 de 1957 são os depoimentos das testemunhas, por mais que as "falas" nos processos estejam sempre filtradas. Ou seja, são mediadas por outrem, pelas perguntas do juiz ou advogados ou pelo escrivão. Todavia, como afirma Sidney Chalhoub, apesar das mediações introduzidas, por juízes e advogados que estruturam e direcionam a fala, "os personagens de carne e osso que protagonizam efetivamente a trama berram bem forte, e os ecos distantes de suas vozes fazem vibrar os nossos tímpanos".[5]

Dessa forma, procuro "ouvir" estas testemunhas, como Pedro Silvério, lavrador, 46 anos, solteiro, sabendo ler e escrever, natural da comarca de Campo Mourão, que sendo testemunha por parte dos autores do processo 140 de 1957 afirmou:

> [...] que tem ciência própria da invasão levada a efeito nas terras do espólio, a partir de um ano para cá, cujo movimento se reveste unicamente "Comunista", disciplinado por chefes, que pretende a posse de um terreno titulado, já no ano de 1951, não obstante, o zelo dos proprietários, que por bons modos tentaram convencer os posseiros a saírem, mas, estes, ao invés de aproveitar a dedicação dos proprietários, se reforçam, no sentido de enfrentarem a lei pela violência; [...] afirmaram categoricamente de resistirem à justiça de qualquer forma [...] que as benfeitorias dos intrusos, consistem, exclusivamente em 'tigueras',[6] isto é, ao estrago de terras férteis, a custa do machado e do fogo, deixando que as mesmas se praguegem,[sic] cujo sistema já foi generalizado nesta comarca, e mesmo em todo o Estado do Paraná, com estrago de milhares de alqueires de terras, que ficaram praticamente estéreis; que os posseiros habitavam em ranchos, sem qualquer valor estimativo, não plantam, sequer um pé de capim, conduzindo-se em uma vida de ociosidade permanente, e todos eles estreitos a valentia; que a família do espólio e do próprio finado Albuquerque, tem posse no terreno demandado a mais de oito anos, exercendo a referida posse através de prepostos seus e empregados; que, o espólio tem benfeitorias úteis nos referidos lotes a saber: casa de morada da sede, casas para empregados, pastos formados, potreiros, mangueirões e outras benfeitorias necessárias.[7]

Quanto à afirmação de serem os posseiros "comunistas", apesar do Partido Comunista realmente ter organizado lavradores no Norte do Paraná, parece que o termo deve ser tomado no sentido que a própria testemunha dá ao termo, o de serem "disciplinados por chefes". O mais provável, pelo menos partindo dos nomes dos treze que compareceram a primeira audiência, é que os chefes eram chefes de família, da família Ribeiro e Santos. Pois apesar do nome de todos os membros não estarem presentes no processo, em geral, apenas o chefe da família negociava pela família na esfera pública, mesmo que, às vezes, por força da lei constava o nome da esposa como copossuidora ou coproprietária. O processo de fazer uma posse era

5 CHALHOUB, Sidney. *Trabalho, lar e botequim: O cotidiano dos trabalhadores no Rio de Janeiro da belle époque*. 2ª ed. Campinas: Editora da Unicamp, 2001, p. 36.

6 Roça depois de efetuada a colheita.

7 Processo nº 140 de 1957, *op. cit*.

algo feito a partir de uma equipe de trabalho familiar, segundo uma ordem moral própria, a qual se pode denominar de "campesinidade".

Nos autos do processo em tela, como testemunha do autor da ação, a testemunha procurava valorizar as benfeitorias e a "morada habitual e cultura efetiva" de Francisco Ferreira Albuquerque. E depreciava as benfeitorias dos posseiros, pois outra decisão padrão da justiça era a indenização das benfeitorias feitas por posseiros no imóvel. É neste contexto que se deve entender a crítica de um lavrador a um sistema de cultivo baseado no "machado e no fogo".

Um modelo de uma "agricultura de enxada",[8] movido a "ferro e fogo" era predominante ainda na região em 1964. Por exemplo, em 1950 havia apenas 4 tratores nos 1.645 estabelecimentos agropecuários da microrregião de Campo Mourão, sendo que apenas 67 estabelecimentos possuíam arados de tração animal, era ainda uma agricultura de enxada. Em 1960, eram 135 tratores, 480 arados para 20.998 estabelecimentos agrícolas. E, ainda em 1970, eram apenas 1.144 tratores e 24.202 arados de tração animal para 54.982 estabelecimentos.[9]

Por todas as décadas de 1960, 1970 e 1980 a assistência técnica rural vai criticar profundamente o uso do fogo como prática agrícola. Seja para recuperar pastos, queimando as gramíneas velhas, o que faz brotar uma grama nova e macia para o gado, seja no cultivo agrícola, no qual se queimava os restos secos da cultura anterior, facilitando um novo cultivo. Os novos modernizadores vão se voltar, quase em uníssono, contra tais práticas e afirmar que a exploração "agrícola, de forma geral, tem sido uma atividade predatória em termos de conservação do solo" no Paraná.[10] Na agricultura de coivara se queimava uma área para cultivo e, em alguns anos, quando a área estava "infestada" por organismos concorrentes e a fertilidade inicial gerada pela queimada da biomassa se perde, a área era abandonada para voltar a crescer a floresta. Com a colonização dirigida, cada lavrador deveria estar "localizado" em seu devido lote, e, em geral, toda a terra deveria estar voltada para a produção. Por esse motivo, a degradação ambiental era acentuada.

A testemunha do processo 140/57, o senhor João Florizack, polonês, solteiro, 41 anos, sabendo ler e escrever, afirma:

---

8 HOLANDA, Sérgio Buarque de. "Prefácio". In: DAVATZ, Thomas. *Memórias de um colono no Brasil*. Belo Horizonte: Itatiaia; São Paulo: Editora da Universidade de São Paulo, 1980, p. 15-45 *et seq*.

9 Foi na década de 1970 o momento do grande *boom* da "revolução verde" na região. Em 1970 apenas 2.752 estabelecimentos utilizavam fertilizantes químicos, 365 orgânicos e 576 químicos e orgânicos; em 1980 eram 15.850 estabelecimentos utilizando fertilizantes químicos e 2.456 orgânicos. Em 1970, os 24.202 arados de tração animal estavam distribuídos em 18.041 estabelecimentos, do total de 54.982 estabelecimentos. Em 1980, em 25.120 arados de tração animal, todavia, os tratores haviam subido para 8.423 com um significativo aumento na potência e o número de estabelecimentos cai para 32.319, indicando o êxodo rural e a substituição dos parceiros pelo trator e mesmo entre os proprietários iniciava um novo processo de concentração fundiária. (IBGE, 1970, 1980, *op. cit.*).

10 SORRENSON; MONTOYA, 1989, *op. cit.*

> [...] que a partir de um ano para cá, vários posseiros invadiram a área em referência, não obstante, a insistência dos proprietários, ali *destruindo, matas virgens, sem plantarem nas mesmas*, capim e outras plantações, para o condicionamento das culturas; que, os posseiros limitam-se a derrubar matas virgens, queimá-las, logo quando caídas, fazendo exclusivamente uma planta, pelas condições admitidas na *lei do mínimo esforço com o máximo rendimento* a eles posseiros; que as terras assim estragadas, dão lucro exclusivamente aos posseiros que delas tiram muitos cereais (grifo meu).[11]

Projeta-se no Outro uma racionalidade econômica que busca apenas maximizar o lucro. Ou por outro lado, mas dentro da mesma lógica de deslegitimação, se acusa o Outro de possuir uma lógica perdulária, na qual se desperdiça sistematicamente recursos naturais em proveito individual e imediato. Ou seja, ou o Outro é interpretado como possuindo uma racionalidade economicista ou é interpretado como irracional. Mas quando se insere estas práticas, como a coivara, não na racionalidade econômica maximizante, mas dentro de outras racionalidades, são as práticas modernas que são colocadas em xeque, como "irracionais", ou carecedoras, de uma racionalidade ambiental.[12]

O objetivo deste capítulo é inserir a estratégia de fazer posse em bases culturais e ambientais. O que permite entendê-la um pouco mais próxima do ponto de vista dos lavradores que utilizavam tal estratégia, mesmo que não exista "um ponto de vista nativo único", mas apenas uma multiplicidade de representações.[13] Procuro, com isso, fazer um contraponto ao projeto modernizador abordado no capítulo anterior e indicar melhor como lavradores pobres participaram ativamente deste processo de modernização do *sertão*, mesmo que em condições de recurso de poder bastante assimétricas.

TERRA, FAMÍLIA E TRABALHO: AS BASES CULTURAIS E ECOLÓGICAS DO FAZER POSSES

Para compreender melhor a prática de se fazer posse, há que se pensar a trajetória socioambiental dos migrantes que conquistaram o *sertão* de Campo do Mourão.

Mas trajetória de quem? Não seria a dos "pioneiros", pois tal, designa fundamentalmente os heróis civilizadores. A representação de *pioneiro* tende a ressaltar a ação das elites e silenciar sobre as pessoas comuns e, dessa forma, aderir ao discurso de *pioneiros* é, em grande parte, reproduzir a versão dos vencedores, ou

---

11 Processo nº 140 de 1957, *op. cit.*

12 "À medida que mais pesquisas são conduzidas, muitas práticas agrícolas, primeiramente consideradas primitivas ou equivocadas, são reconhecidas como sofisticadas e apropriadas" ALTIERI, 2002, *op. cit.*, p. 180, *passim.*

13 SAHLINS, 2006, *op. cit.*, p. 12.

seja, da memória oficial.[14] Poderia-se pensar estes migrantes como *colonos*, que não se afastavam dos seus valores tradicionais de "amor à terra".[15] E como *caboclos* apegados a tradição, errantes no *sertão*, por uma lógica não-capitalista.[16] Mas estas classificações não ajudam muito a entender o processo de fazer posse no *sertão* de Campo Mourão.

Procuro fugir dos essencialismos etno-culturais e de dicotomias simples. Não se trata, aqui, de buscar aqui constituir uma classificação sociológica. Mas de entender estas representações no processo de formação de um mercado de mão-de-obra e de terras no Brasil e na formação de um "campesinato específico" no Brasil. Ou dito de outra forma, a trajetória dos migrantes que faziam posse no *sertão* de Campo Mourão.

Grande parte daqueles que foram à frente da colonização dirigida, fazendo posses, era de descendentes de imigrantes europeus. Sendo que tais descendentes de imigrantes europeus podiam ser identificados como *caboclos*. Tal como ocorre, por exemplo, no depoimento de João Otales Mendes, comerciante, 44 anos, natural do Estado do Paraná, afirma que em 1952, acompanhou o representante de uma madeireira, na tarefa de "pegar dos *caboclos da redondeza*, procurações [...] para legalizações de terras" (grifo meu).[17] Foi feito um contrato com os "posseiros" do "bairro", pelo qual a madeireira iria legalizar a terra em troca das árvores de pinho madeiráveis dos lotes, no qual constava os nomes daqueles que foram denominados por João O. Mendes de "caboclos": Miguel Skalki, José Piroga, Felisbina Mateus Mendes, Antonio Voidelo, Tiburcio José Ferreira, Messias Ferreira dos Santos, Carlos Smach, Fernando Eugenio Branco, Ana Silva da Sul, Julia Gomach, Isabel Gomach, Daniel Malko e Francisca Gelinska Esmoka, todos identificados no aludido contrato como "brasileiros, casados, proprietários, residentes no município do Campo do Mourão", na Gleba 3, da Colônia Cantú.[18] Os sobrenomes poloneses e ucranianos, que fazem parte da lista, são provavelmente de uma primeira geração de descendentes de imigrantes que vieram para o Paraná Tradicional.

A dicotomia *caboclo versus colono*, talvez, fosse mais marcada em outras regiões e em momentos anteriores da expansão da produção agropecuária familiar de

---

14 Ver: GONÇALVES, José Henrique Rollo. "Trabalhando em fontes orais: Reflexões a partir de uma pesquisa em andamento: "Caboclos" e "Pioneiros" em Maringá, 1937 a 1953". *Cadernos de Metodologia e Técnica de Pesquisa*, Maringá, nº 3, jan./dez. 1991.

15 Como sugere: ALVIM, Zuleika. "Imigrantes: a vida privada dos pobres do campo". In: NOVAIS, Fernando A. (coord.). *História da vida privada no Brasil*. São Paulo: Companhia das Letras, 1998. vol. 3, p. 215-287.

16 Ver, por exemplo: LOPES, 1982, *op. cit.*

17 Processo nº 18 de 1956. Ação Cominatória. Requerente: Irmãos Nascimento. Requerido: Miguel Skalki. Arquivo da Primeira Vara Civil da Comarca de Campo Mourão.

18 Processo nº 19 de 1956. Ação Cominatória. Requerente: Irmãos Nascimento. Requerido: Felisbina Matheus Mendes. Arquivo da Primeira Vara Civil da Comarca de Campo Mourão, p. 6.

origem europeia no Sul do Brasil. Segundo Zarth, as elites pecuaristas do Sul tiveram nos imigrantes europeus uma forma de tentar modernizar a agricultura, em especial, do que tange a produção de alimentos. Ademais, conforme tal população foi destinada às áreas de interesse marginal para aquela elite, às áreas de florestas houve uma expulsão da população de nacionais que tinham, no acesso a florestas, uma forma de não se subordinar totalmente ao trabalho da grande fazenda de gado. Sem a floresta, com esta sendo sistematicamente ocupada por migrantes, ficava mais fácil subordinar os homens e mulheres livres pobres ao trabalho. Esta, para Zarth, foi uma das formas que a colonização com europeus no XIX, contribuiu para abolição da escravidão no Rio Grande do Sul.[19]

No Paraná, na região e época aqui tratada, o contexto era diferente. Um grande contingente de descendentes de imigrantes já se colocava no *sertão*, juntamente com os "nacionais". Para conseguir subordinar a mão-de-obra para as fazendas no *sertão* do Paraná dependia-se do fluxo de migração.

As possibilidades de apropriação do trabalho passavam pelo trabalhador avulso, o qual desempenhava funções como abrir estradas ou derrubar a floresta, desempenhava a função por algum tempo e voltava para sua região de origem.[20] Mas, outra grande fonte de trabalhadores era formada por pessoas de grupos familiares rurais que destacavam alguns membros da equipe de trabalho familiar para uma atividade externa, a fim de complementar a renda familiar. Como constata Lopes, na "necessidade dos sitiantes combinarem trabalho no lote e assalariamento em outras atividades: como camaradas, nas derrubadas e na construção de estradas; como empreiteiros, na formação de plantações para os fazendeiros; e além destas poderíamos ainda alongar a lista de alternativas".[21] De qualquer forma, o grosso dos trabalhadores, na região de Campo Mourão era formada pelo que o IBGE identificava como "parceiros e arrendatários", sendo, a opção mais plausível para se conseguir força de trabalho a adoção de contratos de trabalho que possibilitassem um certo grau de autonomia aos trabalhadores, com o acesso, parcial a terra, e a manutenção da unidade familiar como estrutura produtiva, com os contratos sendo celebrados apenas com o chefe da família. Dessa forma, havia uma diversidade de situações em relação ao acesso a terra e a subordinação. Eis um apanhado apresentado pela literatura, seguindo uma escala de autonomia e acesso a terra:

a) pequeno proprietário – reside no sítio e o cultiva com a ajuda da família e de empregados;[22]

19 ZARTH, Paulo Afonso. *Do Arcaico ao Moderno: o Rio Grande do Sul agrário do século XIX*. Ijuí: Editora UNIJUÍ, 2002, p. 194.

20 *Ibidem*, p. 74

21 LOPES, 1982, *op. cit.*, 118.

22 MONTEIRO, 1961, *op. cit.* Deve-se destacar as duas acepções de "colono" na documentação, uma como aquele que está trabalhando na forma de colonato, o que implica em ser um não-

b) posseiro – é um "pequeno proprietário" sem título de propriedade;

c) parceiro, porcenteiro ou meeiro – em geral recebia casa e instalações anexas, recebendo 50% ou uma outra porcentagem da colheita, além da cultura de subsistência;

d) formadores de café – no contrato de 4 anos, o proprietário entregava o café plantado e o formador deveria cuidar do café em troca da lavoura intercalar que produzia-se e da colheita do café; já no contrato de 6 anos, o proprietário dava "mata em pé e água no córrego", e o café produzido era repartido entre as partes; a lavoura intercalar era toda do formador;

e) colono – havia uma parte do pagamento fixo, por tarefa ou pela quantidade de pés-de-café cultivados, e uma parte variável, dependendo da produção, com direito a casa para moradia e de cultivar produtos como feijão, arroz e milho de forma intercalar aos cafezais ou em uma parte do imóvel destinada para tal.

f) volante ou peão – "é uma situação provisória que, por vezes, perdura. Desloca-se de uma para outra fazenda, de um para outro sítio, capinando café por empreitada, ganhando por dia de trabalho ou por saco de café colhido".[23]

Tal classificação não é exaustiva e, na prática, havia várias formas de combinação e contratos, ou melhor, "acertos", que poderiam variar bastante. Os contratos na grande maioria não eram escritos. Sendo as situações de não-controle da terra pensada como transitórias. Ou seja, situações de subordinação eram pensadas como transitórias ou pelo menos desejadas como transitórias pela maioria dos migrantes.

Há, portanto, um conjunto de valores e conflitos comuns a *colonos* e *caboclos*. O que permite interpretar a dicotomia *colonos* X *caboclos*, para colocar a questão tal como faz Bauman, em uma diferenciação, no qual um poder diferenciador estabelece a dicotomia, sendo o segundo membro o Outro do primeiro, não havendo, portanto, simetria entre os membros, uma vez que o poder diferenciador seria parte do primeiro termo.[24] Os pares dicotômicos "moderno" *versus* "arcaico/atra-

-proprietário; e a acepção de *colono* como um pequeno proprietário familiar, que pode ser tomado, em dada configurações, como sinônimo de "pioneiro".

23 *Ibidem*, p. 53.

24 BAUMAN, 1999, *op. cit.*, p. 22.

sado"; *sertão versus* "cidade/civilização-modernidade"; *colonização racional versus* colonização espontânea podem ser interpretados dentro desta mesma dinâmica. Dessa forma, deve ser entendido a representação do *colono/pioneiro* em relação a de *caboclo*: "errando" pelo *sertão* alheio "as noções de propriedade privada, mercado de terra, venda regular da força de trabalho, que passavam a vigorar",[25] produzindo unicamente para subsistência.

Não se deve naturalizar ou derivar de uma tradição cultural algo que foi socialmente construído, ou melhor, sócio-ambientalmente construído. Deve-se tomar a sério a afirmação de Martins de que "o camponês brasileiro é um desenraizado, é migrante, é itinerante. A história dos camponeses – posseiros é uma história de perambulação,"[26] e pensar tal como Motta que, a posse é uma estratégia secular de "luta dos camponeses no Brasil contra a grande propriedade".[27] É fundamental para tal, não partir de dicotomias, em grande parte produzidas pela memória dos vencedores e dos projetos modernizadores, mas pensar o que aproximava estes homens e mulheres que viviam em sua busca por não perder sua autonomia.

No episódio da Guerrilha de Porecatu, já citada, há um bom exemplo, do que quero chamar a atenção. Em 1951 foram publicados, na imprensa nacional, os "mandamentos dos colonos", um conjunto de 12 reivindicações feitas em nome dos posseiros de Porecatu, as quais iam da "1º – entrega imediata das posses e respectivos títulos a seus primeiros ocupantes;" passando por "8º – Cr$ 3.000,00 por trato de mil pés de café, direito à planta e Cr$ 40,00 por saca de 1000 litros de café colhido;" até "Cr$ 50,00 livres por dia de oito horas para colonos volantes".[28]

Não se sabe até que ponto estas reivindicações eram fruto de posições do Partido Comunista ou dos próprios lavradores, mas a lista era formada por amplas reivindicações de direitos sociais no campo. Todavia, tal proximidade entre a questão da força de trabalho e o acesso a terra poderia levar a aproximações várias. Como a constante em um contrato denominado "Termo provisório de acordo", firmado em 1961, entre Primo Francisco Muzzaco e Frauzino Dias Paião, pelo qual o segundo receberia, a título de indenização e pagamento, 36,3 hectares, por "todo e qualquer direito que possa reclamar tais como *de posse direitos trabalhistas* e outros qualquer[sic] (grifo meu)".[29] Como o processo em que tal contrato se encontrava terminou por desistência dos autores, não foi possível saber como tais aproximações entre a desistência de direitos de posse e trabalhistas foram reunidos em uma mesma epígrafe. Apenas foi possível saber que

---

25 LOPES, 1982, *op. cit.*, p. 175.

26 MARTINS, 1995, *op. cit.*

27 MOTTA, 2001, *op. cit.*, p. 9-10.

28 *O Estado de São Paulo*, 24 jun. 1951, p. 9 *apud* LOPES, 1982, *op. cit.*, p. 149-150.

29 Processo nº 1009 de 1962. Ação de Interdito Proibitório. Requerente: João da Costa Faro Wircker e sua esposa e outros. Requerido: Flauzino Dias Paião e outros. Arquivo da Biblioteca da Universidade Estadual do Paraná – Unespar – Campus de Campo Mourão.

os autores do processo, sendo aeronautas e residentes em Curitiba pretendiam lotear uma área de 355,4 hectares, e entraram com a *ação de interdito proibitório*, em 1962, contra Frauzino Dias Paião e outros, por estarem ameaçando invadir parte do imóvel. Mas alegaram nos autos do processo, que pretendiam cumprir o contrato citado. Sendo que um dos elementos do "contrato" era que: "Por este acordo o sr. Frauzino Dias Paião se compromete a tirar os demais posseiros por sua conta [...] indenizando si [sic] necessário for e se comprometendo [...] evitando mais invasão nesse lote até [...] 1962".[30]

A formação de um mercado de trabalho no Brasil passa não apenas pela expropriação dos meios de produção por parte dos trabalhadores, mas pela formação de uma série de relações, na qual persistem as formas de coerção extra-econômica. E é neste contexto de violência que um campesinato específico se constitui no Sul do Brasil. Cabe aqui um relato de memória familiar. O meu avô paterno, João Carvalho, trabalhava transportando gado entre Minas Gerais e São Paulo. No início da década de 1950 havia conseguido reunir uma economia suficiente para comprar terra, então resolveu vir para o Paraná, pois lá se poderia "juntar dinheiro com rastelo", ou seja, ganhar dinheiro produzindo café. Mas, talvez, porque possuía filhos muito pequenos resolveu não arriscar comprando terra e ficando sem dinheiro para formar o sítio, resolveu, então, assumir um "trato" como formador de café, pelo contrato de 6 anos com "mata em pé e água no córrego". Fez a picada para chegar ao lote, investiu na derrubada inicial e depois foi "abrindo" mais por conta própria. Mas o café foi praticamente destruído pela geada de 1955. Então ele começou a replantar o café que havia morrido, todavia o dono do lote afirmou que não queria mais o trato e falou para ele sair do imóvel. Ele não saiu. Então sua casa começou a ser vigiada por um jagunço. A minha avó paterna, Emilia, ficou com medo e pediu para meu avô ir embora, mas João Carvalho permaneceu no lote. Então um homem a cavalo e armado foi procurá-lo no momento em que ele estava na roça, desconfiado, ele se escondeu atrás de um toco, de forma que o homem a cavalo tivesse que desmontar e enfrentá-lo com a enxada em riste. Mas o homem foi embora, e meu avô saiu do lote, sem receber nada do dono do lote pelo que gastou em "formar" o sítio. Mudou para a pequena cidade de Engenheiro Beltrão e foi trabalhar na abertura de estradas para a empresa colonizadora da região. Mais tarde foi trabalhar de meeiro, no mesmo Município, na produção de hortelã. Em 1967, apesar da minha avó ter falecido, meu avô contava com 5 braços para o trabalho, então comprou terras em Cascavel, conseguindo, finalmente, se estabelecer na terra como um "pai" de família.[31] Apesar deste tipo de violência não ser o objeto desta pesquisa, entender tais conflitos possibilitam entender melhor a dinâmica de se fazer uma posse.

30 *Ibidem*.

31 Sobre as relações de trabalho na cafeicultura ver: STOLCKE, Verena. *Cafeicultura: Homens, mulheres e capital (1850-1980)*. São Paulo: Brasiliense, 1986.

Partindo de tais conflitos é possível entender alguns elementos inusitados, presentes ainda hoje na região. Os tios paternos deste pesquisador são agricultores familiares, *tecnificados*, produtores de soja, apesar de terem terra própria, arrendaram áreas para cultivar. Na década de noventa eles arrendaram terras em uma fazenda chamada Ouro Branco, no Município de Peabiru, apesar desta condição de arrendatários, tendo cada um o seu próprio contrato, eles chamavam o dono da fazenda de "patrão". Não é costume designar o arrendante como "patrão", todavia, isto não soou estranho quaisquer das vezes que eles falaram, e eles sempre foram entendidos. O arrendamento era uma relação que reduzia sua autonomia, os colocava na posição daqueles que tem "patrão". E não ter patrão era o que estava em jogo para muitos daqueles que faziam posse.

Por ocasião da articulação para constituir o Município de Campo Mourão, criado em 1947, foi feito um documento, pelo qual 717 homens do Distrito de Campo Mourão, delegavam poderes para uma comissão para "pleitear" junto ao Governo do Estado a criação do referido Município. Os únicos dados da lista eram os nomes e a profissão. Sendo que a quase totalidade da população masculina é apresentada como de lavradores, com 654 pessoas. A única outra categoria agrícola que aparece é a de agricultor, não havendo fazendeiros ou outra denominação de terratenentes. Praticamente toda a população poderia ser identificada, independente de seus bens, sobre uma mesma classificação profissional.[32] É evidente, como já argumentei, que havia grandes lavradores e pequenos lavradores; lavradores que eram proprietários e lavradores que eram parceiros/formadores de café/ etc. Portanto utilizo tal categoria nativa, lavrador, não para indicar uma suposta homogeneidade entre os lavradores, mas para ajudar a perceber os elementos em comum entre os *caboclos* "destruidores" e os *colonos* "produtivos" e, assim, relativizar uma dicotomia que está demasiadamente próxima da lógica dos modernizadores que procuravam efetuar uma racionalização da paisagem.

Ao procurar superar esta dicotomia não se está negando que haja diferença de saberes, de valores, de modos de vida, entre os lavradores. Por exemplo, enquanto os descendentes de europeus de primeira e segunda geração tendiam a mudar para o *sertão* e se estabelecer por uma geração, ou pelo menos por vários anos, os trabalhadores nacionais, em geral, dominavam melhor os saberes necessários para viver nas áreas florestadas e, muitas vezes, dominavam menos os saberes necessários para se inserirem mais fortemente no mercado. Apenas para apontar uma das diferenças fundamentais, no que tange a prática de fazer posse.

A dicotomia *caboclo versus colono,* também, está pautada em uma imagem idealizada a respeito dos pequenos agricultores do Sul do país. Alcir Lenharo aponta um texto de Caio Prado Júnior, de 1944, que é exemplar de tal idealização. No qual Prado parte do caso paulista para afirmar:

32 Sendo que para 44 pessoas não havia identificação ou esta estava ilegível, havendo ainda 6 comerciantes, 2 operários, 1 toreiro e 1 agrimensor. Tal documento encontra-se em apêndice. In: DEPARTAMENTO de Terras e Colonização. 5ª Inspetoria de Terras. [s.d], *op. cit.*

> [...] o fazendeiro [...] 'Investe seus capitais numa fazenda com o mesmo espírito com que o faria na indústria ou no comércio'. Portanto, não se apega à [sic] terra; o trabalhador assalariado, colono ou camarada tem menos motivos ainda para se fixar à [sic] terra. 'Nada prende o trabalhador a uma fazenda senão o salário que recebe'. [...] tudo para ele tem caráter provisório e nada realiza que não atenda ao imediato. Como seu patrão, não restaura a terra. Também não cuida das habitações, nem se dedica à criação de animais e à produção de frutas e hortaliças; o pequeno proprietário, ao contrário, constitui o elemento demograficamente estável. Geralmente, começa como assalariado; forma um pecúlio e compra um pedaço de terra. 'A propriedade não é, para ele, como para o fazendeiro, um negócio: é a sua habitação, o seu lar, a sua fonte de subsistência'. Tende a ser menos atraído pelas novas frentes de colonização, como nos casos dos agricultores paulistas e gaúchos' [...] 'procuremos fixar aí uma população densa e estável capaz de aproveitar todos os recursos da terra e viver uma vida digna da espécie humana. Precisamos encerrar definitivamente a nossa secular e tão onerosa caça ao 'húmus''.[33]

Lenharo aponta os pontos de proximidade e afastamento de tal pensador de esquerda, em relação a proposta de "Marcha para Oeste" do Estado Novo. O que acredito fundamental ressaltar aqui é a condenação do autor pautado em um diagnóstico dependentista, segundo o qual a inserção do país no mercado internacional como país agroexportador levou a uma formação social que incentivava um aproveitamento fugaz dos recursos naturais, em ciclos de produção, seguido do abandono da terra degradada e na busca de novas terras. Tal agricultura deveria ser substituída por uma agricultura "moderna", havendo, portanto, como afirma Lenharo, um forte apelo técnico na proposta caiopradiana. Lenharo destaca, ainda, "a excessiva idealização do pequeno proprietário, ou a difícil estabilidade, que o autor persegue e que a experiência gaúcha da pequena propriedade já estava mostrando precária".[34]

Giralda Seyferth analisou os "problemas fundiários decorrentes do modelo de colonização que prevaleceu a partir de 1850 – quando aumentaram os fluxos imigratórios para o Sul do Brasil – e suas consequências".[35] A autora procura desfazer o mito da chamada "colonização europeia" no Sul do país como organizada e pacífica, indicando que era frequente a insegurança da propriedade da terra e a titulação dos lotes, muitas vezes, demorava uma ou mais gerações, ao mesmo tempo que era questionada, por exemplo, por antigos sesmeiros que afirmavam

33 PRADO Jr, Caio. "Problemas de povoamento e a pequena propriedade". *Boletim do Ministério do Trabalho, Indústria e Comércio*, vol. 10, nº 115, mar. 1944, p. 209-228 *apud* LENHARO, Alcir. *Colonização e Trabalho no Brasil: Amazônia, Nordeste e Centro-Oeste*. 2ª ed. Campinas: Editora da Unicamp, 1986, p. 36-39.

34 LENHARO, 1986, *op. cit.*, p. 40.

35 SEYFERTH, Giralda. "Imigração, colonização e estrutura agrária". In: WOORTMANN, Ellen F. (org.). *Significados da terra*. Brasília: Editora Universidade de Brasília, 2004, p. 69-150.

ter direito de partes da área das colônias. Ademais, muitos *colonos* abandonaram os lotes – afinal foi relativamente pequena a fixação dos imigrantes nos lotes, havendo um significativo índice de re-imigração, retorno e migração – que muitas vezes eram ocupados "ilegalmente" por outro *colono*. Gerando assim, uma estrutura fundiária "marcada pela pequena propriedade familiar", mas bastante "confusa", quando não caótica.[36]

Afirma ainda a citada autora, que desde o início, este modelo de "colonização europeia" no Sul do país, foi secundário no cenário nacional. Sendo desenvolvida em terras que não eram as mais produtivas, que por sua condição ou distância do mercado eram rejeitadas pelos latifundiários. Em terras de florestas, que muitas vezes, não interessavam a uma elite de pecuaristas ligada a terras de campos. Ademais, o tamanho das áreas dos lotes coloniais foi reduzindo até chegar a, em média 25 hectares. Apesar dos imigrantes terem sido pensados como uma forma de modernizar a agricultura e trazer técnicas modernas, as práticas agrícolas desenvolvidas pelos "agricultores europeus" foram, em grande parte, apreendidas dos trabalhadores nacionais, ou seja, em muitos casos continuaram a utilizar a coivara, em lotes pequenos o que levou a uma degradação do solo. O tamanho pequeno dos lotes coloniais, a degradação ambiental e o grande crescimento demográfico destas populações, na América, são elementos estruturais de um processo de migração e colonização desta população pelo Brasil.

Sendo que tal modelo de colonização não produziu agricultores capitalistas, como alguns esperavam no século XIX, e sim, um "campesinato específico", que não corresponde ao modelo de campesinato da Europa. Constituindo em um modelo de colonização que "descartou a população indígena", e ajudou a "expropriar" a população nacional, classificada como cabocla, "sem muitas chances de adquirir terras no regime de colonização".[37] Ou, ainda, como argumenta Seyferth:

> [...] a redução do lote colonial, até chegar à média de 25 hectares, produziu camponeses e não os pequenos fazendeiros capitalistas imaginados pelos setores imigrantistas. O problema não estava, propriamente, na fixação da área do lote, mas nas restrições ao acesso, que praticamente inviabilizaram concessões a filhos de imigrantes na mesma área, assim como na má qualidade das terras e no rápido esgotamento do solo por causa dos sistemas agrícolas vigentes no início da exploração. Essa forma de agricultura camponesa foi definida por alguns autores como parte de um processo de 'caboclização' – designado como 'primitivo' ou 'pré-capitalista' supondo o 'retrocesso econômico' do imigrante europeu – atribuído, em parte, ao tamanho do lote e à migração constante para novas fronteiras agrícolas [...]
>
> A migração [...] é um desdobramento lógico do modelo de colonização porque está diretamente relacionada à questão da terra. Ela tem relação causal com a necessidade de encontrar novas terras para as gerações vindouras,

36 *Ibidem.*

37 *Ibidem*, p. 139, *passim.*

> [...] afinal, o lote de 25 hectares subdividido inviabiliza a produção social, daí o deslocamento para novas fronteiras agrícolas – dentro e fora do país. Essa mobilidade espacial tem outras causas igualmente relevantes, que também ocasionaram invasões irregulares de lotes entre colonos e abandonos à revelia das autoridades: a má qualidade das terras e distância em relação à sede colonial foram causas determinantes da migração, mas também a separação da família aparentada ou emigrada de uma mesma região, que reflete a impossibilidade de escolha da terra, sobretudo nas colônias oficiais. Tal situação, comum nas áreas mais antigas de ocupação, persistiu nas novas fronteiras agrícolas, aonde a exploração da madeira e a especulação fundiária resultante da construção de ferrovias – realizada por particulares e companhias de colonização – atingiram uma outra população camponesa, os caboclos nacionais, em nome da civilização.[38]

Partindo deste quadro, Seyferth critica a interpretação de que a migração frequente, dos descendentes de europeus das grandes migrações do XIX e XX, foi gerada pela perda "pelos imigrantes, de uma virtude camponesa essencial – o apego a terra". Pois se trata de um essencialismo de uma "perda cultural", "no qual, as condições reais de colonização em áreas coloniais não são levadas em conta", o que "aparece em Willems [...], por exemplo, para quem o desapego pela terra e a troca de lote decorrem da abundância de terras virgens nas frentes pioneiras."[39]

Seyferth situa tal processo de migração dentro das "estratégias familiares camponesas de reprodução social." A iniciar pelo processo pelo qual as "colônias mães" (colônias antigas) produziram verdadeiras "colônias filhas", pois:

> [...] predominou o que os geógrafos definiram como povoamento rural disperso – processo este que Roche [...] denominou 'enxamagem', referindo-se à expansão constante das colônias e à migração interna intensificada a partir da segunda geração, forçada a repetir o ciclo pioneiro dos pais. A figura de retórica usada por Roche é perfeita, pois, na apicultura, evoca a emigração de parte de uma colmeia, em companhia de uma rainha, para fundar nova colmeia. Na verdade, a migração para outras áreas abertas à colonização, quase sempre em grupo de famílias, estava relacionada à re-

38 *Ibidem*, p. 143-4. Ressalva-se que a degradação gerada por tal modelo de coivara aplicada em pequenos lotes deve ser relativizada. Afinal há agricultores, descendentes destes imigrantes, que atualmente, em áreas montanhosas, utilizam tal técnica, conseguindo manter-se viável como agricultor ainda hoje. Sendo que muito os criticaram por manter tais técnicas "atrasadas", em nome da adoção de um padrão agrícola com a utilização de máquinas automotoras agrícolas e alto uso de insumo químicos, vistas como menos degradantes que tais modelos agrícolas "tradicionais". DALMORA, Eliane. *O Papel da Agricultura Familiar no Processo de Conservação da Mata Atlântica em Santa Catarina: Modos de apropriação e transformações no sistema de gestão ambiental na década de 1990.* Tese (Interdisciplinar em Ciências Humanas) – Centro de Filosofia e Ciências Humanas. Universidade Federal de Santa Catarina, Florianópolis, 2004.

39 SEYFERTH, 2004, *op. cit.*, p. 144. A autora cita: WILLIMS, Emilio. *A aculturação dos alemães no Brasil.* 2ª. ed. São Paulo: Cia Ed. Nacional, 1980.

produção social, pois era inviável a permanência de todos os filhos casados no lote recebido pelo pai".[40]

Tal forma de migração estruturada permaneceu vigente até aproximadamente meados do século XX. Nos grupos que, como no caso dos teuto-brasileiros do Rio Grande do Sul, um dos filhos ficava com a "casa-tronco", com a responsabilidade de cuidar dos pais e de continuar a tradição da família, "plantada" na América, os demais filhos, ou recebiam formação para exercerem atividades urbanas ou eram financiados para irem ocupar novas terras da fronteira agrícola, ou ainda, eram excluídos da herança de terras, no caso de mulheres que poderiam receber o dote. E mesmo nos grupos em que a herança indivisa não era praticada ou quando ela era inviável, havia o esforço familiar de preservar a condição de pequeno proprietário familiar.[41]

Trabalhando com os teutos do Rio Grande do Sul, Ellen Woortmann afirma que entre estes imigrantes havia um tema milenarista da América como espaço de redenção, um paraíso uma *gutes Land*. Sendo que a América "surge num discurso de inspiração bíblica como o lócus de realização de um espaço destinado por Deus para a reconstrução de uma campesinidade e de uma liberdade ameaçadas".[42]

> No contexto da 'Grande Transformação' de que fala Polanyi [...] quando a terra e o trabalho vão se transformando em 'mercadorias fictícias' e por força do 'grande moinho' à perspectiva religiosa se acrescenta outra, de caráter laico, derivada, ainda que vagamente, do ideário da Revolução Francesa. *Essa nova perspectiva não elimina a anterior, mas com ela se articula*. A terra passa a ser vista como espaço de realização de oportunidades construídas pelo homem, e a América é o lugar onde se pode realizar a ascensão social e econômica, em contraposição ao imobilismo e à impermeabilidade da Alemanha (grifo meu).[43]

Para tal autora, o fato dos "camponeses" estarem ligados ao mercado, não elimina a sua "campesinidade", aliás a trajetória de tais atores só pode ser plenamente compreendida dentro deste "projeto camponês". Ou seja, dentro das estratégias camponesas de reprodução social. O que não é válido apenas para os descendentes de imigrantes do Sul.

Segundo Zuleika Alvim, os imigrantes italianos, espanhóis, portugueses, dentre outros que imigraram principalmente para o atual Sudeste, imigraram vindos da Europa: "lutaram o quanto puderam para fugir à proletarização, lutaram para

40 SEYFERTH, 2004, *op. cit.*, p. 121. A autora cita: ROCHE, Jean. *A colonização alemã e o Rio Grande do Sul*. Proto Alegre: Globo, 1969. 2 vol.

41 WOORTMANN, Ellen F. "*Ein gutes land*: uma categoria do imaginário teuto-brasileiro". In: ______ (org.). *Significados da terra*. Brasília: Editora Universidade de Brasília, 2004. p. 23-68.

42 WOORTMANN, 2004, *op. cit.*, p. 24.

43 *Ibidem*, p. 24-25.

manter seus valores, como o apego a terra e à forma de viver. E é por esses valores que suas vidas nos outros países serão pautadas".[44] Vieram para América fugindo da miséria e da fome que lhes empurrava para a proletarização para trabalhar nas lavouras cafeeiras, mas tal condição era pensada como provisória, queriam fazer fortuna e voltar para Europa ou ter acesso a terra no Brasil.

Em São Paulo, as decadências de velhas fazendas de café que eram loteadas, mas principalmente, a ampliação da fronteira agrícola, já na Primeira República, abriram a possibilidade de muitos destes imigrantes e seus descendentes se tornarem proprietários. Dessa forma, "com a aquisição da pequena propriedade, o sonho de reconstrução do Velho Mundo se concretizava. Isso, muitas vezes, consumiu dez ou vinte anos de labuta para imigrantes". Assim, "finalmente prevalecia à autonomia camponesa própria do imigrante, em que família e terra se confundiam, em que o público e o privado podiam viver em harmonia segundo os hábitos do mundo rural pobre".[45] Para Alvim, "esses homens e mulheres alguns valores do mundo rural permaneciam inabaláveis. O amor à terra era sem dúvida o maior deles, era o fulcro de suas existências, e toda a ordenação destas estava voltada para a manutenção de seu pedaço de terra".[46]

Todavia, ter "amor à terra" não implicava em permanecer sempre na mesma terra. Na América era sempre possível, enriquecer, ou melhor, migrar para tentar *enricar*. Ao mesmo tempo em que era necessário migrar, em virtude das condições estruturais, para poder se manter como "camponeses". Tendo a degradação ambiental, um fator importante, neste processo de deslocamento, que acompanhou a "onda verde" do café.

E cabe uma pequena digressão sobre este ponto. A lavoura cafeeira é exemplar da degradação ambiental gerado pela aplicação da coivara em larga escala. O café, desde que iniciou a produção em escala para exportação no Brasil, teve um cultivo itinerante, pois, para o seu plantio, procedia-se da seguinte forma: desmatava-se uma área e fazia-se a queimada, o solo ficava então coberto por uma camada fértil – humos e cinzas. Todavia, as técnicas de cultivo levavam a um rápido empobrecimento do solo, reduzindo a produção. O baixo preço da terra e a sua abundância faziam com que derrubassem uma nova floresta e deslocassem a produção de café para outra região. Assim, a cultura do café teve sempre três regiões, uma onde estava penetrando, derrubando-se a mata; uma onde estava exuberante; e outra, onde os cafezais estavam decadentes. Monteiro Lobato denominou este fenômeno de "onda verde" do café. Onda, aliás, que deixava um rastro de degradação ambiental, por onde ela passava, deixava um ecossistema empobrecido, assim como algumas fortunas. Deste modo, a lavoura cafeeira, primeiro ocupou o litoral do Rio de Janeiro, no início do século XIX,

44 ALVIM, 1998, *op. cit.* p. 230.

45 *Ibidem*, p. 283.

46 *Ibidem*, p. 229.

subiu a serra do Vale do Rio Paraíba, desceu através do Estado de São Paulo e, no início do século XX, chegou às fronteiras paranaenses.[47]

Tal processo, a expansão da frente agrícola cafeeira paulista, inviabilizou, em grande parte, as bases econômico-sociais do modo de vida caipira. Estes nacionais que praticavam uma agricultura de coivara no interior da então província de São Paulo, nos séculos XVIII e XIX, sendo uma agricultura que tinha a capacidade de se reproduzir ecologicamente por longo prazo. Foi à expansão da lavoura cafeeira e o crescimento demográfico que acabaram com a abundância de terras, colocando cercas nas propriedades, aumentando o nível de exploração da terra e, consequentemente, o nível de degradação inviabilizou tal forma de cultivo e contribuiu para a expropriação dos "caipiras".[48] Obrigando muitos destes "trabalhadores nacionais" a se ocuparem nas fazendas cafeeiras, em atividades que lhes eram próprias, durante o XIX, como a derrubada de florestas para o cultivo do café. Essa "onda verde" atingindo o Norte da região de Campo Mourão na década de 1940, na área de Floresta Estacional Semidecidual, e só não desceu mais, devido ao limite climático gerado pela baixa resistência dos cafezais ao frio.

A pequena propriedade familiar, aparentemente, no Norte do Paraná, não iria modificar a dinâmica desta "onde verde" de degradação ambiental. Por exemplo, na mesorregião de Campo Mourão, em 1970, conforme o Censo Agropecuário, 31,4% dos estabelecimentos agrícolas possuíam até 5 hectares, com uma área média de 3,65 hectares, eram, portanto, minifúndios dos quais uma família teria dificuldade de tirar sequer sua subsistência, dentro do padrão agrícola predominante. Sendo a maioria dos estabelecimentos de não proprietários, os quais sabiam estar em uma situação instável, o que contribui para sobre-explorar a base de recursos naturais. Ao mesmo tempo em que permitiriam a alguns destes migrantes e seus descentes ascenderem a condição de fazendeiros. Esta nova perspectiva de *enricar* não elimina a anterior de se manter como "camponês", mas com ela se articula. Sem eliminar os "valores do mundo rural", mas reelaborando-os na produção de uma campesinidade, pensada como uma "ordem moral", como faz Klaas Woortmann.

Ao afirmar na existência de uma "campesinidade", Woortmann acompanha

> Anton Vassilievich Chayanov, que teorizou as condições de existência do campesinato, mostrando que o trabalho familiar, como era desenvolvido pelos camponeses, estabelecera estratégias de sobrevivência frente a regimes econômicos adversos, muitas vezes através de sua própria auto-exploração (aumento das horas de trabalho, colocação dos filhos no processo de trabalho em idades muito precoces, etc), conseguindo desta forma, manter-se como um dos personagens políticos básicos da modernidade.[49]

47 Neste período tão longo, houve mudanças nas técnicas de cultivo da lavoura cafeeira, porém, não impediram a continuidade do seu ciclo de devastação, somente no processo de erradicação e racionalização da cafeicultura na década de 1960 tem-se resultados mais efetivos neste sentido. Ver: DEAN, 1996, *op. cit.*, *passim.*

48 MELO E SOUZA, 1971, *op. cit.*

49 LINHARES; SILVA, 1999, *op. cit.*, p. 35.

Sendo que para tal grupo:

> [...] a proletarização seria um horizonte extremo, poucas vezes colocado de forma única para a empresa camponesa. Muitos dos filhos das unidades camponesas, isto sim, proletarizar-se-iam, fornecendo ora trabalhadores para a agroindústria, ora material humano para o êxodo rural. A unidade familiar, contudo, manter-se-ia utilizando-se mesmo de tal diferenciação demográfica como estratégia de continuidade. Para Chayanov o conceito de penalização do trabalho, ou *tyagostnot,* aparece como elemento central do universo mental do produtor, capaz de considerar a manutenção da unidade familiar, enquanto empresa produtora, mais importante do que o destino individual, ou o sofrimento do trabalho, de cada um dos seus membros. [50]

Todavia, Woortmann se afasta da perspectiva "economicizada" de Chayanov não abordando a campesinidade apenas como unidade de produção, mas no contexto de "um contrato social fundado na reciprocidade enquanto valor".[51]

Ademais, se refere a "campesinidade" como uma "ordem moral", da qual nem todos os pequenos produtores rurais compartilhariam. Consequentemente, falar em campesinidade não implica tentar usar uma classificação sociológica de camponês, mas pensar em uma ética presente em maior ou menor grau em distintas configurações específicas. Dessa forma, é "possível imaginar um contínuo, que tanto pode ser pensado no tempo como no espaço, ao longo do qual se movem os pequenos produtores, desde um pólo de máxima até outro de mínima campesinidade." [52] E ressalta Klaas Woortmann:

> Esta tentativa se afasta, portanto, da tendência economicista que vê o campesinato como um modo de produção com sua lógica própria ou como o resultado de determinações impostas pela lógica do capital, mesmo porque, como ressalta Taussig [...], se o mercado domina o campesinato, ele não o organiza.[53]

Destaco aqui apenas um dos elementos desta "ordem moral", a qual Klaas Woortmann busca modelizar, o significado da terra. Por ser uma categoria central nesta pesquisa e uma categoria nucleante na campesinidade. Afirma Klaas Woortmann:

> Percebo a cultura [...] como um sistema onde diferentes núcleos de representações estão em comunicação uns com os outros, como que formando uma rede de significados. Essas categorias nucleantes agregam conjuntos de significações, os quais, em sua comunicação dentro do universo de re-

50 *Ibidem*, p. 36.

51 WOORTMANN, K. 1987, *op. cit.*, p. 12.

52 *Ibidem*, p. 13.

53 *Ibidem*, p. 12. Citando: TAUSSIG, M. *The Devil and Commodity Fetishism in South America.* Chepel Hill: The University of North Carolina Press, 1983.

> presentações, se articulam e compõem uma totalidade. Essas categorias são também nucleantes no plano do discurso, isto é, elas organizam o discurso e a cultura pode ser vista como um conjunto de discursos. Assim, naturalmente, cada cultura terá categorias nucleantes específicas, mas, ao que parece, existem certas categorias comuns às sociedades camponesas em geral, como *terra*, *família* e *trabalho*. O importante, contudo, não é que sejam comuns - pois elas estão presentes, também, em culturas urbanas - mas que sejam nucleantes e, sobretudo, relacionadas, isto é, uma não existe sem a outra. Nas culturas camponesas, não se pensa a terra sem pensar a família e o trabalho, assim como não se pensa o trabalho sem pensar a terra e a família. Por outro lado, essas categorias se vinculam estreitamente a valores e a princípios organizatórios centrais, como a honra e a hierarquia. Pode-se opor esse tipo de sociedade às sociedades modernas, individualizadas e voltadas para o mercado; em outras palavras, pode-se opor uma ordem moral a uma ordem econômica.[54]

Dessa forma, por exemplo, a "condição de *liberto* é realizada plenamente pelo *sitiante* ou pelo *agricultor*, na medida em que este, enquanto *pai*, tem o controle sobre a terra, o trabalho e o tempo".[55] Ter acesso a terra significava atingir a "autonomia", cumprir plenamente a função de "pai", ser um "liberto" e não simplesmente uma forma de ampliar seus ganhos econômicos.

> Nessa perspectiva, não se vê a terra como objeto de trabalho, mas como expressão de uma moralidade; não em sua exterioridade como fator de produção, mas como algo pensado e representado no contexto de valorações éticas. Vê-se a terra, não como natureza sobre a qual se projeta o trabalho de um grupo doméstico, mas como patrimônio familiar, sobre a qual se faz o trabalho que constrói a família enquanto valor. Como patrimônio, ou, como dádiva de Deus, a terra não é simplesmente coisa ou mercadoria.[56]

Nos casos de máxima campesinidade, a terra está fora do mercado "encapsulada nas relações sociais", pois a terra como uma dádiva de Deus é parte do "patrimônio" da família. Assim, no caso nordestino estudado por Woortmann, "é no *Sítio*, onde a terra não é livre, pois é aí pensada como um patrimônio que deve passar de geração a geração dentro de um território de parentesco, que se é *liberto*. O mesmo se pode dizer com relação à Casa-Tronco teuto-brasileira, análoga à Maison camponesa na França, onde a terra é presa a uma ordem moral e não livre no mercado."[57] Todavia, o fato de haver venda da terra, não altera o fato de ser uma categoria nucleante, com maior ou menor campesinidade.[58]

54 WOORTMANN, 1987, *op. cit.*, p. 23.

55 *Ibidem*, p. 44.

56 *Ibidem*, p. 12.

57 *Ibidem*, p. 44.

58 LEVI, 2000, *op. cit.*, p. 45.

Dentro desta perspectiva, não se é dono simplesmente por ter comprado. "É-se dono, não por se ter comprado a terra, mas por tê-la trabalhado".[59] Martins aponta uma versão mais histórica e menos estrutural para tal concepção:

> Uma característica importante da frente de expansão em todo o país, para datá-la historicamente, é que quando se deslocavam juntos ricos e pobres deslocavam-se com base nos direitos assegurados pelo regime sesmarial. Embora o regime de sesmarias tenha cessado às vésperas da Independência e só tenha sido substituído por um novo regime fundiário com a Lei de Terras de 1850, ele continuou norteando as concepções de direito à terra de ricos e pobres e, em muitos casos, norteia até agora. A concepção de que é preciso ocupar a terra com trabalho (na derrubada da mata e no seu cultivo) antes de obter reconhecimento de direito, era próprio do regime sesmarial. Do mesmo modo, a concepção de que o trabalho gera direito de propriedade sobre os frutos do trabalho também era próprio desse regime fundiário. Nele, o domínio estava separado da posse. O domínio era da Coroa. Quando, por acaso, o sesmeiro deixasse de cultivar a terra ou de obter dela frutos para pagar tributos, a terra se tornava devoluta (ou realenga, como então se dizia, isto é pertencente ao rei). Podia por isso ser novamente distribuída pelo representante da Coroa, bastando que alguém a ocupasse e, depois, a requeresse, como ocorreu frequentemente. Do mesmo modo, a casa de um agregado construída em terras de sesmaria ou data de outrem, bem como suas roças e cultivos, não sendo ele escravo, lhe pertenciam legalmente, sendo a relação com o sesmeiro apenas relação de enfiteuse. Portanto, o trabalho de fato gerava direito sobre bens produzidos e sobre a terra beneficiada ou, melhor, sobre o benefício incorporado a terra, como era o caso do desmatamento.[60]

Martins, ao argumentar sobre estas persistências do "imaginário monárquico", na frente de expansão, afirma que isto não se deve apenas a "arcaísmos religiosos", "mas também a uma concepção de direito muito próxima dos pobres: a dos direitos (de uso) gerados pelo trabalho em oposição aos direitos (de propriedade) gerados pelo dinheiro".[61] De qualquer forma, e independente da gênese, este é um fator importante para entender a persistência dos lavradores da região de Campo Mourão em permanecer na terra. Eles tinham uma concepção que teriam direito a terra, ou pelo menos teriam direito ao trabalho que produziram na terra, ou seja, as benfeitorias geradas no imóvel.

Klaas Woortmann aponta o quanto o deslocamento destes grupos esteve orientado por uma "ordem moral" camponesa, inclusive no Paraná, em que "encontramos invasores, descendentes de *colonos* europeus (alemãs, italianos, polonês) que buscam restaurar uma tradição centrada no valor-família e no parentesco." Tais terras seriam invadidas como "*terras de casamento*". Ou seja, a

59 WOORTMANN, 1987, *op. cit.*, p. 28.

60 MARTINS, 1996, *op. cit.*, p. 43-4.

61 *Ibidem*, 1996, *op. cit.*, p. 44.

"invasão visa constituir unidades sociais coerentes com os valores do colono, como resposta a uma situação que impossibilita a transmissão do patrimônio. Visto de outro ângulo, esse movimento social objetiva criar as condições de constituição do *pai* e da *família*".[62] Tais "invasões" são uma prática aparentemente "subversiva", na medida em que se opõe ao princípio da propriedade mercantil, era organizada pelos valores camponeses. "Subverte-se, no caso, a ordem econômica para reinstalar a ordem moral".[63]

Assim como a Lei de Terras de 1850 não transformou automaticamente a terra em uma mercadoria, a criação da propriedade não instala automaticamente ou necessariamente uma "racionalidade mercantil". Diferente do que afirma Duglas Teixeira Monteiro para o "Norte do Paraná":

> Mannheim, ao se referir às fases iniciais da expansão capitalista e à motivação dos agentes, afirma que 'o conceito de propriedade privada opera na mente do indivíduo como uma força dinâmica, incitando-o continuamente a arriscar seu capital, a economizar os ganhos para nova acumulação e novas inversões, a deixar o ócio e o prazer em troca do poder e dos lucros' Esta descrição vale para a *mentalidade do pioneiro, plantador de café* ou dirigente da colonização no Norte do Paraná (grifo meu).[64]

Como afirma Thompson, "os valores resistem a ser perdidos bem como a ser ganhos". É sempre enganoso pensar uma "mentalidade", uma forma de pensar homogênea e, ainda mais, que se estabeleceria como consequência de uma mudança técnica ou por uma "nova" condição social objetiva, a de proprietário.[65] Thompson, ainda, mostrou como em pleno século XVIII, na Inglaterra, uma "economia moral", ainda, regia a ação coletiva dos trabalhadores, ao fazerem protestos contra os preços que seguiam as regras de mercado, por exemplo, invadiam armazéns e levavam a força os produtos que necessitavam, mas deixavam o pagamento no valor do "preço justo". Todavia, o campo de possibilidade dos trabalhadores não estava limitado a resistência. Como mostra Simona Cerutti, comenta o trabalho de Renata Ago sobre o mercado de grãos em Roma no século XVIII. Ago mostra que a "economia moral" não era expressão de uma "experiência vivida por um grupo social, mas antes uma forma de reivindicação legitimada pela posição ocupada, de modo contingente, no mercado." Uma vez que uma hora se estava na posição de comprador hora de vendedor, e hora se reivindicava o "preço justo", hora o "direito ao lucro".[66] A ideia de "preço justo", pelo qual as pessoas se debatiam no

62 VIANNA, A. "Terra de Casamento". Comunicação apresentada à 15ª Reunião da Associação Brasileira de Antropologia, Curitiba, 1986. *apud* WOORTMANN, 1987, *op. cit.*, p. 15.

63 WOORTMANN, 1987, *op. cit.*, p. 15.

64 MONTEIRO, 1961, *op. cit.*, p. 48.

65 THOMPSON, 1998, *op. cit.*, p. 301.

66 CERUTTI, Simona. "Processos e experiência: indivíduos, grupos e identidades em Turim no século XVII". In: REVEL, Jacques. (org.). *Jogos de escalas: A experiência da microanálise.*

século XVIII contra aqueles que queriam o direito ao lucro, não era apenas uma ideia tradicional que servia para a resistência, mas os sujeitos eram capazes de manipulá-las e jogar com as normas, produzindo o novo.

Para não cair nestes enganos, postulo que o "*pioneiro/plantador-de-café/colono*", assim como o *caboclo* compartilhavam em certo grau uma campesinidade, esta não desapareceu mesmo para a minoria que teve acesso a propriedade da terra. Todavia, não se afirma que estavam programados por uma "ordem tradicional/moral" que orientavam sua conduta, mas jogavam entre esta e uma "ordem mercantil".

Isto posto, posso afirmar que Rivail Carvalho Rolim está, em parte, equivocado a respeito da racionalidade que orientou os lavradores no processo de colonização dirigida no Norte do Paraná, quando afirma que:

> [...] é possível afirmar que *o pioneiro ávido pelo lucro*, tanto com o comércio da madeira, quanto no uso do solo para a prática da cultura agrícola, usava intensamente seus instrumentos, como machado, o fogo, o arado, a enxada e também as queimadas e destruía as matas que cobriam esta região (grifo meu).[67]

Não se trata de afirmar que grandes empresas não estivessem buscando o lucro, e que mesmo os lavradores o tivessem. Mas, como afirma Martins, não se pode reduzir a lógica dos "padrões camponeses de produção" à lógica dos "padrões empresariais". Pois, desse tipo de "interpretação desaparecem os componentes propriamente históricos e antropológicos da vida do campesinato de fronteira, isto é, o seu próprio e característico cálculo, como se o camponês da fronteira fosse apenas um capitalista em miniatura".[68] Ou seja, não se pode tratá-los como *Homo economicus*. Não por motivos morais, mas a escolha por Rolim de denominar os lavradores pelo epíteto de "pioneiros", indica que tal interpretação "está demasiado ligada às representações que nunca deixaram de ser sugeridas pelas próprias lógicas do poder, que pretendiam ditar até a maneira de se opor a elas".[69]

A afirmação de um "pioneiro ávido pelo lucro" parece contraditória com a afirmação de que o *colono* que "amava a terra". Mas ambos partem de uma memória dos *pioneiros*, com a diferença que no primeiro caso busca-se deslegitimar a ação vista como movida por uma "ordem econômica"; no segundo caso, busca-se legitimar a ação vista como movida por uma "ordem moral". E, em ambos, se opõem a um Outro, o "caboclo errante, não-capitalista" que não

---

Rio de Janeiro: FGV, 1998, p. 173-201.

67 ROLIM, Rivail Carvalho. "Progresso e Destruição". *História & Ensino*, Londrina, nº 1, p. 23-32, 1995, p. 28.

68 MARTINS, 1996, *op. cit.*, p. 62.

69 REVEL, 1998, *op. cit.*, p. 29.

tinha "amor" a terra, um representante da tradição do perdularismo, quando não um "preguiçoso incorrigível".

Tal contraposição não permite perceber a continuidade existente de uma campesinidade, de um conjunto de valores que orientava estas pessoas na reprodução de uma dada autonomia. A qual era permanentemente ameaçada pelo conflito por terras, em que se defrontavam com grandes fazendeiros, industriais ou mesmo com uma classe média urbana que procurava se apropriar da renda capitalista da terra, o que excluía os mais pobres do acesso a terra e contribuía para forçar os lavradores a se subordinar nas relações de trabalho.

São nestas bases culturais e ecológicas que se pode compreender melhor a diversidade e a forma como lavradores buscaram fazer posse no *sertão*.

FAZENDEIRO E INDÚSTRIA MADEIREIRA: INSEGURANÇA, EXCLUSÃO E VIOLÊNCIA

Os lavradores de Campo Mourão atuavam a partir de uma campesinidade, sendo que boa parte da sua elite local era de origem camponesa. A trajetória destes que conseguiram "enricar" em geral passava por alguma atividade comercial, compra de terras na fronteira agrícola e a atividade madeireira. Apesar das limitações da exploração madeireira da floresta, tal exploração tem um papel de sinergia na ampliação da especulação com terra e dos conflitos e violência aberta, gerada na colonização da região de Campo Mourão.[70]

70 Joe Foweraker, abordando o sudoeste do Paraná e outras áreas de fronteira do Brasil, afirma: "Através de toda a região, eram as árvores que comandavam os altos preços, particularmente as ricas reservas de araucárias. Na verdade, a maioria das assim chamadas companhias de colonização que operavam na região por essa época eram, de fato em tudo, exceto no nome, companhias madeireiras, e suas alegações para requerer terras eram motivadas pelos pinheiros que nelas existiam [...]. A terra era um investimento meramente residual, enquanto a elevação do preço do pinho nos mercados nacional e internacional nos anos subsequentes assegurou a predominância da extração madeireira como a principal atividade econômica, obscurecendo o incipiente crescimento agrícola." (FOWERAKER, 1982, *op. cit.*, p. 65). A dificuldade de transporte e a primazia da agropecuária na dinâmica de avanço da fronteira agrícola, indicam que a afirmação de ser a terra um "investimento residual" é exagerada. Ademais, mesmo na área de Floresta Ombrófila Mista, havia uma diversidade de composição florestal que permite rendimentos diferenciados na exploração madeireira. (ver: CANCIAN, Nadir Apparecida. *Conjuntura econômica da madeira no norte do Paraná.* Dissertação (mestrado em História) - Universidade Federal do Paraná, Curitiba, 1974. 2 vol.). Dessa forma, aparentemente, Foweraker generaliza indevidamente uma conjuntura específica da década de 1960 em algumas áreas. Mas é indiscutível que ele está certo ao afirmar, tal como afirmaram para ele durante o seu trabalho de campo, que: "onde há pinheiro há brigas" (FOWERAKER, 1982, *op. cit.*, p. 157).

É exemplar notar, neste sentido, a trajetória e atuação na região de Belin Carollo.[71] Filho de *colonos* italianos, nascido em 16 de julho de 1896 em Veranópolis, Rio Grande do Sul, em uma família com 15 irmãos. Casou em 1924 e passou a trabalhar em serraria. Mudou de Boa Esperança (Colorado-RS) para Matos Costa em Santa Catarina, para trabalhar com madeira, abrindo a firma Carollo Irmãos & Cia Ltda, naquela localidade em 1938, em 1951, provavelmente, tal firma não existia mais em Matos Costa, pois sua sede estava em Irati - Paraná, possuindo filiais, serrarias, em Prudentópolis - Papanduva. Sendo que também era sócio majoritário da firma Ferri, Carollo & Cia Ltda, com sede em Irati, e serraria no Município de Campo Mourão.[72]

Ele veio para Campo Mourão pela primeira vez em 1946, mais tarde comprou a serraria de Teodoro Metchko. Carollo, uma vez estabelecido na região, segundo depoimento de familiares:

> [...] começou a desbravar a mata e progredir. À medida que abria espaços na terra convidava mais amigos para conhecerem Campo Mourão. Assim vieram os cunhados João Fioravante e Ildefonso Ferri, irmãos de Maria Guidi Gerri, que se fixaram na região da Campina dos Amoral. Depois trouxe as famílias: Trombini, Mignosso, Ferri e Tonet. No auge do comércio da madeira, impulsionado na década de 1960 pela construção de Brasília, Belin Carollo progrediu rapidamente.[73]

Carollo foi um dos personagens da trama que levaria a um dos mais famosos assassinatos da história de Campo Mourão. Apesar de ser uma longa história, vale a pena narrá-la. Basicamente seguirei a versão produzida por Sara M. P. de Soriano,[74] acrescendo alguns dados. Para se compreender o conflito deve ser entendida a atuação de Jorge Walter que, segundo esta versão, vendeu sua "fazenda Campo de Maio" em Guarapuava e pretendia criar gado em novas terras. Vindo, assim, para Campo Mourão. Em 1912, adquiriu várias posses formando a "Fazenda Walter". Tal fazenda teria, em 1940, 32.495,76 hectares, ou seja, 13.428 alqueires. Todavia até o falecimento de Jorge Walter em 1924, apenas duas glebas de 2.834 hectares haviam sido regularizadas. Sendo que Francisco Solano Alves de Camargo, que efetuou o serviço de legalização do imóvel, recebeu um dos lotes em pagamento pelos seus serviços, ou seja, ficou com 50% das terras pelo serviço de titular o imóvel em Curitiba. O que demonstra o quão caro poderia ser os "trâmites burocrático" para se ter acesso à propriedade da terra.

71 Sobre a biografia de Carollo ver: LARA, 2003, *op. cit.*, p. 170-171.

72 CARVALHO, 2006, *op. cit.*, p. 173.

73 BATHKE JÚNIOR, Wille. "Belin Carollo, 48". *Tribuna do Interior*, Campo Mourão, 28 jul. 2002. Especial: Projeto Raízes. (baseada nas informações de "Ana Rosalie, neta do 'nono' Belin Carollo").

74 SORIANO, 2002, *op. cit.*, p. 87-102.

A partir de 1946, a madeireira Vieira S/A, com sede em Londrina, que havia comprado várias posses e formado uma fazenda de 7.260 hectares, vizinha a "Fazenda Walter" estava invadindo a área da antiga Fazenda Walter. Neste contexto, os herdeiros de Jorge Walter assinam uma procuração, em 1949, para Belin Carollo conseguir a legalização do restante das terras junto ao DGTC.

> Belin Carollo era conhecido na região por agenciar a regulamentação de várias glebas de terras de posseiros perante o D.G.T.C. em Curitiba ficando com uma parte das glebas como forma de pagamento. Serviço que lhe permitiu acumular um patrimônio estimado em vários milhares de alqueires de terra, entre fazendas e serrarias. Dessa vez, a *família Walter cedia a metade das terras legitimadas como forma de pagamento mais a extração de pinheiros e perobas que se encontravam na parte dos requerentes* (grifo meu). [75]

O que era um valor extremamente alto, acima do que em geral era cobrado neste tipo de contrato. Uma vez que, o madeireiro, em terras de mata de araucária, em outros contratos deste tipo na região, cobrava, pelos serviços de providenciar os títulos de domínio das terras, o direito de comprar as madeiras do imóvel descontando as despesas ou no máximo a totalidade das árvores madeiráveis do imóvel titulado. No final de 1952, Carollo consegue dez lotes para a família Walter, com uma área de 434 hectares cada um, ou seja, um total de 4.340 hectares.

Ocorre que a origem dos direitos possessórios da família Walter está na alegação de que:

> Em 5 de novembro de 1912, Jorge Walter adquiriu de José Simões de Oliveira, duas partes, uma originada de posse e outra de Cesarina Maria do Belém e outros. [...] Ainda neste ano, adquiriu glebas de terras de José Fernandes Rodrigues da Cruz e sua mulher; de Diego de José de Faria, de José Rosa de Lima; de Antino José Barbosa; de Brasílio de Alcântara; de Dr. Juliana Bittencourt Martins e da Julia Martins de Bastos, pagando as respectivas cizas ao Estado do Paraná e levando as escrituras de compra das propriedades e direitos assim adquiridas ao Registro Imobiliário da Comarca de Guarapuava.[76]

Estes posseiros, por sua vez, teriam a posse pautada em fato ocorrido em 16 de setembro de 1893, quando 24 guarapuavanos:

> Dos quais apenas *Horácio Hilário Pimpão ainda vive*, [em 1951] dirigiram uma petição coletiva ao Juiz distrital de Terezina, Snr. Pedro Demongoon Lacerda, declarando possuíram o imóvel 'Campo do Mourão,' pela posse mansa e pacífica, *desde o ano de 1880*, sem contestações, ali existindo dos peticioná-

75 *Ibidem*, p. 90-91.

76 Processo nº 24 de 1951. Ação de Manutenção de Posse "initio-litis". Requerente: Benjamim C. Teixeira e sua mulher. Requerido: Pedro Viriato de Souza Neto e outros. Arquivo da Primeira Vara Civil da Comarca de Campo Mourão, p. 4.

> rios, *casas de moradia, benfeitorias, assim como regular quantidade de gado vacum e cavalar*, tendo a propriedade sessenta mil hectares, com trinta quinhões, cada qual com a área certa de dois mil hectares [...] (grifo meu).[77]

Ocorre que não há nenhum indício que os citados guarapuavanos tiveram "cultura efetiva e morada habitual" nos "Campos de Mourão", como argumentei no primeiro capítulo.

As terras que ficaram com Carollo, como pagamento pelos seus serviços, ele colocou um "administrador", Elias Xavier do Rego, o qual com jagunços fez uma grande pressão sobre 15 famílias de lavradores, que há três anos haviam-se instalado na área.

Ainda em 1951, Carollo, que havia ganhado a confiança dos Walter, consegue uma segunda procuração para procurar legalizar o restante da área primitiva da fazenda. Em 1953, ele consegue novos títulos de propriedade em nome dos Walter. Todavia, Carollo inseriu, sem consentimento dos Walter, na procuração de 1951, poderes em "causa própria" para efetuar venda sem a necessidade de prestar contas. Sendo tal procuração alterada no 8º Tabelionato de Notas de Curitiba, que tinha como proprietário Dr. Francisco Ferreira Pimpão.[78] E, com tal procuração, Carollo vende as novas áreas para várias madeireiras suas, de parentes seus e de terceiros, entre estas, a Vieira S/A.

Nessa parte da fazenda, agora titulada, residiam vários lavradores que moravam nela desde 1943. As famílias de José Onieski, Pedro Onieski, João Vidal dentre outras famílias foram levadas de Ponta Grossa, em uma viagem de 4 dias, até a Fazenda Walter com o "trato" de trabalharem por 6 anos na fazenda, sendo que receberiam em pagamento 871,2 hectares em terras. O prazo acordado já havia passado, mas eles não receberam as terras, e também, não saíram da fazenda. Quando em 1952 passaram a ser pressionados pelos jagunços da firma Vieira S/A. A qual em julho de 1953 manda seu "administrador" Gaspar Negreiros e outros capangas fortemente armados para expulsá-los, casas e tulhas são queimadas. No mês de agosto, José Onieski, Pedro Onieski e João Vidal foram à cidade de Campo Mourão e acompanhados de advogado abriram um inquérito contra a ação violenta que sofreram. Todavia, as testemunhas indicadas, quando procuradas na localidade, não foram mais encontradas pelo oficial de justiça no bairro rural. Tal inquérito ficou anos sendo "enrolado" até que foi encerrado por decurso de prazo.

Mas entre 1953 e 1956, Gaspar Negreiros seguia avançando sobre as terras, que agora eram de Carollo, protegidas por Elias Xavier do Rego, sendo que estaria roubando pinheiros dessa propriedade. Como lembra um membro da família Teodoro:

---

77 *Ibidem*, p. 4.

78 Parente do senhor Horácio Hilário Pimpão, único dos guarapuavanos que requereu terras em 1893 e que ainda vivia em meados do século XX.

> [...] se tratava de um campo minado, onde a briga não era entre 'posseirinhos' e sim brigas entre grandes fazendeiros. [...] Na década de 50, despertou o potencial da região a extração de madeira de pinheiro. A partir disso iniciou-se [sic] uma disputa muito grande inclusive por grupos, cada um deles tentava proteger-se, contratando seguranças. Além disso, os conflitos de terras roxas se davam na região toda e repercutiam na cidade que era o centro maior. Então vinha o pessoal, vinha um grupo vinha outro à 8ª Inspetoria de Terras, aqui em Campo Mourão. Um sr. Chamado Gaspar Negreiros, grande amigo nosso, matou na frente da dependência a Elias Xavier do Rego que era pai de meu cunhado. Foi ruim para a família, pois Gaspar Negreiros cuidava dos interesses de uma grande empresa de madeiras e estava querendo aquelas terras cheias de pinheirais e Elias Xavier cuidava da fazenda de Carollo outro grande madeireiro.[79]

Com tal situação, José Onieski, Pedro Onieski, João Vidal e outros antigos moradores retomaram a demanda por suas posses. A família Walter consegue cancelar a venda efetuada por Carollo e retomar as terras, em 1964, recebe novamente a titularidade das terras. Sendo que os moradores antigos que vieram trabalhar na fazenda continuavam no lote, tendo iniciado um processo de manutenção de posse, com um longo e desgastante processo judicial, que termina em 1966, com um acordo com a família Walter, a qual concede 871,2 hectares de terra em Goio-Erê para os posseiros.

Uma outra personagem, cuja trajetória é esclarecedora das conexões entre os conflitos por apropriação de terras e madeiras em Campo Mourão é Nicolau Macowski.[80] Seu sincero depoimento como "pioneiro" de Campo Mourão é exemplar da trajetória de um grupo social economicamente vitorioso. Nasceu em 1921, em Erechim, Rio Grande do Sul. Seu pai era um imigrante que recebeu 24,2 hectares de terra do Governo "e pagou tudo direitinho", eram 7 irmãos, dos 3 casamentos do seu pai. Em 1935, segundo seu depoimento, sua família muda para Quatanguá, Paraná, próximo à divisa com São Paulo. Segundo seu depoimento: "Aí papai comprou oito alqueires de terra.".[81] Todavia, "a lavoura não ia bem, seu pai entrou em crise, abandonou tudo e voltou a morar com o filho em Erechim".[82] A modernização nesse momento era o arado, de forma que comenta: "A lavoura e os animais iam bem, mas não tinham arado. 'Conseguimos um emprestado do vizinho e aí a produção aumentou".[83] E a situação da família melhora

79 Nelson Teodoro de Oliveira, presidente do Sindicato de Trabalhadores Rurais de Campo Mourão, desde 1967, neto de Antônio Teodoro de Oliveira, Entrevista cedida em 14 de maio de 2001 *apud* SORIANO, 2002, *op. cit.*, p. 100.

80 BATHKE JÚNIOR, Wille. "Nicolau Macowski, 19". *Tribuna do Interior*, Campo Mourão, 06 jan. 2002, p. 7. Especial: Projeto Raízes.

81 *Ibidem*, p. 7.

82 *Ibidem*, p. 7.

83 *Ibidem*, p. 7.

quando seu irmão mais novo volta do exército, assumindo a propriedade no Rio Grande do Sul e seu pai volta para o Paraná. Em "1946, casou com Miroslava [...] Casados, moravam no sítio." Narra que: "Lá também tinha uma serraria que meu pai montou e a gente serrava as toras' [...] 'Depois montei uma serra Tissot vertical, mais conhecida como pica-pau, fazia dormentes com o Vasco (Wenceslau) e vendia muito para estrada de ferro em Joaquim Távora".[84] A família abriu uma fábrica de carroças e outras ferramentas, um posto de combustível, entre outras atividades. Em 1951 alega que: "tomei gosto por serraria e viajei em busca de terra que tivesse bastante pinheiro". Veio para Campo Mourão no início de 1951: "Veio tudo em dois caminhões, até a serraria desmontada. Era pequena". Se estabeleceu em Peabiru com o irmão Vasco. [...] Represou o Rio da Lagoa e montou a Serraria do Norte, movida à roda d'água".[85] Mas as serrarias, em especial as pequenas, deveriam acompanhar a madeira:

> Quando o Vasco casou [...] abriram a sociedade 'Montei outra serraria já com uma serra fita Scheaffer, cara comprada em Ponta Grossa, que demorei, mas paguei'. Se estabeleceu entre Bourbônia e Luiziana, próximo a uma queda de água de 15 metros do Rio Depositozinho. 'O começo foi difícil. O dinheiro acabou e eu empregava doze famílias na serraria. Em cinco anos aprumei'.[86]

Lembra, ainda, que ganhou muito dinheiro na época da construção de Brasília, mas reclama da ilegalidade dos procedimentos então adotados.

> 'A roubalheira comia solta. Os compradores exigiam nota fiscal em dobro do que pagavam. Quem não fizesse, não vendia. Tive que fazer. Era o tal do superfaturamento que já se praticava naquele tempo e na época que eu vendia dormentes', lamenta. 'As falcatruas maiores eram em Brasília. Caminhão carregado entrava por um portão, saia das obras e entrava por outros portões, umas cinco a dez vezes, a cada entrada era paga', denuncia. 'isso eu ví porque se não fizesse eu não vendia', diz chateado.[87]

As lembranças do Nicolau sobre a venda de terras na região são igualmente marcadas pelos esquemas ilegais do qual "teve" de participar.

> Ladroagem [...] No Depositozinho comprou terras do Pedro Cândido dos Santos [...] 'Paguei e quando fui verificar na Inspetoria de Terras, o Pedro Mentira não tinha requerido e nem pago nada'. Aí foi um Deus nos acuda. 'O doutor Rubens, que era chefe da Inspetoria me pediu quarenta milhões de cruzeiros da época, prá regularizar minha terra. Embolsou e não fez nada. Fez isso com muita gente'. [...] Um advogado de Peabiru, almofadi-

84 *Ibidem*, p. 7.

85 *Ibidem*, p. 7.

86 *Ibidem*, p. 7.

87 *Ibidem*, p. 7.

> nha, de certa idade, que tirava o chapéu ao cumprimentar as pessoas, todo galante, 'me intimou três vezes para ir falar com ele, porque se dizia dono da terra que eu comprei do Pedro Mentira [...] Por minha conta fui a Curitiba. Dinheiro no bolso. Imagine um caipira na Capital. Achei a Inspetoria do Estado na Avenida Barão do Rio Branco. [...] Andei igual tonto nos três andares e só via gente mal atenciosa e mal intencionada. Cochichavam e faziam os acertos. [...] Subi pra falar com o presidente, mas um policial, deste tamanho ó, mandou eu voltar. Desci e vi um homem, numa salinha, sozinho. Não tinha patota ali. Bati no vidro e o chamei. Contei minha história inteirinha. Ele consultou um livro e me disse: que não estava nada perdido e que eu tinha que dar uma certa quantia de dinheiro e ele que arrumava tudo. Pensei: lá se vai meu dinheiro de novo, mas arrisquei. Ele mandou eu descer, enrolar o dinheiro escondido num papel e, entreguei a ele. Parece milagre. Dali uma semana o Vinício Vecchi, da Casa Catarinense, me chamou em Peabiru. Me entregou um envelope daquele senhor e dentro tava o Título a minha terra. [...] Trabalhei dobrado e feliz'... (risos).[88]

Os filhos de Nicolau Macowski são aviadores e fazendeiros em Xapuri no Acre, que, também, ajudaram a "desbravar". Sendo que vive entre Xapuri e Campo Mourão, e um dado não deixa dúvida sobre as posições do senhor Nicolau Macowski nos conflitos socioambientais atuais:

> Tudo que ganhei investi aqui e ajudei meus filhos a comprar aviões e terra em Xapuri (Acre), onde conheci o Chico Mendes, que era pau mandado dos americanos. Ganhava em dólar e foi matado pelo Jaci que é do Paraná. Conheci o Jaci e o filho dele também. O Jaci até vendeu uma fazenda pro Bruno Ghering. Eram pessoas boas, mas pistoleiros.[89]

Ao narrar tal trajetória de vida e ao descrever os embates nestes processos judiciais, acredito ser possível mapear o campo de possibilidades no qual se moviam os lavradores no *sertão* de Campo Mourão.

Dessa forma, por exemplo, o processo nº 58 de 1961, Francisco Vicente, marceneiro, residente em Campo Mourão, afirma ser proprietário de um imóvel de 31,6 hectares na Colônia Cantú, tendo adquirido por compra do Governo de Estado em 1961. Sendo que "Manoel Saraiva e familiares" se apossaram "indevidamente, tendo iniciado a derrubada de árvores de pinho" já tendo por isso iniciado uma ação judicial de sequestro dos referidos pinheiros, solicita nesta ação, a reintegração da posse.[90]

As testemunhas do autor, lavradores vizinhos ao lote demandado, narram a seguinte história: Que Francisco Vicente abriu a posse do imóvel mudando para Campo Mourão para exercer a atividade de marceneiro, um "preposto" seu de

88 *Ibidem*, p. 7.

89 *Ibidem*, p. 7.

90 Processo nº 58 de 1961. Ação Reivindicatória. Requerente: Francisco Vicente. Requerido: Manoel Saraiva. Arquivo da Primeira Vara Civil da Comarca de Campo Mourão.

nome José Dutra, vendeu o direito de posse do referido lote para Manoel Saraiva, o qual residia no lote, nele construiu benfeitorias, mas quem cultivava efetivamente o lote era Geraldinho, vizinho que o fazia com a autorização de Manoel Saraiva.[91]

O processo se encerra com um acordo entre as partes, em 19 de fevereiro de 1963, pelo qual Manoel Saraiva recebe Cr$ 130.000,00 pelas benfeitorias e compromete-se a sair do imóvel, podendo retirar todos os bens móveis do lote, ficando ainda responsável pelos encargos judiciais. Sendo que há uma cláusula no acordo pelo qual todos os pinheiros seriam vendidos para Luersen & Bauer Ltda, as 80 árvores que foram prometidos por Francisco Vicente para Albino Schimidt, o qual consentia com o acordo e por isso o assinava, e outras 20 árvores não prometida a venda a ninguém, totalizando 100 árvores, que seriam vendidas por Cr$ 560.000,00 (quinhentos e sessenta mil cruzeiros).[92]

Além da indicação do quanto a madeira valia nesta disputa no início da década de 1960, diferente do início da década de 1950 em que o corte da madeira era um custo, pois ainda não era possível levar a madeira ao mercado. Poder-se-ia ter neste caso:

a) alguém que desenvolvia atividades urbanas e que faz uma posse para conseguir, nos labirintos burocráticos, um título de domínio do lote: Francisco Vicente;

b) alguém que compra uma posse a fim de se tornar proprietário: Manoel Saraiva;

c) alguém que é colocado como "preposto" e dolosamente vende uma posse que não fez: José Dutra;

d) alguém que cultiva o lote de um vizinho, provavelmente como parceiro: Geraldinho;

e) um madeireiro que elaborou um contrato de promessa de venda de madeira: Albino Schimidt; e

f) uma madeireira que comprou os pinheiros dos lotes: Luersen & Bauer Ltda.

Mas não seria estranho, se na verdade tivesse:

a) um "preposto" em nome do qual foi emitido um título de propriedade por intermédio da influência de uma grande empresa junto ao Governo: Francisco Vicente;

91 *Ibidem.*

92 *Ibidem.*

b) alguém que compra uma posse para vender a madeira: Manoel Saraiva;

c) alguém realmente acreditava ter o direito de vender as benfeitorias da área em que trabalhava: José Dutra;

d) alguém que cultiva o lote de um vizinho, provavelmente como parceiro: Geraldinho;

e) um toreiro[93] que trabalhava para uma madeireira: Albino Schimidt; e

f) uma madeireira que conseguia madeira de um imóvel por meio de um "preposto" em nome do qual legitimou o imóvel: Luersen & Bauer Ltda.

Outros cenários poderiam ser aventados, mas a questão aqui é perceber que todas estas situações e relações eram plausíveis naquele contexto.

As trajetórias e processos judiciais, em especial sobre "grilagem" são um exemplo de tal exclusão e violência. No tocante apenas a apropriação da terra, Soriano já apontou, trabalhando com processos judiciais em Campo Mourão entre 1946-1964, que:

> [...] a intimidação e a coação do trabalhador rural, a expulsão violenta das pequenas posses, a apresentação de títulos falsos, a extorsão dos preços dos lotes e a abertura de processos judiciais se revelaram como mecanismos utilizados, pela fração da elite dominante, na figura dos grileiros, grandes proprietários e especuladores, para impedir a expansão da pequena propriedade, e, assim concentrar a renda da terra em pleno processo de expansão da fronteira agrícola.[94]

Os lavradores pobres estavam em meio a tal processo, mas não apenas como vítimas da violência ou da modernização, é sobre tal questão que passo a me debruçar.

FAZER POSSE OU USAR DAS ASTÚCIAS NA MODERNIZAÇÃO

Nos projetos de modernização, em geral, as ações de "desenvolvimento" não são feitas conforme planejada pelos modernizadores, mas vai ser reelaborada pelos agentes, a partir de suas "tradições" e das relações de poder estabelecidas. Neste sentido, no segundo capítulo argumentei que a *colonização racional* foi colocado em prática, em grande parte, como uma reação a ação de lavradores que buscavam fazer a posse no *sertão*.

93 CANCIAN, 1974, *op. cit.*, p. 74-75.

94 SORIANO, 2002, *op. cit.*, p. 7.

Cabe ainda reforçar a participação ativa dos lavradores neste processo de transformação, por meio da produção de posse, com duas ressalvas, primeiro que o foco é a ação cotidiana, às vezes, percebidos durante toda uma vida *se defendendo*, mais que os episódios de confrontações de lutas abertas; a segunda é que, como já sugeri, a ação não se dá apenas a partir de uma "ordem moral" ou de uma "ordem econômica", mas por sua articulação.

O processo nº 28 de 1959, Juvenal Gaspar da Silva, Candido Hey Gomes, Ciriaco Hey Gomes e suas respectivas esposas, Julia Gomes da Silva, Julieta Clementina Gomes e Clotilde C. Santos Gomes, "comerciantes, o primeiro residente em Ponta Grossa, os demais em Prudentópolis", no Paraná, por meio de seu advogado expõem na petição inicial que são legítimos proprietários do imóvel, de 241,2 hectares, constituído pelo lote 23, Gleba 3, 1ª Parte da Colônia Goio-Bang, adquirido conforme escritura de compra e venda de José Galicioli e Maria Zarpellon Galicioli. Que, por sua vez, haviam adquirido o referido lote por compra do Governo do Estado, conforme título expedido em 26 de janeiro de 1956, em favor de Maria Z. Galicioli, que já o haviam requerido em 12 de janeiro de 1950. Alegam que Said Chaar, comerciante residente em Ibiporã, se apoderou indevidamente de 14,5 hectares do citado imóvel e Francisco Pedroso, lavrador, residente no citado lote, se apoderou de outros 24,2 hectares.[95]

Como era de costume neste tipo de processo, ocorre uma avaliação das benfeitorias em março de 1960. As benfeitorias de Francisco Pedroso são avaliadas em:

Casa	7.000,00
Dois ranchos de palmito no total de	2.000,00
Poço	3.500,00
Monjolo instalado	4.000,00
Mangueirão	6.000,00
1500 covas de café Bourbon	45.000,00
Árvores frutíferas, bananeira, abacaxi etc	7.000.00
Canavial	5.000,00
Valor total das benfeitorias de Francisco Pedroso	79.500,00

Sendo que houve a derrubada de árvores de lei, em um total de prejuízo de Cr$ 15.000,00. Um outro prejuízo alegado foi ter o terreno ficado "praguejado". Ademais "a área reivindicada apresenta um valor de Cr$ 15.000,00 [...] o alqueire, sendo a parte ocupada pelo reivindicado de aproximadamente dez alqueires. Em um total de Cr$ 150.000,00."[96]

95 Processo nº 28 de 1959. Ação Reivindicatória. Requerente: Juvenal Gaspar da Silva e sua mulher e outros. Requerido: Said Chaar e Francisco Pedroso. Arquivo da Primeira Vara Civil da Comarca de Campo Mourão.

96 *Ibidem.*

Como em geral ocorria, o juiz foi favorável aos autores detentores do título de propriedade, mas condenou-os a pagar indenização pelas benfeitorias, que no caso de Francisco Pedroso foi estipulado em Cr$ 64.500,00. Sendo lavrado um auto de imissão de posse em 1º de setembro de 1960. Todavia, somente em abril de 1962, Francisco Pedroso levantou o valor da indenização, indicando que, talvez, tenha permanecido no lote até aquela data.[97]

As testemunhas nomeadas pelos autores produzem uma visão mais rica dos eventos que levaram a feitura desta posse. Assim, consta o testemunho de Antonio Teodoro de Oliveira, identificado como proprietário:

> [...] 'que, no ano de 1.950 o depoente foi procurado pelos Autores em sua residência, a fim de que o mesmo *indicasse onde poderiam localizar, quinhentos hectares de terras*, que o Departamento de Terras, por despacho Governamental, lhes havia concedido; que, o depoente encaminhou os Autores, para Barreirinho d'Oeste, a fim de procurarem José Alves da Rosa, também conhecido por Alvin Inácio, que podia indicar onde os mesmos poderiam comprar posse, para ali localizarem e requerimento já deferido; que, os Autores compraram de Manoel Ferreira do Nascimento um posse que hoje se localiza no lote reivindicado. Sendo [ilegível] compra e respectivo pagamento na importância de Cr$ 12.000,00 [...] que, a posse comprada era efetivamente de Manoel Ferreira do Nascimento e ficava ao lado esquerdo da estrada que vae [sic] para Barreirão, [Boa Esperança] sendo que em frente do lote, mas do lado direito da estrada, morava João Ferreira e seu sogro Francisco Pedroso; que, a área já estava dividida, quando foi intrusada pelo Réu Francisco Pedroso, pois os Autores tiveram sua área dividida por ordem da Inspetoria de Terras, não conseguindo os mesmos localizarem toda a metragem da área do requerimento; que, na ocasião de Francisco Pedroso e João Ferreira intrusarem o lote reivindicado foram os mesmos embargados, diversas vezes, pela Inspetoria desta Cidade, [...] para que *não efetuassem derrubadas e abandonassem o local*' (grifo meu).[98]

O outro testemunho, de José Alves da Rosa, lavrador, residente em Barreiro d'Oeste, em Campo Mourão, consta:

> [...] 'que, o depoente é fundador do bairro, onde se localiza o litígio arguido na inicial, sabendo de ciência própria, que Manoel Ferreira, vendeu a pose do lote aos Autores, que ali passaram a residir através de seus prepostos, com cultura efetiva e morada habitual; que na ocasião de Manoel Ferreira, vender a posse aos Autores, foi acompanhado também no negócio, por seu filho de nome João Ferreira, atualmente, cumprindo pena de morte e lesões corporais, na penitenciária central deste Estado; que, o depoente vendo que Manoel Ferreira, incluía na posse, cedida aos autores, um espigão, de frente a casa de morada de João Ferreira, mas separado pela estrada de rodagem, coube ao depoente aconselhar a João Ferreira e não permitir que seu pai

97 *Ibidem.*

98 *Ibidem.*

> Manoel Ferreira, vendesse a posse de frente a casa dele João Ferreira; que, no entanto João Ferreira, respondera ao depoente, que o seu intento, era *somente 'tomar o dinheiro dos trouxas'*, já que o velho Manoel Ferreira, estava precisando de dinheiro, que assim fazia o referido João, em tom de gozar do prejuízo que poderia causar aos Autores; que a posse fora vendia pela importância de Cr$ 12.000,00, [...] a dinheiro; que, foi exatamente nessa ocasião, que Francisco Pedroso, atual ocupante da posse em litígio e sogro de João Ferreira, *vendeu uma posse* que tinha no Barreirão, passando a residir no lote 7-A, de propriedade de João Ferreira; que, depois do lote 23 ora em litígio, estar devidamente demarcado, dentro da posse comprada pelos Autores, de Manoel Ferreira, foi que Francisco Pedroso, sogro de João Ferreira, saiu do lote 7-A, para ocupar apenas uma parte do lote 23 [...] ora reivindicado; que, Francisco Pedroso é realmente, quem está intrusando a posse reivindicada, onde, milita por mais de quatro anos, ali cultivando, cereais, e tratando de um cafezal [...] folhado; que , não obstante, Pedroso, ainda se dá de arrendar os terrenos dos Autores, recebendo arrendamento a dinheiro e a percentagem; que , Pedroso, ou João Ferreira, também vendeu uma posse dentro do lote 23 [...] para um turco de Ibiporã de nome Said Chaar, que fez plantar um café, de duas mil covas, mais ou menos, e que abandonou a plantação, tão logo soube que o terreno era titulado, deixando de pagar os empreiteiros, que posteriormente receberam o preço estipulado de formação, dos próprios Autores, que ali mantêm posse; que, o depoente pode afirmar, também, de ciência própria, que a *Inspetoria de Terras local, embargou a invasão* de Francisco Pedroso, e João Ferreira, no lote 23 [...] sendo que os mesmos desrespeitaram a ordem, agindo dali para frente por conta própria; que, os Réus, ao intrusarem o terreno reivindicado, o fizeram, a custa *de machado e fogo*, ali destruindo toda madeira de lei existente no solo, além de deixar o mesmo completamente praguejado, como se poderá sentir através de uma vistoria que, Francisco Pedroso, deixou os terrenos reivindicados em 'quiçaça', a não ser, na parte em que *se defende* [sic] pequenas benfeitorias; [...] que, Francisco Pedroso e seu genro, *são dados a vícios da valentia, ambos tendo respondido por crime de morte*, nesta e noutra Comarca' (grifo meu).[99]

Apesar da longa citação, o processo em tela é muito rico. Parto de alguns pontos dele para fazer relações com outros processos e outras fontes.

I

O primeiro ponto que quero chamar a atenção é para a expressão "se defende pequenas benfeitorias". É comum, entre lavradores, ainda hoje, expressões do tipo: "ele se defende plantando soja". Mas, defender-se contra o que ou contra quem? O defender-se pode ter o sentido de defender-se da "necessidade de subsistência" econômica. Mas defender-se pode ser, defender-se contra a expropriação e a violência presente em uma condição de insegurança quanto ao acesso a terra.

99 *Ibidem.*

A expropriação dos meios de produção para que haja a subordinação da força de trabalho encontra uma expressão exemplar no fato de posseiros, que enfrentavam a situação de serem interpelados por pessoas que possuíam o título de domínio da terra em que estavam, efetuavam um "acerto" para permanecer na terra como um "parceiro".

Estes casos, em geral, não produziam processos judiciais. Mas, é possível perceber serem eles frequentes. Como nos autos do processo nº 23 de 1951, no qual os autores, industriais, residentes em Ponta Grossa, Irati e São Paulo alegam: terem adquirido de terceiros uma área de 497,3 hectares; que os antigos proprietários quando obtiveram o título de domínio, fizeram acordo com os posseiros da área para eles saírem, comprando as benfeitorias e indenizando-os; que na casa deixada por um desses posseiros se instalou a menos de um ano o réu. No decorrer do processo, o advogado do réu procurando argumentar que os testemunhos efetuados por pessoas, a pedido dos autores são nulos, por não terem autonomia em relação aos autores:

"Francisco Moura, Abrão Bueno da Luz e José Pinto de Cristo, ao deporem, afirmaram a sua condição de – agregados dos AA.[autores] – morando como prepostos destes, nas terras objeto da demanda."[100] E esclarece que eles são pessoas que além de terem cedido os seus direitos de posse sobre terras de domínio público aos AA., vivem agora sob relação de dependência destes"'.[101]

Ou nos autos do processo nº 644 de 1962, pela qual Alicio Vitório, José Pereira de Araújo e Petronilha Chermat, eles casados e ela viúva, todos lavradores, procuravam tornar nulo um contrato assinado com Casimiro Biaico. Na petição inicial, o advogado dos autores alega que em novembro de 1953, estes entraram na área em que reside no lote 78, Gleba 7, da Colônia Mourão e formaram cultura de café. "Assim na qualidade de copossuidores, os suplicantes juntaram seus esforços, e até esta data formaram 14.600 pés de café, em franca produção, sendo que o resultado financeiro de seus frutos, nunca foi dividido na mínima parte". O advogado alega ainda: Que tal área foi titulada pelo Governo do Estado, em 1951, a Sebastião Leal de Lima, mas, até hoje, não foi o autor procurado por Sebastião L. de Lima. Que Odilon Joffre Tayer procurou José Pereira de Araújo dizendo-se procurador de Casimiro Biaico, o qual seria o proprietário da terra, propondo um acordo. Que José Pereira da Silva "sendo pessoa simples, semianalfabeta", assinou o contrato mesmo sendo prejudicial a ele, *o colocando na condição de parceiro, e descaracterizando a sua condição de posseiro.* E por isso requer a anulação do contrato, porque o primeiro não é proprietário e

100 Processo nº 23 de 1951. Interdito Proibitório. Requerente: Lydio Slaviero e outros. Requerido: Mario Cyrino. Arquivo da Primeira Vara Civil da Comarca de Campo Mourão, p. 36.

101 *Ibidem*, p. 34.

porque o segundo é apenas copossuidor do lote, não tendo procuração dos outros dois possuidores.[102]

Mas o testemunho das partes narra uma outra versão. Dessa forma, Casimiro Biaico, lavrador, 54 anos, afirma em seu testemunho:

> [...] o depoente no ano de 1.944, fez um requerimento ao Estado para a compra de 500 hectares de terras devolutas, que, para localização dessa área foi o depoente aconselhado no próprio departamento de terras, que a localizasse nos lote 54 e 78 da Gleba 7 da Colônia Mourão, atendendo porém aos regulamentos do mesmo Departamento, que o requerimento fosse desdobrado em dois, que dessa maneira o depoente recebeu um lote em seu próprio nome e outro, objeto da questão ficou em nome de Sebastião Leal de Lima, porque o procurador do depoente em Curitiba, negligenciou e não pagou a cessão de direito ao Estado; que, desde o dia 5 de agosto de 1944, o depoente abriu posse no lote, sendo que no lote questionado, uma derrubada de dois alqueires feita, ele próprio depoente; que, o depoente plantou pinheiros nos locais dos marcos, além de árvores de frutas [...] que, no mês de Julho de 1.953, o depoente foi procurado em sua residência nesta cidade pelo autor José Ferreira de Araújo, com o qual contratou a formação de cafezal no número de 25.000 pés aproximadamente, sendo o contrato por seis anos, sem financiamento; que, como o depoente combinou com o autor naquele mesmo ano foi procedido parte da derrubada [...] que, quanto a contrato escrito o próprio autor disse não precisar, porque 'para homem de palavra basta a mesma não precisando de contrato'; que, por causa de geadas o declarante tolerou a prorrogação dos contratos até o ano de 1961; que, no ano de 62 o depoente não podendo comparecer ao chamamento do Dr. Wilson Brandão constitui pelo autor, mandou o Dr. Odilon Tayer representá-lo [...] que, antes disso o depoente procurou resolver a questão por intermédio da Promotoria desta cidade e de Peabiru sendo que o autor não atendeu aos chamamentos; [...] que, na ocasião da derrubada efetuada pelo autor, o depoente retirou palmitos e vendeu ao sr. Lauro Simões, então residente nesta cidade, estabelecido com fábrica de conservas;[103]

Portanto, segundo o depoimento do proprietário, trata-se apenas de um formador de café que se arvora em ter a posse. Mas o testemunho de José Pereira de Araújo, lavrador, 41 anos, e um dos autores do processo, traz uma versão diferente:

> [...] 'que, no ano de 1.953, no mês de Setembro, chegou no lote nº 78, da Gleba 7, Colônia Mourão, *ocupando o referido lote por indicação do sr. Vicente Cordeiro o qual dizia serem aquelas terras devolutas*, uma vez que não existia requerimento de compra ao Governo do Estado; que, mais tarde, o depoente soube ser proprietário do referido imóvel sr. Sebastião Leal de Lima, obtendo este informação da Inspetoria de Terras; [...] que, no ano de

102 Processo nº 644 de 1962. Ação Declaratória de Nulidade Contratual. Requerente: Alicio Vitório. Requerido: Casimiro Biaico. Arquivo da Primeira Vara Civil da Comarca de Campo Mourão.

103 *Ibidem.*

> 1954 apareceu em sua casa o sr. Casimiro Biaico, o qual se dizia proprietário do citado lote de terras, quando então o depoente perguntou ao citado cidadão *qual o acerto* que o mesmo pretendia fazer que, entraram em entendimento, o depoente e o sr. Casimiro Biaico para que se fizesse o plantio de café por conta exclusiva do depoente, cujo produtos seria do depoente, pelo prazo de seis anos a partir da combinação; que, não lavraram contrato porque o réu queria que o depoente viesse firmá-lo em Campo Mourão e o depoente disse não poder fazer despesas com viagem a esta cidade [...]. que, sabe que o sr. Casimiro Biaico tem uma fazenda de café em um lote limítrofe ao ocupado pelo depoente; que, quando o depoente chegou no lote, o réu já estava formando sua propriedade no lote limítrofe; que, no lote que o depoente ocupou existia um capoeirão, porém não tinha terras preparadas; que, no lote existia um pé de abacateiro e um pinheiro, este plantado numa divisa do lote; [...] que, os demais ocupantes tiveram ocupação no lote a partir de 1.954, porém todo o cafezal foi plantado pelo depoente; que *Alicio Vitório é concunhado do depoente e Dona Petronilha Chermat é sogra do depoente*; que, foi o depoente que levou os demais co-autores para residirem no lote; que, o depoente distribui uma parte do café para os demais co-autores nele trabalharem; [...] que, efetivamente lavrou um acordo com o réu por intermédio do seu procurador, cujo documento se acha anexado nos autos; que, na ocasião de firmarem o compromisso, o concunhado do depoente Alicio Vitório estava presente e firmou como testemunha; que, o depoente como receava fazer pagamento no Banco, em face de ter feito um empréstimo e precisando pagá-lo vendeu 46 sacas de café, da última safra, pelo preço de Cr$ 1.530,00 a saca;' (grifo meu).[104]

A diferença entre a versão produzida pelo advogado dos autores na petição inicial e a versão produzida por um dos próprios autores, revela não apenas uma estratégia de defesa da causa por parte do advogado, mas diferenças culturais entre, *grosso modo*, aqueles que pensavam a partir de uma campesinidade e aqueles que pensavam a partir de uma perspectiva mais individualista, urbana e liberal. Uma vez que não se tratava para José Pereira de Araújo, de copossuidores do sítio, mas de um *pai* que, como tal, podia e deveria representar toda a família.

Tomando a versão narrada por este, trata-se de uma família extensa em que José Pereira de Araújo era o *pai*, e como tal possuía autoridade para "negociar" em nome de todos. Ao procurar terras para fazer posse em 1953, buscou informações para saber, qual "mato" era de terras devolutas. Apesar de existirem indícios que aquelas terras foram ocupadas um dia, – ou seja, os elementos da paisagem gerados pela da ação de Casimiro Biaico procurando legitimar sua posse naquela área em 1944, – como em 1953 não havia indícios que se trabalha naquela terra, considerou que não seriam trabalhadas o que legitima sua entrada. Quando procurado pelo detentor do título, estava disposto a fazer um "acerto". Independente se José P. de Araújo fez ou não realmente o acordo, o que se quer argumentar é que era factível a existência deste tipo de acordo.

104 *Ibidem*.

Diferente do que o advogado dos autores afirmou, José P. de Araújo estava, segundo seu próprio depoimento, disposto a abrir mão dos seus direitos de posse para se tornar um "parceiro". E não porque ele era um homem "simples", incapaz de defender seus interesses por si mesmo. Mas porque o contrato oferecido lhe pareceu vantajoso, pois, em geral, o contrato de formador de café por 6 anos, implicava em dividir o café nos últimos anos, no caso, todo o café ficaria para ele até o último ano. Todavia uma das muitas geadas que atingiram a região frustraram os seus planos de obter um bom ganho com tal contrato, sendo que neste caso poderia haver uma negociação com o proprietário para a prorrogação do prazo do contrato.

Há outros processos em que este tipo de "acerto" aparece.[105] Como, por exemplo, o caso registrado nos autos do processo nº 304 de 1964. O agricultor Juvenal Pedrosa da Silva alega por meio do seu advogado na petição inicial que adquiriu, em 1960, por meio de uma "procuração em causa própria" o lote 108, da Gleba 10, da Colônia Goio-Erê, de Nelson Borba, que o havia adquirido do Governo do Estado, naquele mesmo ano.

Alega, ainda, na petição inicial do citado processo, que Juvenal Pedrosa da Silva celebrou um "Contrato Particular de Habitação e Cultura" com o Renato Celestino dos Santos, residente no citado lote em Janiópolis. Argumenta que terminou a vigência do contrato e Renato C. dos Santos não cumpriu sua obrigação contratual de sair da terra. E o advogado dos autores afirma em bom bachareles:

> Reconhece-se por outra lado que o R. Renato Celestino dos Santos, não era fâmulo da posse, face à eficácia dos documentos transatos e que são anexados aos autos, perdeu a então, sua posse, os caracteres que possuía; para vir a ser [...] uma posse em nome de terceiros, posse direta em nome do possuidor indireto, posse modista em função da concessão que lhe fez o possuidor imediato.[106]

Desta forma, procura-se transformar Renato Celestino dos Santos em fâmulo, ou seja "servo", não da "posse", mas dos "autores". A versão apresentada pelo advogado de Renato Celestino dos Santos na contestação era bastante diferente:

> A história do lote rural nº 108, da Gleba 10, da Colônia Goio-erê, teve início no ano de 1.948, quando o adentramento da Gleba 10, constituía verdadeiro bandeirantismo, característica peculiar do caboclo brasileiro, que ao léu da sorte enfrentavam – os heróis anônimos, verdadeiras e reais situações de pe-

105 Processo nº 314 de 1960. Ação de Reintegração de Posse. Requerente: Lino Sacchetim. Requerido: José Francisco dos Santos e outros. Arquivo da Primeira Vara Civil da Comarca de Campo Mourão.

106 Processo nº 304 de 1964. Imissão de Posse. Requerente: Juvenal Pedrosa da Silva. Requerido: Renato Celestino dos Santos. Arquivo da Primeira Vara Civil da Comarca de Campo Mourão, p. 3.

> rigo, face à inexistência de recursos de qualquer espécie. O perigo, os mais variados, era uma constante cotidiana.
>
> Foi enfrentando e vencendo todas as intempéries que o contestante, naquele ano, abriu picadas, carreadores, efetuou derrubadas e afinal formou a sua posse (em 1.948), na esperança de transformar esta situação de fato, em uma situação real e condigna com a obtenção do título de domínio do lote 108.[107]

Efetuando o requerimento de compra do lote ao Governo do Estado pelo protocolo nº 3.922/51, em 16 de fevereiro de 1951, mas não recebeu o título "tendo em vista a imoralidade administrativa que campeou em um Governo tido e havido como corrupto e imoral", sendo titulado o imóvel para terceiros. Juvenal Pedrosa da Silva "por si e por prepostos, desenvolveu várias diligências para desalojar o contestante da posse do lote em tela, e do trabalho realizado pelo autor, resultaram [...] contrato particular de habitação e cultura e a [...] Declaração, ambos assinados a rogo, por ser analfabeto o contestante".[108]

E argumenta que:

> De nada valem as alegações com base nos instrumentos particulares [os documentos citados] [...] dado que assinados a rogo e em circunstâncias que estão longe de manifestar a vontade do posseiro de vender, ceder, desistir ou de qualquer forma desobrigar-se da posse gratuitamente, mediante uma esdrúxula avença de HABITAÇÃO E CULTURA [sic], unilateralmente feita.[109]

Em 7 de março de 1966, as partes entram em "composição amigável". Recebendo Renato Celestino dos Santos Cr$ 500.000,00 pelas benfeitorias e o direito de retirar a colheita do imóvel, devendo desocupar o imóvel até o dia 30 de março de 1966.[110]

Este tipo de "acerto" era uma das formas que os lavradores pobres procuravam negociar para manter sua autonomia e *se defender*.

II

Um outro ponto que quero chamar a atenção, a partir dos autos do processo nº 28 de 1959 é sobre a ação estatal na região e algumas das formas pelas quais os lavradores pobres poderiam interpretar tal ação. Houve uma aplicação efetiva da legislação que regulava o acesso a terras e a floresta, mesmo que de forma ineficiente. Esta ação efetiva estava voltada, principalmente, contra os "indivíduos".

No citado processo nº 18 de 1959, as testemunhas afirmam que: "na ocasião de Francisco Pedroso e João Ferreira intrusarem o lote reivindicado foram os mes-

107 *Ibidem*, p. 25-26.

108 *Ibidem*.

109 *Ibidem*, p. 28.

110 *Ibidem*, p. 70.

mos embargados, diversas vezes, pela Inspetoria desta Cidade, [...] para que não efetuassem derrubadas e abandonassem o local". [111] Apesar de fazer posse ir de encontro a *colonização racional*, a sua ampla prática levou a que, até mesmo, ela estivesse prevista e consagrada na própria regulamentação de acesso a terra devoluta do Estado. Dessa forma, em especial, depois de 1945, o DGTC, aparentemente, teve uma ação mais restrita quanto a tentar impedir a prática da posse em geral. O DGTC, aparentemente, se concentrou em atuar contra a ação dos posseiros, nos casos em que houvesse um título de propriedade emitido ou um processo de demarcação em curso, havendo uma fiscalização que buscava impedir a derrubada de árvores e a permanência de posseiros em áreas já concedidas. A afirmação que os posseiros foram abordados "diversas vezes" já é um bom indício da pouca eficiência prática desta ação. Mesmo que tal ação fosse voltada, principalmente, contra aquele que não possuía prestígio ou dinheiro para afastar os fiscais.

Há nos processos citados, outros casos em que aparecem explicitamente as atividades fiscalizadoras do DGTC, como, por exemplo, nos autos do processo nº 11 de 1960, em que a Indústria e C. Prado & Cia Ltda, procura interpelar judicialmente Belin Carollo, porque compraram o direito de 10.000 pinheiros e haveria uma notícia de que Belin Carollo tentava comprar estes pinheiros da viúva proprietária da terra.[112] Em tal processo consta a seguinte autorização:

> 23 de junho de 1953. Autorização. Pela presente fica a firma 'Indústria e C. Prado & Cia Ltda' autorizada a retirar madeiras na área em que esta ocupando, por ser as referidas terras de domínio particular. 8ª Inspetoria de Terras. Dr. Ilve Saldanha Marinho Inspetor.[113]

Ou, ainda, nos autos do processo nº 118 de 1960. Na qual Abílio Paez Carneiro, agricultor, residente em Caçador, Santa Catarina, sendo possuidor de uma área de 489 hectares, composta pelos lotes da Colônia Muquilão, com posse mansa e pacífica mantida por prepostos seus e com requerimento de compra do Governo do Estado já realizado. Alegam que Manoel Moreira ocupou indevidamente o lote 27 em uma área de 8 alqueires, ou seja, 19,36 hectares. No citado processo consta o seguinte documento manuscrito:

> Lote nº 27 Gba 2, C. Muquilão. Em 28-3-1957. Sr. Manoel Moreira. Levo ao seu conhecimento que eu tendo passado pelo lote nº 27 constatei que o sr. está sobre o referido lote. Quero deste já que saiba que este lote foi entregue pelo Departamento de Geografia, Terras e Colonização ao sr. Abílio Paes Carneiro. Estando o mesmo com ordem de localização e documentos. Por

111 Processo nº 28 de 1959, *op. cit.*

112 O processo se extingue em 29.05.1973, a pedido de Belin Carollo por decurso de prazo sem a manifestação da Ind. e Com. Prado & Cia Ltda. Processo nº 11 de 1960. Interpelação Judicial. Requerente: Indústria e C. Prado & Cia Ltda. Requerido: Belin Carollo. Arquivo da Primeira Vara Civil da Comarca de Campo Mourão.

113 *Ibidem.*

> este motivo quero por meio deste fazer ciente ao sr. que fica suspenso o serviço de roçada que está processando dentro do referido lote. José [ilegível] Sales. Guarda Florestal. [114]

Dessa forma, a ação estatal se fazia sentir no *sertão*, em especial para os "indivíduos", pois para as "pessoas" havia outros caminhos e possibilidades. Todavia, os serviços de fiscalização do DGTC, que visava controlar e coibir a colonização "desordenada" e a ação dos *intrusos*, poderia ser interpretada de forma diferente pelos posseiros.

Algumas das licenças emitidas pelo Serviço Florestal, vinculado ao Departamento de Geografia, Terras e Colonização, em favor de "ocupantes", para efetuar "serviços de roças e queima" de "mato" são encontradas em processos da Primeira Vara Civil de Campo Mourão, das décadas de 1950 e 1960, a fim de comprovar a posse da terra. Assim, as "licenças" emitidas pelo Serviço Florestal para "controlar" o acesso a terra, por parte dos "indivíduos", podiam ser interpretadas pelos posseiros, antes de tudo, como um "documento" que poderia legitimar a posse que tinham da terra.

Como, por exemplo, consta nos autos do processo nº 590 de 1962. Bráulio Marques da Silva e sua mulher, proprietários, residente em São João do Guarací, Paraná alegam, por meio do seu advogado, na inicial, que tem o "justo título" de um lote na Colônia Cantú, com 86,88 hectares. E que venderam o imóvel, por Cr$ 500.000,00, a Nicolau Susienka, a forma de pagamento seria 1/5 à vista e o restante a prazo. Sendo que os autores não ficaram com uma via do contrato. Todavia, Nicolau Susienka não teria pago os Cr$ 400,000,00 que estava devendo, ademais vendeu 150 "árvores de madeira" do imóvel no valor de Cr$ 300.000,00.[115]

Na contestação, o advogado do réu narra uma outra versão para a questão. Afirma que os autores são "Colonos do Asfalto". Afirmando que Nicolau Susienka detém a posse legítima do imóvel citado, sendo ela anterior ao título de domínio dos autores. Afirmando serem falsas as alegações dos autores da ação. Que na "verdade" o réu teria pago o "preço combinado de Cr$ 100.000,0 (cem mil cruzeiros) sob o crivo das ameaças e recriminações [...] feitas" por Bráulio Marques da Silva.[116] Indicando que teria havido uma tentativa de forçar o posseiro a comprar o título de domínio. Como prova de que eram os únicos posseiros,

---

114 Processo nº 118 de 1960. Ação Reivindicatória. Requerente: Abílio Paes Carneiro. Requerido: Manoel Fernandes Moreira. Arquivo da Primeira Vara Civil da Comarca de Campo Mourão. p. 71. As partes assinam um "Termo de Acordo" em 16.11.1962, pelo qual Abílio Paez Carneiro paga Cr$ 250.000,00 para Manoel Moreira a título de indenização das benfeitorias, sendo que o segundo reconhecia o direito de propriedade do primeiro e saia do lote.

115 Processo nº 590 de 1962. Ação de Reintegração de Posse. Requerente: Bráulio Marques da Silva e sua mulher. Requerido: Nicolau Susienka. Arquivo da Biblioteca da Universidade Estadual do Paraná – Unespar – Campus de Campo Mourão.

116 *Ibidem.*

apresentam três "licenças" emitidas em nome de "Miguel Orranik" [sic], que teria vendido o direito de posse a Nicolau Susienka. E argumenta que: "Provada então está a posse do RR.[requerido] como firme e valioso pois muito anterior a própria data de expedição do Título de Domínio de Terras, feita indevidamente pelo Estado do Paraná".[117]

Nas três licenças, datadas de 29/4/48, 19/5/49 e 22/2/50, são formulários em que constava:

> Secretaria de Viação e Obra Públicas. Departamento de Geografia, Terras e Colonização. 10 Inspetoria de Terras. Serviço Florestal.
>
> Licença nº *630*.
>
> Snr *Pedro Organik* ocupante das terras, situada no lugar *Rio do Peixe* no município de *Campo Mourão* e distrito de *Col. Cantú, fora da medição.*
>
> Fica autorizado a executar os serviços de roçada e queima na extensão de *mato 5 alqs.* existente no refiro lugar, compreendendo uma área nunca superior a [ilegível] *alqs.* Deve ser observado o serviço de aceiros (6 metros no mínimo) para evitar o perigo da propagação do fogo.
>
> O proprietário da roçada deverá ocupar terras de seu domínio, caso contrário, será cassada a presente licença, que implica na perda da roça, que passará então ao legítimo proprietário das terras.
>
> Em *19/5/1949* [rubrica] Guarda Florestal.[118]

A primeira das licenças foi emitida em nome de Miguel Organik e todas eram de 5 alqueires, ou seja 12,1 hectares.[119] Este tipo de documento deve ter sido bem guardado pelos posseiros. Sendo, como neste caso, inclusive, passado para outros quando de uma eventual venda da posse.

Tais licenças também aparecem nos autos do processo nº 31 de 1952. Na *ação de reintegração de posse* em que são autores José Nunes Rato, Luis Nunes Rato, Salvador Nunes Rato, lavradores, o primeiro residente em Tapejara e os dois últimos em Paranavaí. Que são possuidores de um lote na Colônia Tapejara. Alegam no processo:

> Que quando entraram no dito lote este era completamente desabitado, coberto de imensas florestas; que o primeiro suplicante ali deu início aos primeiros trabalhos de campos, construindo com grandes sacrifícios casa de morada, ali se instalando, com sua companheira e filhos, derrubando matas, fazendo roças, plantando 3 alqueires de capim 'colonião', bananeiras, abacaxi, construindo cercas de arame para melhor aproveitamento de seu exaustivo trabalho de sertão, sem conforto, antes exposto a toda sorte de intempéries, fez roçadas para plantio de café. [...] Sucede, porém,

117 *Ibidem*, p. 27.

118 *Ibidem*, p. 30.

119 Em dezembro de 1962 Bráulio M. da Silva desiste da ação por ter chegado a uma "composição amigável" com Nicolau Susienka. Processo nº 590 de 1962, *op. cit.*, p. 48.

> que no dia 8 do corrente mês de Abril, Pedro Sardinha e França Legat, acompanhados de dois soldados e dois outros indivíduos, na ausência do primeiro suplicante, José Nunes Rato, chegaram em sua propriedade e ali perguntara a sua mulher pelo suplicante, ao que a senhora respondeu que o mesmo tinha viajado e que ela se achava só; que em seguida os referidos Suplicados ordenaram que ela desocupasse a casa e fizesse a mudança dos seus trastes para outro lugar, pois, que ali tudo lhe pertencia. A despeito da recusa que a mesma opôs, ordenou aos soldados e jagunços que os acompanhavam que fizessem a mudança, tendo estes obedecidos carregando os trastes e demais objetos depositando num rancho ali existente, expulsando a pobre senhora do seu lar, ficando completamente abandonada no lugar, com os seus 4 filhinhos todos menores impúberes, aquela temendo agressão rumou para a cidade de Paranavaí cerca de 56 quilômetros de distância, a pé, sem recursos, debaixo de copiosa chuva que caia naquele malfadado dia, oito (8) de abril corrente.[120]

Em linhas gerais, as testemunhas do autor confirmaram esta versão. Com alguns detalhes que vale a pena destacar. Herculano Rubim de Toledo, lavrador, 42 anos, natural de Minas Gerais: "ali se instalando com sua companheira e filhos menores, derrubando matas, com toda sua família, juntamente com seu pae [sic] Salvador Nunes Rato e seu irmão Luiz Nunes Rato; que ali fez roças de milho e feijão, plantou também outros cereais".[121] Nicolau Messias, lavrador, natural de Paranavaí, 25 anos: sobre o episódio em que os "jagunços" mandaram "fazer a mudança dos trens de dentro da casa para outro rancho, ao que ela se recusou, tendo então os réus ordenado aos soldados e jagunços que efetuassem a mudança, sendo obedecido e feita a mudança a mão armada; que é verdade também que os réus nessa ocasião prenderam o depoente pelo motivo de o mesmo recusar a fazer a mudança e que o depoente preferiu ser prezo [sic] do que fazer a mudança dos trens da casa;"[122] José Vicente, comerciante, alagoano, 38 anos: "aberturas que os autores fizeram é aproximadamente de treze alqueires [...] é verdade que os autores construíram uma olaria para fabricação de tijolos que presentemente está funcionado".[123]

Na contestação se alega que havia dois lotes em questão, um que era da família Rato e outro ocupado por Pedro Sardinha da Silva. Sendo que em novembro de 1951, José Nunes Rato tentou "intrusar" o terreno de Pedro S. da Silva, o qual apresentou reiteradas queixas junto a Inspetoria de Terras de Paranavaí e Campo Mourão, conseguindo uma "determinação daquelas repartições" para que José Nunes

---

120 Processo nº 31 de 1951. Reintegração de Posse. Requerente: José Nunes Rato e outros. Requerido: Pedro Sardinha. Arquivo da Primeira Vara Civil da Comarca de Campo Mourão, p. 2.

121 *Ibidem*, p. 14.

122 *Ibidem*, p. 15.

123 *Ibidem*, p. 16.

Rato abandona-se o lote, o que foi conseguido. E agora a família Rato tentava, por outros meios, esbulhar a posse de Pedro Sardinha da Silva.[124]

A tréplica do advogado dos atores estava pautada em descaracterizar os documentos em que se apoiava Pedro Sardinha da Silva: "apenas cartas-ofício trocados entre funcionários da 10ª Inspetoria e 11ª, assim como outro ofício dirigido ao delegado".[125] Sendo que todos os documentos apresentados têm menos de seis meses. "De onde se vê que tais papéis foram engendrados para encobrir patifarias". E afirma, ainda, que "Pedro Sardinha não passa de um testa de ferro de conhecido 'tubarão' desta zona."[126] Já os autores apresentam uma "licença para trabalhar no lote de 500 hectares, datada de 7 de maio de 1948, ano em que fizeram a posse; e no ano seguinte – 1.949 – requerera por compra a dita área".[127]

A citada "licença para trabalhar" são as licenças emitidas pelo Serviço Florestal do DGTC, como segue:

> Secretaria de Obras Públicas, Viação e Agricultura. Departamento de Geografia, Terras e Colonização. *5ª* Inspetoria de Terras. Serviço Florestal.
>
> Licença nº *122*
>
> O SNR. *Luiz Nunes Ratos*. Ocupante das terras, situada no lugar *Marg. Esq. R. Ivaí* do município de *Campo Mourão* e distrito de *Peabiru*.
>
> Fica autorizado a executar os serviços de roçada e queima na extensão de *500 hectares* existente no refiro lugar, compreendendo uma área nunca superior a *3 alqs*. Deve ser observado o serviço de aceiros, para evitar o perigo da propagação do fogo.
>
> O proprietário da roçada deverá ocupar terras de seu domínio, caso contrário, será cassada a presente licença, que implica na perda da roça, que passará então ao legítimo proprietário das terras. *O mesmo é Requerente.* Em *7/5/1948* Visto *Nilo Saldanha* Eng. Inspetor de Terras *Sezinando* Guarda Florestal.[128]

O tamanho do lote requerido era 500 hectares, a atividade de olaria desenvolvida pela família Rato, são indícios de que não apenas posseiros pobres tomavam tais "documentos", como importantes formas de legitimar sua posse na terra.

124 *Ibidem*, p. 27.

125 *Ibidem*, p. 32.

126 *Ibidem*, p. 32.

127 *Ibidem*, p. 32.

128 *Ibidem*, p. 9.

III

Um terceiro ponto que quero chamar a atenção, a partir dos autos do processo nº 28 de 1959, é a forma como se verificava a situação da área onde se iria fazer a posse.

A testemunha do citado processo nº 28 de 1959, Antonio Teodoro de Oliveira nasceu em Pitanga em 1910, mas veio para Campo Mourão no mesmo ano. Portanto, criou-se no *sertão* de Campo Mourão, estudou com professor pago pelo pai. Foi filiado ao Partido Social Democrata - PSD. Sendo eleito pelo referido partido como prefeito municipal na gestão, 12/1959 à 12/1963.[129] Tendo declarado em seu testemunho no citado processo que foi procurado em 1950 por Juvenal Gaspar da Silva para que "indicasse onde poderiam localizar, quinhentos hectares de terras, que o Departamento de Terras, por despacho Governamental, lhes havia concedido".[130]

Não era estranho terem procurado um líder político local, afinal o favorecimento do acesso a terra por alguns estava fortemente vinculado a ação das vinculações política partidária e de relações pessoais. O procedimento em questão visava reduzir o risco de situar o título em uma área com posseiros renitentes ou áreas de conflito, no caso, optou-se pela solução de comprar a posse de uma área, para sobre aquela área proceder à emissão do título de propriedade, o qual haviam "conseguido" junto ao DGTC. Mas, a posse adquirida não poderia justificar toda a área requerida por Juvenal Gaspar da Silva que teve "sua área dividida por ordem da Inspetoria de Terras, não conseguindo" o mesmo localizar "toda a metragem da área do requerimento".[131]

O *sertão* não estava vazio. Também, aqueles que iriam fazer posse sabiam que o *sertão* não estava vazio e procuravam informações para poder se estabelecer em territórios que eram ocupados por outros. Sendo recorrente a forma como os posseiros procuravam informações, muitas vezes junto ao próprio Governo para se estabelecer em terras "livres", ou, como já abordei, como a notícia de que dada área estava livre poderia gerar um fluxo de posseiros, e também de especuladores, para a área.

No caso estudado, de certa forma isso é válido desde a vinda dos irmãos Pereira. Afinal, a família Pereira tivera que descobrir as entradas para o "Campo de Mourão", e lá chegando tiveram que negociar com os grupos indígenas. Os fazendeiros que no início do século XX se instalaram efetivamente na região, também, tiveram que enfrentar os atos de violência e, principalmente, negociar com as populações indígenas locais. Isto sem contar os extratores de erva paraguaios, com os quais estabeleceram contato, mas não tenho mais dados sobre a relação entre os

129 LARA, 2003, *op. cit.*, p. 157.

130 Processo nº 28 de 1959, *op. cit.*

131 *Ibidem.*

dois grupos. Ademais, os fazendeiros de Guarapuava, também, tentavam manter tal área sob o seu controle. Assim, em um livro de memórias da família Pereira, o autor afirma que José Luiz Pereira "recebeu muitas doações dos fazendeiros guarapuavanos que tinham interesse de que a região dos Campos do Mourão fosse povoada".[132] E Jorge Walter apesar de ser identificado em alguns lugares como um fazendeiro guarapuavano em outros trabalhos ele é identificado como "um russo que se aliara a fazendeiros de Guarapuava, financiado por estes para realizar o trabalho de colonização de Campo Mourão".[133] Logo, Campo Mourão era uma área disputada por vários grupos, de dentro e de fora do *sertão*.

Mesmo nos anos 20 e 30, com a baixa densidade demográfica em um momento em que poucos procuravam ou conseguiam legalizar a posse. A terra não estava "livre" para qualquer forma de acesso. Não apenas porque havia dispositivos formais e não-formais que regulavam a sua propriedade, os quais implicavam como fez Jorge Walter em entregar metade da terra "legitimada", para poder ter o título de propriedade. Mas, mesmo os posseiros que chegavam deveriam, no mínimo, se reportar às famílias mais antigas e bem estabelecidas como já indicado no primeiro capítulo.

Os posseiros que vieram depois do início da colonização dirigida, em geral, procuravam informações sobre as terras, com amigos que já estavam na região, com pessoas tidas como autoridades locais e com autoridades ligadas do DGTC. Assim, no processo nº 644 de 1962, já abordado, o posseiro José Pereira de Araújo, em seu testemunho afirma que, em 1953, chegou no lote em disputa, na Colônia Mourão, "ocupando o referido lote por indicação do sr. Vicente Cordeiro o qual dizia serem aquelas terras devolutas, uma vez que não existia requerimento de compra ao Governo do Estado".[134] Dessa forma, fazer posse não é avançar em uma área vazia, mas se estabelecer em meio a conflitos pela apropriação da terra, estabelecendo os posseiros táticas para tal ação.

IV

Um quarto ponto que quero chamar a atenção a partir do processo nº 28 de 1959, é a certeza do direito da posse, para os posseiros. Mais do que no direito positivo que garantia o direito às benfeitorias para os posseiros de boa-fé ou nas promessas governamentais de dar a terra a quem trabalha, parece que eram em valores tradicionais que estava pautado tal certeza. Como já argumentei, seja tal certeza pautada na concepção de direito (de uso) dos pobres, gerado pelo trabalho em oposição ao direito (de propriedade) gerado pelo dinheiro; ou de uma tradição ligada ao direito de propriedade no regime sesmarial; ou, ainda, como pressupostos da campesinidade, de que se tem direito a terra em que se trabalha. De

132 LARA, 2003, *op. cit.*, p. 40.

133 VEIGA, 1999, *op. cit.*, p. 29.

134 Processo nº 644 de 1962, *op. cit.*

qualquer forma, o resultado era uma resistência em sair da posse, alicerçada pela certeza de que se estava fazendo aquilo que era moralmente correto. Como, talvez, seja o caso do posseiro Francisco Pedroso e sua família, eles permaneceram no imóvel mesmo quando as possibilidades de ação judicial já tenham se esgotado.[135]

Quando não eram expulsos violentamente da terra, e mesmo assim, tendiam a permanecer. Como no caso de José Onieski, Pedro Onieski, João Vidal e outros antigos moradores da Fazenda Walter, em caso já citado, que diante da briga entre grandes madeireiros/fazendeiros aproveitaram da situação e voltaram a demandar as posses, das quais tinham os jagunços expulsado-os.[136]

Apesar da maioria das ações judiciais, nas quais se confrontam detentores de título de domínio e posseiros, terem sido iniciadas pelos detentores de títulos. Sendo que, muitas vezes, os posseiros sequer possuíam dinheiro para pagar um advogado, neste caso, poderia ser nomeado um advogado dativo ou deixar o processo correr a revelia. Pelo menos 19,1%, dos 105 processos encontrados deste tipo, foram impetrados por iniciativa dos posseiros. Todavia, como já argumentei, a propriedade da terra foi invariavelmente mantida com os detentores do título de domínio, mesmo estes não tendo cultura efetiva e morada habitual, sendo isso uma das obrigações para a validação ao título de domínio. Os poucos posseiros que conseguem acesso a terra por via judicial contra os detentores do título de domínio, o fazem por acordo. Como no caso da ação impetrada por José Onieski, Pedro Onieski, João Vidal e outros antigos moradores da Fazenda Walter, que ao final de um desgastante processo conseguiram 871,2 hectares de terra.[137]

Ou no caso, dos autos do processo nº 14 de 1959, no qual o autor é Belin Carollo e sua esposa, alegando serem legítimos proprietários do lote 370, 1ª Parte, da Gleba Registro, de Campo Mourão, com 35,1 hectares, com o título de domínio emitido pelo Governo do Estado, em 5 de novembro de 1958. Afirmam que adquiriram por compra o direito a posse do lote, em 20 de janeiro de 1944, de Benedito José da Rocha e sua mulher. Sendo que "sempre" exerceram a detenção do imóvel, tendo comprado várias benfeitorias de José Schner, em 22 de abril de 1947. Tendo o falecido José Michalezeszen e Maria Michalezeszen se apoderado indevidamente do citado imóvel.[138]

Na contestação, o advogado alega que José e Maria Michalezeszen mantinham posse mansa e pacífica sobre 24,2 hectares de terras, que adquiriram o direito da posse de "Tote" Xavier. Sendo que Carollo realmente possuía 121 hectares do imó-

135 Processo nº 28 de 1959. *op. cit.*

136 *Ibidem.*

137 SORIANO, 2002, *op. cit.*, p. 102.

138 Processo nº 14 de 1959. Ação Reivindicatória. Requerente: Belin Carollo e sua mulher. Requerido: Maria Michalezeszen. Arquivo da Primeira Vara Civil da Comarca de Campo Mourão, p. 2-3.

vel registro, mas que não incluíam a área pertencente à Maria Michalezeszen e a seus 5 filhos menores de 11 anos.

> E, tanto assim o é que, o titular da 8ª Inspetoria de Terras – Dr. Rubens Gonçalves pegou de Da. Maria Michalzens [sic] a importância de cinco mil cruzeiros para os gastos da titulação e inexplicavelmente o título saiu para terceiros, havendo, assim, cabal demonstração de equívoco do DGTC, ou má fé de quem prestou informações da existência da posse por parte do requerente.[139]

Em 25 de julho de 1959, o juiz delibera por anular o processo porque o advogado de Carollo era curador de menores da comarca, como eram bens de menores que estavam sendo demandados, estaria o advogado "militando contras as funções de seu cargo".[140] Mas, Belin Carollo inicia um outro processo contra a citada viúva. O processo nº 242 de 1959, sendo requerido o Espólio de José Michalezeszen. Como de praxe no julgamento o posseiro é condenado a se retirar do imóvel e o detentor do título é condenado a pagar as benfeitorias. Mas as partes entram em um acordo, tendo a viúva e seus 5 filhos permanecido no imóvel em uma área de 7,26 hectares, não sendo pago a indenização das benfeitorias.[141]

Um acordo "amigável" era uma alternativa para os processos entre posseiros e detentores de título de domínio, 65% dos que chegaram até nós foram assim encerrados. Não se sabe o grau de coerção física ou moral que estiveram envolvidos nestes acordos "amigáveis". Contando aí os processos que, também, ou pela violência ou pelo "acerto" foram resolvidos e abandonados pelas partes. Em uma situação de grande desigualdade de recursos de poder, procurar a justiça era apenas uma das formas pelas quais se procurava *se defender* para conseguir o que considerava seu direito, manter sua autonomia.

V

Um quinto ponto, presente no processo nº 28 de 1959, o qual quero chamar a atenção é a venda de posses. No citado processo nº 28, de 1959, as testemunhas mencionam algumas vendas de posse.[142]

A primeira feita por Manoel Ferreira à Juvenal Gaspar da Silva, o qual queria situar naquele local, um título de 500 hectares de terras que havia requerido do Governo. A testemunha, que era vizinho da propriedade em litígio, menciona o motivo da venda do imóvel: "o velho Manoel Ferreira, estava precisando de dinheiro". Uma vez que seu filho era proprietário, provavelmente de terras mais no-

139 *Ibidem*, p. 21.

140 *Ibidem*, p. 44.

141 Processo nº 242 de 1959. Ação Reivindicatória. Requerente: Belin Carollo. Requerido: Espólio de José Michalezeszen. Arquivo da Primeira Vara Civil da Comarca de Campo Mourão.

142 Processo nº 28 de 1959, *op. cit.*

vas, ele poderia se desfazer da terra em um momento de emergência. Em especial, porque naquele momento uma série de serviços e bens estavam acessíveis, mas eram interditados. Ou seja, eram acessíveis pela possibilidade de comunicação e/ou proximidade, mas interditados, pois implicavam gastos que, em geral, um pequeno posseiro não conseguia obter, como gastos com hospitais.[143] Daí a possibilidade de venda da posse para satisfazer tais gastos.

O testemunho dos autores, ou seja, indicada por Juvenal Gaspar da Silva, sugere que havia má-fé, já em 1950, pelo menos por parte do filho de Manoel, João Ferreira, quando eles venderam a posse de terras que era relativamente próxima a casa de João Ferreira. Sendo que João Ferreira teria afirmado que pretendia: "tomar o dinheiro dos trouxas", ou seja, de Juvenal Gaspar da Silva.

O que aconteceu em seguida, segundo a testemunha, é que Francisco Pedroso vendeu uma posse que detinha no Barreirão e passou a residir no Barreirinho do Oeste, na propriedade de seu genro, João Ferreira. O que indica um outro motivo para se vender, posse ou propriedade, reunir a família. Em uma sociedade em que a estrutura familiar pesa majoritariamente nos destinos individuais, a proximidade de uma parentela era fator de segurança.

Em seguida, Francisco Pedroso teria mudado para a área da antiga posse de Manoel Ferreira. Talvez, porque por uma questão de fronteira considerassem aquela área como livre. Talvez, porque considerasse que como ninguém trabalhava na área ele poderia trabalhar lá e ter direito ao fruto do seu trabalho.

Ainda segundo a citada testemunha, Francisco Pedroso vendeu uma área para um comerciante chamado Said Chaar, o qual empreitou a área para um parceiro para cultivar café. Francisco Pedroso "abriu" uma área de aproximada de 24,2 hectares, era terra suficiente para uma família cultivar, dentro do padrão agrícola de então, portanto, poderia vender a área excedente. Em especial porque o posseiro sabia da precariedade da condição de posseiro. E, desta forma, venderia 9,68 hectares para Said Chaar.

E, finalmente, a "venda" que a testemunha não narra. Quando Juvenal Gaspar da Silva é condenado a pagar a indenização das benfeitorias. O que permite entender a possibilidade deste tipo de "acerto", pois se o que gera o direito é o trabalho, o pagamento das benfeitorias, como frutos do trabalho, poderia ser aceito como um pagamento aceitável, dentro da desigualdade de recurso de poder. Como indicam os casos em que os posseiros voluntariamente aceitaram o pagamento. Mesmo que o fato de terem que abandonar a terra em que trabalhavam seja lembrado, invariavelmente, como um fato injusto.[144]

A prática de venda de posse era tão frequente que forçou o próprio Governo a legalizar tais vendas. Como no disposto no art. 7 do Decreto Estadual nº 3.060, de 26 de outubro de 1951: "A cessão de direitos de posse, em favor de terceiros, outor-

143 MONTEIRO, 1961, *op. cit.*, p. 55-56.

144 Por exemplo, ver o depoimento colhido In: SORIANO, 2002, *op. cit.*

gada por posseiros, com moradia efetiva e cultura habitual, será reconhecida pelo Estado, em área circunscrita ao espaço cultivado e ao reservado para moradia, não excedente de 100 hectares".[145] Na prática, às concessões de direito de posse em terras devolutas, como já foram apresentados casos, eram aceitas para áreas muito maiores que os 100 hectares. Como argumentei anteriormente, o projeto ideal da *colonização racional* era dispor de espaço, segundo um planejamento centralizado, ou seja, dispor de um espaço plástico e vazio. Todavia a presença de posseiros no *sertão* era um dos fatores que tornava o mundo não plástico e levou as autoridades a admitirem o direito de posse. Entretanto, há que se considerar que tal fato, provavelmente, também permitiu a criação de cadeias sucessórias falsas de vendas de direito de posse. Apesar de não poder demonstrar quem fazia isso, as acusações das partes do processo, alguns já abordados, não deixam dúvidas de que isso ocorria. Aliás, as sucessões de posseiros, às vezes, chegam a três ou mais antes do imóvel ser legalizado, conforme consta em muitos processos.

Por exemplo, nos autos do processo nº 100 de 1955, na petição inicial os lavradores: Antonio Pereira da Silva e sua mulher, Laurinda Celestina, alegam por meio do seu advogado que o agricultor Erwino Hupers e prepostos a uma semana entraram em seu imóvel "fazendo picadas, medições, fincando marcos e removendo outros, destruindo roças e árvores frutíferas, insultando e pondo em perigo a vida de todos, para terminarem se apossando e se instalando" em parte dos lotes 144A e 145, da gleba 5, da Colônia Goio-Bang, com uma área de 193,6 hectares. Afirmando terem a posse legítima, apresentam a cadeia sucessória do direito de posse, pautado em instrumentos públicos de "cessão de direitos". Alegam que há vários anos os lotes vinham sendo ocupados por Erno Lengler e Nelson Lengler, tendo estes requeridos os lotes ao DGTC, sendo que venderam os lotes para João Martins Sanches e João Ruiz Aiale. Que este último transferiu seus direitos sobre o imóvel para o primeiro. João Martins Sanches, único titular, então, vendeu para os autores do processo os direitos sobre os lotes.[146]

Quando se percebe o ato de "fazer posse" na trajetória de vida de um indivíduo ou família, fica mais claro como ela pode se inserir na reprodução familiar, sem com isso, significar que a família esteja presa a terra ou que não possa explorar um campo de possibilidade que envolve atividades não agrícolas. João Maria de Lara, membro da família Pereira, um bancário aposentado, narra algumas trajetórias de seus familiares em Campo Mourão.

Como de Joaquina Dorneles Barboza, nascida em 1908, mãe de 6 filhos, segundo o citado autor:

---

145 Processo nº 17 de 1958. Reintegração de Posse. Requerente: Fernando Peressim. Requerido: Ismael Pereira e Aurélio Benedini. Arquivo da Primeira Vara Civil da Comarca de Campo Mourão.

146 Processo nº 100 de 1955. Ação de Reintegração. Requerente: Antonio Pereira da Silva e outros. Requerido: Erwino Hupers. Arquivo da Primeira Vara Civil da Comarca de Campo Mourão.

> A tia Joaquina logo que casou, no final dos anos de 1930, foi para a região de Mamborê, na mesma ocasião que foram seu pai e seu irmão Quirino. Tia Joaquina e seu marido *tomaram posse* de um sítio de mais ou menos 45 alqueires, vizinho da posse do tio Quirino, às proximidades do Rio Gavião e Lageado [sic]. Naquele lugar ela criou todos os seus filhos; só saiu de lá quando vendeu o sítio no ano de 1972 e compraram uma chácara em Campo Mourão, na saída para Goio-erê, estrada velha [...]. Ficaram ali por pouco tempo, venderam a chácara e minha tia foi morar na cidade de Mamborê, onde faleceu no ano de 1973 [...] (grifo meu).[147]

Outras trajetórias foram ainda mais intrincadas para conseguir *defender-se*. Como a narrativa sobre Joaquim Inácio Pereira, pai de 8 filhos:

> O senhor Joaquim Inácio requereu do Estado um sítio de 42 alqueires no Bairro dos Inácios [que assim foi chamado por ali situarem 4 irmãos da família Inácio] e lá morou desde 1952 a 1975. Depois mudou-se para Terra Boa, comprou uma máquina de arroz e lá morou por cinco anos. Em seguida mudou-se com a família para Rondônia, em 1978. Morou na cidade de Colorado do Oeste, e após mudou-se para Cerejeiras, em 1993 voltou de mudança para Campo Mourão, onde mora com sua esposa no Jardim Country.[148]

Ou ainda, a narrativa da vida de Sebastiana Teodoro de Jesus, nascida em Campo Mourão em 1914, e de seu esposo Manoel Gabriel de Lara, casados em 1940, sendo os pais do citado autor. Ele assim narra à trajetória do pai:

> Ele nasceu a 15 de outubro de 1916 na localidade de Marrequinha, município de Guarapuava (PR). Ficou órfão de pai ainda menino, sua mãe se casou com o senhor Vidal Ribeiro da Rocha. Depois moraram em Pitanga. Por ocasião da revolução de 1930 [...] criou-se um certo pânico na região. Então meu pai, com sua mãe, seu padrasto e seus irmãos, com carroção e montados em cavalos deixaram Pitanga e rumaram para Campo Mourão, enfrentando as precárias condições de um carreador. [...]
>
> *Meu pai era um caboclo* sem instrução, mas honesto e trabalhador. Foi lenhador, lavrador e comerciante sem sucesso. [...] Como desbravador, trabalhou em roçadas na abertura da estrada de Roncador a Campo Mourão.
>
> Alguns anos depois de casado, meu pai foi com a família morar em um sítio de 41 alqueires [99,22 hectares] que comprou, seguindo a estrada Boiadeira, na chamada Água da Vespa.
>
> Meu pai comprou um armazém de secos e molhados na localidade de Campina da Lizeta, entre Luiziana e Rio do Leão. Lá ficou pouco tempo, até 1951, pois um concorrente que tinha seu armazém numa estrada à direita, uns metros à frente, chegou a botar fogo no armazém do meu pai, aproveitando sua ausência, num final de semana.

---

147 LARA, 2003, *op. cit.*, p. 94.

148 *Ibidem*, p. 68.

> Em Campo Mourão meu pai requereu várias datas e como o movimento estava aumentando na cidade, resolveu colocar uma pensão em frente à rodoviária, esquina com o Hotel Central, ao lado do Fórum, [...] 1951. Ali perdeu quase tudo o que tinha, dando de comer aos peões e viajantes que na maioria das vezes iam embora sem pagar a conta.
>
> Depois, *tomou posse* de uma chácara de cinco alqueires na estrada para Mamborê, que vendeu em 1960 ao Sr. João Palhano, seu compadre. *Com a ajuda deste compadre, que trabalhava na Inspetoria de Terras, requereu uma chácara* no Lar Paraná, antiga Avenida Municipal, em 1959, titulada pelo Governo em 1961, onde vivemos por muitos anos. Foi vendida no ano de 1989. Ali plantávamos lavoura de subsistência e tínhamos algumas vacas de leite. Com a ajuda de meus irmãos, meu pai formou dois alqueires de pasto. Além de plantar, meu pai vendia carroção de lenha, fazia cercas de arame para fazendeiros. (grifo meu).[149]

A posse deve ser vista na trajetória mais ampla, na qual os lavradores procuravam *se defender*. Há vários trabalhos que apontam a grande rotatividade da terra em áreas de colonização dirigida.[150] Entre outros motivos porque, nem sempre, como se vem indicando nas trajetórias de vida citada, as estratégias utilizadas davam certo.

Um exemplo é a família Sutil, 17 homens casados e 2 viúvas, descendentes de imigrantes espanhóis, que vieram do Rio Grande do Sul. Em 1943 assinaram um contrato de compra e venda a prazo, de um lote agrícola de 112,53 hectares com a Companhia de Terras Norte do Paraná, pagaram a primeira prestação, mas em 1946, não podendo pagar as demais prestações venderam os direitos sobre o imóvel para terceiros. "Meses depois, sem recurso para adquirir um lote, Júlio Sutil e família passaram a ocupar uma gleba de terras incultas, situada entre o Rio Ivaí e o Córrego São Tomé, freguesia de Campo Mourão, por espaço de aproximadamente quatro anos, que acreditavam ser terras devolutas". Mas se tratava de terras da mesma CTNP, que impetrou um processo judicial e, como de praxe, conseguiram a desapropriação da família, mas tiveram que indenizar as benfeitorias.[151]

Dessa forma, a figura do posseiro "errante"[152] descrita por alguns trabalhos da historiografia, pode ser melhor entendido quando se percebe este conjunto de relações socioambientais em que está inserido. Afinal, como vários trabalhos citados já indicaram mesmo entre aqueles que têm acesso a propriedade da terra, necessitavam de estar permanentemente no mercado de terras para poder reproduzir a sua condição de pequeno agricultor familiar. A estabilidade do *colono/pioneiro* e a errância do *caboclo*, são imagens que atrapalham a perceber a luta pelo acesso a terra a qual todos estavam sujeitos no *sertão*.

---

149 *Ibidem*, p. 100-104.

150 SEYFERTH, 2004, *op. cit.*, p. 69-150; DEAN, 1996, *op. cit.*, p. 284.

151 SORIANO, 2002, *op. cit.*, p. 103 *et seq.*

152 BERNARDES, 1953, *op. cit.*, p. 22.

VI

Um sexto, e último, elemento que chama a atenção, a partir dos autos do processo nº 28 de 1959, é a violência associada ao ato da posse. Uma das testemunhas dos autores no processo afirma que o posseiro "Francisco Pedroso e seu genro são dados a vícios da valentia, ambos tendo respondido por crime de morte". Mas é interessante notar que o único ato "violento" que Francisco Pedrosa cometeu, no que tange ao processo, foi ter "feito posse".[153] E aqui é importante voltar a representação de *intruso*. Um texto clássico sobre a colonização moderna no Estado do Paraná afirma que:

> Em todo o Paraná, onde se verificaram negócios de terras, surgiu a indústria da intrusagem, desinteressados os intrusos na legalização de suas posses, e objetivando apenas o recebimento de novas terras pela sua saída, ou o pagamento de indenizações pelas benfeitorias realizadas nas propriedades, as quais, via de regra, ficavam muito aquém das importâncias exigidas para a sua retirada.
>
> Muitas vezes, a intrusão era violenta, quando aventureiros penetravam e instalavam-se, mesmo pela força, em terras já alienadas, porém com os títulos definitivos ainda não expedidos, exigindo quantias de vulto para abandonarem as terras invadidas, não faltando as ameaças ostensivas de sevícias e mortes. Estes invasores operavam frequentemente para grupos poderosos, interessados geralmente na formação de grilos.
>
> Com frequência, a luta pela terra era travada entre o posseiro, o intruso e o proprietário que tinha o título de domínio pleno, quando dois ou mais posseiros, intrusos e proprietário não se apresentavam disputando o mesmo lote ou a mesma gleba.[154]

Serra, também, trata o *intruso* como categoria sociológica:

> [...] intruso, elemento que se infiltrava nas frentes pioneiras para extorquir terras de particulares para depois vender a preços elevados, repetindo depois a mesma operação, de preferência em outra área distante para não ser identificado. Os pequenos posseiros eram as vítimas preferidas dos intrusos.[155]

É evidente que existia a ação de profissionais na violência, jagunços, a polícia e pistoleiros. Sendo que as grandes empresas e grandes proprietários utilizavam os serviços destes contra os posseiros. Assim, com "prepostos" que se infiltravam,

---

153 Processo nº 28 de 1959, *op. cit.*

154 WESTPHALEN; MACHADO; BALHANA, 1968, *op. cit.*, p. 23.

155 SERRA, 1991, *op. cit.*, p. 75. Joe Foweraker também busca estabelecer essa distinção sociológica entre o posseiro e o *intruso*. Mas ao final reconhece que: "Permanece sempre a questão sobre até que ponto seriam essas 'invasões' criminosamente engendradas, ou até que ponto estariam exprimindo a luta desorganizada do campesinato oprimido da fronteira" (FOWERAKER, 1982, *op. cit.*, p. 158).

pela força ou não, em lotes para justificar o domínio de um terceiro e excluir do lote o posseiro. Nos processos citados já apareceram figuras, acusados, de serem tais agentes, de serem "testa de ferro" de "grileiros". Todavia, tal figura é menos frequente, na região de Campo Mourão, do que o texto de Westphalen, Machado e Balhana sugere para o Paraná. Sendo mais comum nos processos, a narração de casos de violência direta, por meio de policiais e jagunços e da ação judicial. Embora seja, em geral, difícil de detectar tal tipo de ação, haja vista a discrepância das versões apresentadas nos processos.

Outra questão é diferenciar um posseiro que realmente acha que tem direito a posse de um *intruso* que faz posse pensando em vender a posse, como sugere Serra. Como argumentei, vender a posse estava dentro do campo de possibilidade para os posseiros. Era uma das táticas utilizadas para sobreviver, para se reproduzir como agricultor familiar ou para *enricar*. Sem negar que houvesse indivíduos que se infiltravam nas áreas de colonização com a intenção de "extorquir terras de particulares para depois vender"; o fato de um posseiro ter feito posse várias vezes em sua vida, não significava que tal posseiro tivesse tal objetivo.

Por todos estes fatores e pela categoria *intruso* ter um significado diferente nos relatórios governamentais, sendo, um sinônimo para posseiro em geral, optei utilizar a categoria *intruso*, não como classificação sociológica, mas como representação. A qual deslegitimava o processo de fazer posse e a denominada "colonização espontânea", em nome de uma *colonização racional*.

Ademais, a acusação dos posseiros estarem "intrusando" a terra e de serem violentos era largamente utilizada nos processos para legitimar o direito de acesso a terra daqueles que detinham os títulos de propriedade, mas não a posse.

Nos autos do processo nº 103 de 1951. Impetrado por Alonso Carvalho Braga, colonizador, residente em Curitiba, que, por meio de seu advogado alega na inicial que "em diferentes épocas adquiriu de diversos requerentes de terras do Estado, vários lotes todos situados num só bloco, da gleba 13, do Goio-Erê". Assim, a posse sobre o citado imóvel seria remota, anterior a serem tituladas pelo Estado, havendo várias benfeitorias no imóvel. Alega que os réus, acerca de um pouco mais de um mês "privaram" o requerente "de sua posse em diversos pontos invadindo grande parte da área em referência, passando ao mesmo tempo, a derrubar matas e construir ranchos." Afirma que esse "apossamento doloso é, sobretudo violento, pois que, com a intenção de evitar se aproximem os prepostos do requerente das áreas ocupadas, muitos dos intrusos são portadores de armas que as exibem a-fim-de [sic] fazerem demonstrações de força". Os réus relacionados são em número de 50, todos homens, solicitando ao juiz citar suas "esposas se casados forem".[156]

156 JOAQUIM CARVALHO DA COSTA, José Alves da Silva, José Reis, João Reis, João Bonetti, João Onorio, Antonio Pereira, Antonio Cordeiro, Joaquim Cordeiro, Martiniano Bueno Lopes, José Paulino, José Brito, Pedro Maia, Antonio Guilherme, Otavio Pereira, Joaquim do Carmo Pereira, Água Ferreira, Joaquim Carvalho da Costa, Francisco Venâncio da Silva, Francisco Martins, José da Cunha Pinto, Joaquim Izidio, João Izidio, Sebastião Camargo,

E, no decorrer do processo, o advogado do requerente argumenta que Alonso Carvalho Braga:

> [...] é sobejamente *conhecido como colonizador* tanto neste Estado como em S. Paulo, onde sempre tem incentivado com a sua colaboração, grande desenvolvimento a vida agrícola de ambos os Estados cooperando, assim, para o enriquecimento econômico-financeiro de vastas regiões. Consequentemente, não pode [...] ver-se prejudicado e desafiado por atos turbativos de posse e verdadeiro vandalismo praticado por um grupo de indivíduos sem escrúpulos que *destroem matas e não plantam*, mas lá se instalam ostensivamente á espera de uma oportunidade a chantagem, visto não lhes assistir um só elemento para pleitearem algo judicialmente. Enfim, são posseiros de má fé, nada lhes assistindo (grifo meu).[157]

O advogado dativo dos réus, em audiência no processo, apresenta uma outra versão:

> Os Réus querem contestar as respeitadas afirmativas de que entraram no imóvel como intrusos, esbulhadores e chantagistas. Não lhes cabe a culpa de não poderem em suas deficiências econômicas, movimentar-se por terra e pelo ar, movimentar e acelerar expedientes junto às diretrizes de terras do Estado, nesta Cidade e na Capital. Confiantes no valor dos documentos fornecidos pelas repartições públicas e desconhecendo centenas de detalhes que formam a conhecida teratologia dos trâmites administrativos, fizeram seus requerimentos de compra de terras e aguardaram indefinidamente a solução que afinal saiu para outrem. [...] Desprotegidos de tantas regalias, acampados à margem da civilização, cabe-lhes apenas o direito justo de continuarem, dentro da imoralidade administrativa, a serem 'Os Servos da Gleba'. A questão social que realmente está lançada [...]. Os Réus não são posseiros de má fé, nem nunca o foram. Cabe-lhes direito de terem ao menos onde caírem mortos. Abrindo sertão foram os vanguardeiros de Midas.[158]

No julgamento, o juiz substituto, Sinval Reis, narra que os réus solicitaram assistência judicial, sendo nomeado para eles um advogado dativo. Todavia, o advogado dos réus não apresentou a contestação do prazo legal, bem como não juntou ao processo os protocolos de solicitação de terra que provariam à boa-fé da posse dos réus. E argumenta, sobre o advogado dos réus:

José Martins Almeida, Sebastião Carneiro, Idalecio Nunes, Ernesto Nunes, Licio Costa de Almeida, João Paulista, Marinho Paulo, Antonio Prado, Juvenal Prado, Emidio Prado, João Prado, Sebastião Prado, José Martins, Carlos Martins, Aquiles dos Santos, Herculano dos Santos, Serafim Moreira, Manoel Moreira, João Moreira, Bonifacio Viana, José Antonio, José Lemes, José Ferreira, Joaquim Ferreira, Manoel Ferreira, José Ivã, Miguel Silvério. Processo nº 103 de 1951. Reintegração de Posse. Requerente: Alonso Carvalho Braga. Requerido: Joaquim Carvalho da Costa e outros. Arquivo da Primeira Vara Civil da Comarca de Campo Mourão.

157 Processo nº 103 de 1951, *op. cit.*, p. 175.

158 *Ibidem*, p. 173.

> Na audiência, apresenta-nos lindíssimas e líricas palavras, sem um argumento sólido, razoável, calcado nos autos, em defesa de seus constituintes. Reconheço, muitas vezes, as injustiças cometidas, em detrimento dos menos favorecidos; é possível que em muita cousa, tenha o advogado razão; [...] *Que vale ao juiz pensar que a terra deve ser de quem a cultiva, quando a lei manda entregá-la aquele que a compra?* (grifo meu) [159]

Todavia, considerando que a única testemunha dos autores que compareceu, o agrimensor Bento Pinto Ferraz, afirmou que "dez ou doze ocupantes antigos" possuem requerimento de terras, anteriores aos dos requerentes, e que os "demais ocupantes, noventa aproximadamente", não possuem tais documentos, estando de má-fé no imóvel. Por isso, considera, em parte, procedente a reintegração liminar de posse, determinando que seja emitido o mandato de reintegração de posse. Condenando os possuidores de má-fé a pagarem as custas do processo e uma multa, e condena a

> ALONSO DE CARVALHO BRAGA a pagar: aos possuidores de má fé – as benfeitorias úteis; aos de boa fé (ocupantes anteriores à vistoria de junho de 1951 – os que possuam protocolos e anteriores à aquisição mais antiga dos Autores – 21 de fevereiro de 1951, os outros) as benfeitorias úteis e necessárias e aos frutos pendentes até 15 de novembro de 1951, com o direito de retenção, tudo a ser liquidado em execução de sentença.[160]

Tal se dá em 2 de junho de 1952, todavia, aparentemente, o mandato não é expedido. Uma vez que em janeiro de 1956, o escrivão informa que encontrou em seu cartório os autos: "no estado em que se encontram". Todavia, em fevereiro de 1957, Júlio Martinez Benevides, proprietário, residente em Londrina, solicita a execução parcial da sentença, uma vez que adquiriu um lote de terras, parte da área objeto do referido processo e nela encontra-se José Antonio, brasileiro, lavrador.[161] Quase 5 anos depois do "mandato" judicial ainda permanecia na terra.

Os argumentos elaborados pelos advogados, apresentam os posseiros de forma caricatural. Mas que podem ser tomados como exemplo das representações acerca dos posseiros que procurei problematizar nesta pesquisa. O advogado do autor apresenta os posseiros como violentos *intrusos*, como destruidores que praticam "atos de destruição".[162] São aqueles "sem escrúpulos que destroem matas e não plantam". Por outro lado, o advogado dos réus, apresenta os posseiros como vítimas, da violência e da corrupção estatal e das elites. Vítimas que poderiam ou deveriam ser tituladas pelo Estado.

---

159 *Ibidem*, p. 177.

160 *Ibidem*, p. 178.

161 *Ibidem*, p. 181-182.

162 Processo nº 69 de 1957. Ação Reivindicatória. Requerente: Kanane Eda e sua mulher. Requerido: Abílio Ribeiro de Mello e sua mulher. Arquivo da Primeira Vara Civil da Comarca de Campo Mourão.

Sem negar a violência, estrutural e física, que sofreram os posseiros, acredito que a narrativa das disputas estabelecidas nestes processos, e das trajetórias indicadas neste capítulo, indicam um quadro mais rico, no qual muitos lavradores buscam reproduzir a sua condição de agricultor familiar. E o fazem a partir de uma maior ou menor campesinidade, que, em parte, organiza a ação destas equipes de trabalho familiar, para a sua reprodução. Tal ordem moral tradicional se articulava com uma ordem de mercado, de forma que estava em seu campo de possibilidade, não apenas reproduzir a condição de agricultor familiar, mas *enricar*. Neste quadro proprietário e não-proprietários poderiam estar em aberto conflito ou em cooperação, mas, em geral, se encontra a negociação de espaços e vantagens, usando da astúcia, necessária, para viver e sobrevier no *sertão*.

Vitimizar os lavradores pobres é de, certa forma, reproduzir a representação de homens e mulheres pobres do campo como seres passivos, que vegetam na paisagem, um ser intrinsecamente incapaz e sem razão de ser. Ou retoma principalmente a ideia do "trabalhador nacional do campo" como capaz e laborioso, mas vítimas das condições socioambientais, os quais por isso, seguindo uma racionalidade tecnoburocratica, poderiam ser manipulados, tratados como coisas, em proveito de um princípio de ordem e de eficácia. Incapazes de opor resistência à elite, deveriam ser salvos pelos modernizadores, capitaneados pela ação estatal, que os deveria transformar em "homens novos", ou seja, em obedientes e disciplinados trabalhadores.

A narração feita neste capítulo, de fragmentos da história de vida dos lavradores da região de Campo Mourão, permite entrever algumas táticas que estes lavradores utilizavam para ter acesso a terra no *sertão*. Tal ação cotidiana foi um elemento central na repartição da terra um pouco mais democrática, e não apenas os grandes conflitos abertos entre posseiros e proprietários/grileiros, como já a muito a historiografia aponta.

Sendo que tais lavradores não foram transformados em *Homo economicus*, pelo toque da propriedade privada; ou se refugiaram em seus valores tradicionais, como apontava uma historiografia das décadas de 1950 a 1970. Mas mantinha uma dada ordem moral diferenciada que organizava, em parte, sua ação, mesmo que articulada com uma ordem econômica, como indica a literatura, especialmente antropológica, a partir dos anos 1980.

Dessa forma, ao fazer posses os lavradores contribuíram ativamente para o processo de modernização do *sertão* paranaense. Não sendo modernos *Homo economicus*, como, às vezes, a designação de *colono/pioneiro* procura indicar; e muito menos, estavam aprisionados em uma ordem tradicional, como a designação de *caboclos*, às vezes, parece indicar. Ao contrário, jogavam com suas margens de liberdade entre os sistemas normativos.

Considerações finais

Em 1971, o jornal *Tribuna do Interior*, de Campo Mourão, apresentava uma matéria de capa, com o título *Norte do Paraná atração turística*:

> A região Norte do Paraná pelo seu dinâmico aspecto populacional e agrícola, torna-se curiosidade inédita no País. Onde somente esta região representa este *aspecto de civilização e aproveitamento total do solo*. Ao horizonte mais longínquo vemos o toque da mão do homem e a cultura racional do solo. Até a máxima aproximação das margens das rodovias encontramos em cada palmo de terra o devido trato e aproveitamento. *Encontramos o amor à terra* e a boa terra que produz tudo que se plante. O minifúndio característica responsável por esse bom aproveitamento foram metas dos colonizadores. Hoje comprovando através de sua densidade demográfica, altos índices de desenvolvimento. E a região Norte continua atravessando Campo Mourão, Mamborê, Juranda, Ubiratã. Este último sendo colonização da Companhia Sinop, conta hoje seu município com 5.480 propriedades agrícolas com média de 20 alqueires já responsável pela sua alta produção cerealista e desenvolvimento importante na produção algodoeira (grifo meu).[1]

O excerto é um bom exemplo da construção de uma dada memória sobre o processo de colonização dirigida, da região de Campo Mourão, que é uma memória vista de cima, uma memória da elite. Entre as instituições "colonizadoras" a única que é nomeada, é justamente uma empresa privada, a SINOP. A iniciativa estatal direta na colonização dirigida não é lembrada, em uma região que foi um dos maiores centros de sua atuação, mostrando a força, na década de 1970, da representação de que houve uma reforma agrária em moldes liberais no "Norte do Paraná".

1 "NORTE do Paraná atração turística". *Tribuna do Interior*. Campo Mourão, 9 mai. 1971, p. 1.

O articulista ressalta a grande incidência de "minifúndios", atribuindo a sua existência a uma vontade do colonizador. Sabe-se que não era vontade dos "colonizadores" produzir "minifúndios". O minifúndio, *stricto sensu*, enquanto pequena propriedade rural que usa técnicas rudimentares e têm baixa produtividade, bem como o latifúndio, enquanto grandes propriedades rurais com parte da terra não cultivada e com baixa produtividade, ambos, eram, justamente, o que os projetos estatais de *colonização racional* queriam evitar. Ademais, em 1970, os "minifúndios" eram, em sua maioria, estabelecimentos agrícolas de "parceiros e arrendatários", ou seja, não proprietários, que formavam a maioria da população rural de então. Como afirma Giralda Seyferth, a colonização no Sul do Brasil não reproduziu "o modelo *farmer*", idealizado pelos" "imigrantistas do século XIX", ou por setores da tecnoburocracia do século XX, "que pretendiam implantar uma propriedade familiar capitalista". Mas sim, um "campesinato especifico".[2]

Segundo o excerto, a população rural estava dotada agora de um "amor à terra". Tal "amor à terra", se expressava por uma completa utilização da terra para a produção, o que implicava em graves impactos ambientais. Denunciados por muitas pessoas que viam na degradação dos solos, uma ameaça para o futuro da própria agricultura como atividade econômica no Paraná, desde a época da colonização dirigida. Ademais, nas páginas dos jornais da região já eram frequentes as reportagens indicando o perigo e os problemas gerados pela erosão urbana ou rural.[3]

Enfim, o mais importante para esta pesquisa, é a afirmação do aproveitamento completo do solo, e o aspecto de civilização da região a ele associado. O excerto traz uma representação exemplar de uma paisagem racionalizada, ou seja, a paisagem foi reduzida ao princípio único, o da produção. Evidentemente que um olhar mais atento à região perceberia que, segundo informaram os agricultores no senso agropecuário de 1970, 14,87% da área dos estabelecimentos rurais ainda estava coberta por "matas nativas". Mas as novas pressões da chamada "revolução verde", combinado com a ação das madeireiras, iria reduzia ainda mais, as áreas de remanescentes florestais na região.

Tal representação da região de Campo Mourão, como uma região moderna, posto que totalmente voltada para a produção, foi construída já no processo de colonização dirigida da região, que interpretei como um projeto de modernização. Neste projeto de modernização procurei apontar as estratégias de apropriação de terras postuladas no âmbito do DGTC.

A gestão de terras devolutas pode ser reduzida a estratégia de *colonização racional*. E que se colocava em oposição à colonização espontânea, promovida por posseiros que entravam "desordenadamente" no *sertão* e a colonização promovida

---

2 SEYFERTH, 2004, *op. cit.*, p. 132.

3 CARVALHO, Ely Bergo de., NODARI, Eunice Sueli. "A Civilização e a Barbárie nos Jornais: O imaginário do verde em cidades de fronteira agrícola no Paraná (1954/2000)". *Fênix*, Uberlândia, nº 2, vol. 5, abr./maio/jun. 2008, p. 1-19.

por empresas privadas e pessoas físicas, que especulava com a terra e não estariam efetuando uma colonização "eficiente". A *colonização racional* deveria ser aquela feita sobre o mais rigoroso "princípio técnico", quanto à avaliação da área, medição, demarcação e localização dos *colonos*. Mais que um *habitus* da tecnoburocracia, tal confiança nos "princípios técnicos" indicam uma visão de mundo moderna, no qual o mundo é visto como um mecanismo que pode ser controlado por especialistas. Ademais, a *colonização racional* deveria ser centralmente planejada.

Não caberia deixar a regulação da colonização às velhas forças *liberais*, da "Velha República", tidas como responsáveis pelo "desperdício" da potencialidade dos seres humanos e da natureza. A colonização dirigida em tela se insere dentro da construção do que pode ser entendido como uma sociedade fordista-periférico no Brasil. No caso, a ideia era criar um universo de agricultores familiares que produziram alimento, produtos para exportação e consumiriam produtos industriais, cumprindo seu papel dentro de um projeto de industrialização da Nação. Como parte da produção de um fordismo-periférico no Brasil, a *colonização racional*, também, deveria produzir um "homem novo", ou seja, expandindo uma disciplina do trabalho para todos os campos vida social, para transformar os homens e mulheres pobres do campo em obedientes trabalhadores e bons consumidores. Assim, a *colonização racional* visava transformar a terra e os seres humanos tidos como "improdutivos ou pouco produtivos", em eficientes e produtivos, visava uma racionalização reduzindo-os, trabalho e terra, a mercadorias. Evidentemente a *colonização racional* é um ideal postulado pela tecnoburocracia e por políticos. Na prática, a colonização dirigida efetuada diretamente pelo Estado ou por empresas privadas, foi algo bem mais complexo.

Em tal projeto de modernização, o Estado Jardineiro procurou deslegitimar à condição da população a ser modernizada e desmantelar os mecanismos de reprodução e auto-equilíbrio. Neste ponto, apenas indiquei algumas práticas, que contribuíram para isso, com a "fixação do homem ao solo", ou seja, localizar cada família em seu lote, sendo que os lotes para muitos proprietários e para os não-proprietários eram relativamente pequenos, ampliando a pressão sobre o agroecossistema. Ademais, com isto, práticas como o uso comum das pastagens para gado vacum e cavalar se inviabiliza, bem como a prática de fazer "safra" de porcos. E, também, inviabiliza a coivara, pois não havia mais tempo e espaço para a mata crescer. Todo o espaço deveria estar voltado para maximizar a produção.

A deslegitimação de tais lavradores tidos como "improdutivos", passa pelo imaginário social da época. Assim, esta pesquisa se deteve em algumas representações a respeito dos homens e mulheres pobres do campo. As representações hegemônicas sobre tal grupo, na primeira metade do século XX, passaram daquelas em que eles vegetavam no campo, sendo imprestáveis; para um trabalhador capaz, mas vítima das condições socioambientais, que por isso deveria ser tutelado, pelo Estado. Transformando-os em "homens-novos", significava produzir uma ascese do trabalho ao mesmo tempo que os excluíam da plena cidadania. Não é estranho que, por este e por outros motivos, até a pouco tempo, os pobres do campo eram descritos pela historiografia como incapazes de ação, reconhecendo sua agência apenas em momentos de revolta aberta ou a partir da ação de agentes políticos externos.

É neste conjunto de elementos que se insere a representação dos posseiros como *intrusos*, tidos como destruidores contumazes da natureza, ao mesmo tempo em que o processo de colonização dirigida era apresentado como um ato de não destruição da floresta e dos modos de vida produzidas em seu interior, mas como um ato de "produção". Representação que deslegitima a ação dos posseiros que buscavam garantir o seu acesso a terra e de grupos como os indígenas que buscavam viver na floresta.

Sem pretender ser sistemático, indiquei estas e outras práticas e representações que levavam a exclusão de lavradores pobres das terras. Como os caminhos paralelos ao oficial da burocracia estatal para titular terras devolutas, a qual contribuía para excluir "indivíduos" do acesso a terra, enquanto as "pessoas" escapavam aos efeitos da lei.

Todavia, os lavradores não foram vítimas do processo modernizador. Por isso, fiz uma incursão no universo destes lavradores, sem pretensão de modelizar sua ação ou os modelos de agroecossistemas por eles produzidos. Mas, principalmente, para fazer um contraponto com a estratégia estatal estudada. O fio condutor de tal incursão é a estratégia de fazer posse. Procurando perceber como os lavradores articularam uma ordem moral e uma ordem econômica para reproduzir a condição de agricultor familiar ou *enricar*. A ação cotidiana de lavradores pobres, resistindo, mas também, colaborando e, principalmente negociando, foi fundamental para a transformação da paisagem florestal em uma paisagem moderna, mas o fizeram não como realização do projeto modernizador, mas o reelaboraram em seus próprios termos.

A prática de fazer posses foi fundamental para deslanchar a ação do Estado na colonização dirigida e para um maior parcelamento da propriedade da terra. Mesmo que, esta ação se desse em meio a hierárquica cultura brasileira, que continua a se reelaborar e se reproduzir na fronteira agrícola, em meio a formação de uma estrutura fundiária excludente, uma sociedade socialmente injusta e ambiental insustentável, mas agora, moderna.

Entretanto, algumas questões ainda precisam ser esclarecidas. Não abordei uma série de outros agentes no processo de colonização dirigida, que eram atores interessados no processo de gestão. Como as prefeituras municipais, a crítica ambiental da época, entre outros grupos e instituições que não tiveram uma participação reduzida neste processo, como o presente texto pode ter deixado parecer. Tais agentes seriam merecedores de uma abordagem em separado.

E, também, devo destacar que abordei a gestão de terras, em grande parte a partir das representações que foram sugeridas pelas próprias lógicas do poder hegemônico, pois reduzi a gestão da terra ao problema de sua posse e propriedade, só indicando – mas não pormenorizando – às várias formas de acesso ao recurso e as implicações do seu manejo. Seria necessário um trabalho de fôlego e interdisciplinar, para dar conta das diferentes dimensões das formas de apropriação de terras pelos diferentes agentes interessados. Essa pesquisa mais refinada, que abordasse as formas de manejo do agroecossistema , abriria, com certeza, novas perspectivas para este trabalho, mas a inexistência deste não inviabiliza as considerações aqui elaboradas.

Por fim, remexer a "arca da memória e da linguagem" pode trazer a cena, mais uma vez, "mortos que não devem morrer".[4] Considerando que, invariavelmente, a luta pelo passado é uma luta pelo futuro. Quando se olha o passado e não se vê apenas escombros, mas um campo de batalha em que estiveram presentes, agentes em luta que determinaram o curso dos processos com sua ação, talvez, se possa pensar outro futuro, em que as lutas não coloquem em risco a sobrevivência da própria espécie humana.

4 BOSI, 1992, *op. cit.*, p. 15.

Referências

ALBUQUERQUE JÚNIOR, Durval Muniz de. "O Tempo, o Vento, o Evento: história, espaços e deslocamentos nas narrativas de formação do território brasileiro". In: SIMPÓSIO NACIONAL DE HISTÓRIA, 24, 2007, São Leopoldo - RS. *Anais*. São Leopoldo: Unisinos, 2007. 1 CD.

ALMEIDA, Jalcione. "Da ideologia do progresso à ideia de desenvolvimento (rural) sustentável". In: ALMEIDA, Jalcione; NAVARRO, Zander. (orgs.). *Reconstruindo a agricultura: ideias e ideais na perspectiva de um desenvolvimento rural sustentável.* 2ª ed. Porto Alegre: Ed. Universidade/UFRGS, 1998, p. 33-55.

ALTIERI, Miguel. *Agroecologia: bases científicas para uma agricultura sustentável.* Tradução de Eli Lino de Jesus, Patrícia Vaz. Guaíba: Agropecuária, 2002.

ALVIM, Zuleika. "Imigrantes: a vida privada dos pobres do campo". In: NOVAIS, Fernando A. (Coord.). *História da vida privada no Brasil.* São Paulo: Companhia das Letras, 1998, p. 215-287, vol. 3.

ARAÚJO, Hermetes Reis de. "Da Mecânica ao Motor: A ideia de natureza no Brasil no final do século XIX". *Proj. História*, São Paulo, nº 23, nov. 2001, p. 151-167.

ARNOLD, David. *La naturaleza como problema histórico: El medio, la cultura y la expansión de Europa*. México: Fondo de Cultura Econômica, 2000.

ARRUDA, Gilmar. "Monumentos, semióforos e natureza nas fronteiras". In: _____. (org.). *Natureza, Fronteiras e Território*. Londrina: EDUEL, 2005.

______. "Representações da Natureza: História, Identidade e Memória". In: ROLIM, Rivail C.; PELEGRINI, Sandra A.; DIAS, Reginaldo. *História, Espaço e Meio Ambiente*. Maringá: ANPUH-PR, 2000, p. 43-66.

______. *Cidades e Sertões: Entre a história e a memória*. Bauru: Edusc, 2000.

BALÉE, William. *Advances in Historical Ecology*. New York: Columbia University Press, 1998.

BARBOSA, Lívia Neves de Holanda; DRUMMOND, José Augusto. "Os direitos da natureza numa sociedade relacional: reflexões sobre uma nova ética ambiental". *Estudos Históricos*, Rio de Janeiro, nº 14, vol. 7, 1994, p. 265-289.

BARCA, Stefania. "Natureza, política e "desordem das águas". Teorias da vulnerabilidade ambiental na Europa Mediterrânica (sécs. XVIII e XIX)". In: NODARI, Eunice S.; CORREA, Silvio M. de S. (org). *Migrações e Natureza*. São Leopoldo: Oikos, 2013, p. 145-163.

BATHKE JÚNIOR, Wille (Ed.). ALVES, Eleano (reportagem). "Walkyria Goertner e Geraldo Boz, 52". *Tribuna do Interior*, Campo Mourão, 25 ago. 2002. Projeto Raízes.

______. "Belin Carollo, 48". *Tribuna do Interior*, Campo Mourão, 28 jul. 2002. Especial: Projeto Raízes. (baseada nas informações de "Ana Rosalie, neta do 'nono' Belin Carollo").

______. "Deolinda Luiza Pereira, 20". *Tribuna do Interior*, Campo Mourão, 13 jan. 2002. p. 7. Especial: Projeto Raízes.

______. "Família Custodio de Oliveira, 47". *Tribuna do Interior*, Campo Mourão, 21 jul. 2002. Especial: Projeto Raízes.

______. "Francisca Teodora Pereira, 41". *Tribuna do Interior*, Campo Mourão, 9 jun. 2002. Especial: Projeto Raízes.

______. "Guilherme de Paula Xavier, 37". *Tribuna do Interior*, Campo Mourão, 12 maio 2002. Especial: Projeto Raízes.

______. "Joaquim Teodoro de Oliveira, 10". *Tribuna do Interior*, Campo Mourão, 4 nov. 2001. p. 7. Especial: Projeto Raízes.

______. "José Luiz Arana, 35". *Tribuna do Interior*, Campo Mourão, 28 abr. 2002. Especial: Projeto Raízes. (com informações de Lúcio Arana).

______. "Laura de Paula Xavier, Sebastião de Paula Xavier, 37". *Tribuna do Interior*, Campo Mourão, 12 maio 2002. Especial: Projeto Raízes.

______. "Leony Bittencourt Prado e Manoel Andrade, 53". *Tribuna do Interior*, Campo Mourão, 1 set. 2002. Especial: Projeto Raízes.

______. "Manoel do Nascimento, 45". *Tribuna do Interior*, Campo Mourão, 7 jul. 2002. Especial: Projeto Raízes.

______. "Nicolau Macowski, 19". *Tribuna do Interior*, Campo Mourão, 06 jan. 2002. Especial: Projeto Raízes, p. 7.

______. "Silvestre Stansziewski, 40". *Tribuna do Interior*, Campo Mourão, 2 jun. 2002. Especial: Projeto Raízes.

BAUMAN, Zygmunt. *Modernidade e ambivalência*. Tradução Marcus Penchel. Rio de Janeiro: J. Zahar, 1999.

BERKES, Fikret. "Sistemas sociais, sistemas ecológicos e direitos de apropriação de recursos naturais". In: VIEIRA, Paulo Freire; BERKES, Fikret; SEIXAS, Cristiana S., *Gestão integrada e participativa de recursos naturais: conceitos, métodos e experiências*. Florianópolis: Secco/APED, 2005, p. 47-72.

BERMAN, Marshall. *Tudo que é sólido desmancha no ar: A aventura da modernidade*. Tradução Carlos Felipe Moisés, Ana Maria L. Ioriatti. São Paulo: Companhia das Letras, 1986.

BERNARDES, Lysia Maria Cavalcanti. "O problema das "frentes pioneiras" no Estado do Paraná". *Revista Brasileira de Geografia*. nº 3, vol. 15, jul.-set. 1953, p. 3-52.

BOSI, Alfredo. Dialética da colonização. 4ª ed. São Paulo: Companhia da Letras, 1992.

BRANNSTROM, Christian. "Repensando a Mata Atlântica brasileira: cobertura vegetal e valor da terra no Oeste Paulista, 1900 a 1930". *Varia História*, Belo Horizonte, nº 26, jan. 2002, p. 58-76.

BRASIL. *Decreto-Lei Federal nº 1.202 de 08.04.1939*. Disponível em <www.senado.gov.br/legislacao>. Acesso em: 12 out. 2006.

BRÜSEKE, Fraz Josef. *A técnica e os riscos da modernidade*. Florianópolis: Editora da UFSC, 2001.

CABRAL, Diogo de Carvalho. "Teorias da devastação ecológica colonial na historiografia brasileira contemporânea: algumas notas críticas". In: SIMPÓSIO NACIONAL DE HISTÓRIA, 24, 2007, São Leopoldo – RS. *Anais eletrônicos*. São Leopoldo: UNISINOS, 2007.

CANCIAN, Nadir Aparecida. *Cafeicultura paranaense 1900-1970 – estudo de conjuntura*. 1977. Tese (doutorado em História) – Universidade de São Paulo – USP, São Paulo, 1977.

______. *Conjuntura econômica da madeira no norte do Paraná*. 1974. Dissertação (mestrado em História) – Universidade Federal do Paraná, Curitiba, 1974. 2 vol.

CARVALHO, Ely Bergo de. "Os historiadores e as florestas: dez anos depois de *A ferro e fogo*". *Esboços*, Florianópolis, vol. 13, 2005, p. 107-124.

______; NODARI, Eunice Sueli. "A Civilização e a Barbárie nos Jornais: O imaginário do verde em cidades de fronteira agrícola no Paraná(1954/2000)". *Fênix*, Uberlândia, nº 2, vol. 5, abr./maio/jun. 2008, p. 1-19.

CARVALHO, Ely Bergo de. *Sombras do passado, projetos de futuro: as florestas nas memórias dos agricultores de Engenheiro Beltrão – Paraná, 1947-*

2003. Dissertação (mestrado em História) - Programa de Pós-Graduação em História da Universidade Federal de Santa Catarina - UFSC, Florianópolis, 2004.

CARVALHO, José Murilo de. "O motivo edênico no imaginário social brasileiro". *Revista Brasileira de Ciências Sociais*, nº 38, vol. 13, out. 1998, p. 63-79.

CARVALHO, Miguel Mundstock Xavier de. *O desmatamento das florestas de araucária e o Médio Vale do Iguaçu: uma história de riqueza madeireira e colonizações*. Dissertação (mestrado em História) - Universidade Federal de Santa Catarina - UFSC, Florianópolis, 2006.

CERUTTI, Simona. "Processos e experiência: indivíduos, grupos e identidades em Turim no século XVII". In: REVEL, Jacques. (org.). *Jogos de escalas: A experiência da microanálise*. Rio de Janeiro: FGV, 1998, p. 173-201.

CHALHOUB, Sidney. *Trabalho, lar e botequim: O cotidiano dos trabalhadores no Rio de Janeiro da belle époque*. 2ª ed. Campinas: Editora da Unicamp, 2001.

CHAUI, Marilena. *Brasil: mito fundador e sociedade autoritária*. São Paulo: Fundação Perseu Abramo, 2000.

COSTA, Odah Regina G. *O preço de terras na colônia Içara, 1939-1968*. Dissertação (mestrado em História) - Departamento de História, Universidade Federal do Paraná, UFPR., Curitiba, 1974.

______. "Planos de colonização oficial aplicados, a partir da década de 1930, em zonas pioneiras e de povoamento, no Estado do Paraná". In: SIMPÓSIO NACIONAL DOS PROFESSORES UNIVERSITÁRIOS DE HISTÓRIA, 7., 1975, Aracaju. *Anais*. São Paulo, 1976, 3 vol., p. 817-841.

DA MATTA, Roberto. *Carnavais, Malandros e Heróis: Para uma sociologia do dilema brasileiro*. 5ª ed. Rio de Janeiro: Guanabara, 1990.

DALMORA, Eliane. *O Papel da Agricultura Familiar no Processo de Conservação da Mata Atlântica em Santa Catarina: Modos de apropriação e trans-*

formações no sistema de gestão ambiental na década de 1990. Tese (Interdisciplinar em Ciências Humanas) – Centro de Filosofia e Ciências Humanas. Universidade Federal de Santa Catarina, Florianópolis, 2004.

DAVIDSON-HUNT, Iain; BERKES, Fikret. "Nature and society througth the lens of resilience: toward a human-in-ecosystem perspective". In: BERKES, Fikret, et al. *Navigating social-ecological systems: building resilience for complexity and change.* Londres: Cambridge University Press, 2003.

DEAN, Warren. *A ferro e fogo: A história e a devastação da Mata Atlântica brasileira.* São Paulo: Companhia das Letras, 1996.

DEPARTAMENTO de Geografia Terras e Colonização. *Relatório apresentado pelo Departamento de Geografia, Terras e Colonização do Estado do Paraná, referente aos trabalhos de colonização.* Curitiba, 1954. (Biblioteca Pública do Paraná).

______ (da Secretaria de Viação e Obras Públicas). *Relatório apresentado ao Excelentíssimo Senhor Manoel Ribas d. interventor federal no Estado do Paraná, pelo Secretário dos Negócios da Fazenda e Obras Públicas, Rivadavia de Macedo. Exercícios de 1931, 1932 e 2º semestre de 1933.* Curitiba, 1933.

______ (do Paraná). *Relatório dos serviços executados pelo Departamento de Geografia Terras e Colonização durante o ano de 1942.* Curitiba, 1943. (Arquivo Público do Paraná).

______. *Legislação de Terras. Vigente até 31 de maio de 1953.* Curitiba, [s.d.].

______. *Relatório 1947 apresentado ao excelentíssimo sr. Cél. Antenor de Alencar Lima digníssimo Secretário de Viação e Obras Públicas pelo Engº. Diretor do Departamento de Geografia, Terras e Colonização.* Curitiba, 1948. (Arquivo Público do Paraná).

______. *Relatório apresentado pelo Departamento de Geografia, Terras e Colonização do Estado do Paraná, referente aos trabalhos de colonização.* Curitiba, 1954. (Biblioteca Pública do Paraná).

DEPARTAMENTO de Terras e Colonização (da Secretaria de Fazenda e Obras Públicas do Estado do Paraná). *Regulamento de Terras Vigente em 31 de dezembro de 1934. Coordenação apresentada ao governo do estado por determinação contratual pelo engenheiro civil Francisco G. Beltrão.* Curitiba, 1935.

______ (da Secretaria dos Negócios de Obras Públicas, Viação e Agricultura do Paraná). *Legislação de Terras. Vigente até 31 de dezembro de 1934 coordenada e consolidada pelo Eng. Civil Francisco Gutierrez Beltrão.* Curitiba, 1940.

______. 5ª Inspetoria de Terras. *Relatório apresentado ao Ilmo. Snr. Dr. Diretor do Departamento de Geografia, Terras e Colonização pelo Eng. Chefe da Divisão de Colonização, Sady Silva. Ano 1940-1945.* Curitiba, [s.d]. (Biblioteca Pública do Paraná).

______. *Legislação de Terras. De 1º de janeiro de 1935 a 31 de dezembro de 1940, coordenada pelo Departamento de Terras e Colonização.* Curitiba. [s.d.].

______. *Relatório dos serviços executados pelo Departamento de Terras e Colonização dos anos de 1938 e 1939 apresentado ao Exmo. Snr. Dr. A. F. Lopes m. d. Secretário de Estado dos Negócios de Obras Públicas, Viação e Agricultura.* Curitiba, 1940. (Biblioteca Pública do Paraná).

______. *Relatório dos serviços executados pelo Departamento de Terras e Colonização durante o ano de 1940.* Curitiba, 1941. (Biblioteca Pública do Paraná).

DIAS, Guilherme Leite da Silva; CASTRO, Manoel Cabral de. *A colonização oficial no Brasil: erros e acertos na fronteira agrícola.* São Paulo: IPE/USP, 1986.

DIEGUES, Antonio Carlos Sant'Ana. *O mito moderno da natureza intocada.* 2ª ed. São Paulo: HUCITET, 1998.

DRUMMOND, José Augusto. Mata Atlântica: "A História de uma Destruição". *Estudos Históricos*, Rio de Janeiro, nº 17, vol. 9, 1996, p. 239-250.

DRUMMOND, José Augusto. Os direitos da natureza numa sociedade relacional: reflexões sobre uma nova ética ambiental. *Estudos Históricos*, Rio de Janeiro, nº 14, vol. 7, 1994, p. 265-289.

ELIAS, Norbert. *Os Alemães: A luta pelo poder e a evolução do habitus no século XIX e XX*. Tradução de Álvaro Cabral. Rio de Janeiro: J. Zahar, 1997.

EL-KHATIB, Faissal. *História do Paraná: Municípios do Paraná*. 2ª ed. Curitiba: GRAFIPAR, 1969.

FEENY, David; et al. "A tragédia dos comuns: vinte e dois anos depois". In: DIEGUES, Antônio Carlos; MOREIRA, André de Castro. (orgs.). *Espaços e Recursos Naturais de Uso Comum*. São Paulo: NUPAUP-USP, 2001, p. 17-42.

FERREIRA, Aurélio Buarque de Holanda. *Dicionário Aurélio de língua portuguesa*. 5ª ed. Curitiba: Positivo, 2010.

FOWERAKER, Joe. *A luta pela terra: a economia política da fronteira pioneira no Brasil de 1930 aos dias atuais*. Tradução Maria Júlia Goldwasser. Rio de Janeiro: J. Zahar, 1982.

FRAGOSO, J.; FLORENTINO, M. *O arcaísmo como projeto: mercado atlântico, sociedade agrária e elite mercantil em uma economia colonial tardia: Rio de Janeiro, c. 1790-c. 1840*. 4ª ed. rev. e ampl. Rio de Janeiro: Civilização Brasileira, 2001.

FRAGOSO, João Luis. "Economia Brasileira no século XIX: mais do que uma *plantation* escravista-exportadora". In: LINHARES, Maria Yedda. (org.). *História Geral do Brasil*. Rio de Janeiro: Campus, 1990.

GOETZKE, Siumar. *Estudos fitossociológico de uma sucessão secundária no norte do Paraná: Proposta para recuperação de áreas degradadas*. Tese (mestrado em Botânica) Universidade Federal do Paraná – UFPR, Curitiba, 1990.

GOMES, Angela de Castro. *A invenção do trabalhismo*. 3ª ed. Rio de Janeiro: Editora FGV, 2005.

GONÇALVES, José Henrique Rollo. "A ribanceira da necessidade histórica: Crítica a uma crítica acrítica do tema da reforma agrária no Norte do Paraná". *Cadernos de Metodologia e Técnica de Pesquisa: revista anual de metodologia de pesquisa*. Suplemento Especial de História, Maringá, nº 7, 1996, p. 1-28.

______. "O espaço regional como ideologia: anotações sobre algumas coreografias políticas do norte do Paraná". *Cadernos de METEP*, Suplemento História, Maringá, nº 5, supl. 1, vol. 6, 1994, p. 1-40.

______. "Quando a imagem publicitária vira evidência factual: versões e reversões do norte (novo) do Paraná - 1930/1970". In: DIVAS, Reginaldo B.; GONÇALVES, José Henrique Rollo. (orgs.). *Maringá e o Norte do Paraná: estudos de história regional*. Maringá: EDUEM, 1999. p. 87-121.

______. "Trabalhando em fontes orais: Reflexões a partir de uma pesquisa em andamento: "Caboclos" e "Pioneiros" em Maringá, 1937 a 1953". *Cadernos de Metodologia e Técnica de Pesquisa*, Maringá, nº 3, jan./dez. 1991.

HARVEY, David. *Condição Pós-Moderna: uma pesquisa sobre as origens da mudança cultural*. Tradução de Adail Ubirajara Sobral e Maria Stela Gonçalves. 11ª ed. São Paulo: Loyola, 2002.

HESPANHOL, Antonio Nivaldo. "A formação sócio-espacial da região de Campo Mourão e dos municípios de Ubiratã, Campina da Lagoa e Nova Cantu - PR". *Boletim de Geografia*. Maringá, nº 1, vol. 11, dez. 1993, p. 17-28.

HOLANDA, Sérgio Buarque de. "Prefácio". In: DAVATZ, Thomas. *Memórias de um colono no Brasil*. Belo Horizonte: Itatiaia, São Paulo: Editora da Universidade de São Paulo, 1980, p. 15-45.

______. *Raízes do Brasil*. 26ª ed. São Paulo: Companhia das Letras, 1995.

______. *Visão do Paraíso: Os motivos edênicos no descobrimento e colonização do Brasil.* 6ª ed. São Paulo: Brasiliense, 1996.

IBGE. *Censo agropecuário*. Rio de Janeiro, 1950/1960/1970/1980.

______. Departamento Estadual de Estatística. *Sinopse Estatística do Município de Campo Mourão*. Curitiba, 1950.

______. *Divisão do Brasil em Micro-Regiões Homogêneas 1968*. Rio de Janeiro, 1970.

______. *Enciclopédia dos Municípios Brasileiros*. vol. XXXI. Rio de Janeiro: 1959.

INSTITUTO Ambiental do Paraná – IAP. *Histórico*. Disponível em: <http://www.iap.pr.gov.br/modules/conteudo/conteudo.php?conteudo=186>. Acesso em 14 abr. 2006.

LARA, João Maria. *Campo Mourão 100 anos do desbravamento 1903-2003: Uma homenagem à família Pereira*. Campo Mourão: Kromoset, 2003.

LE GOFF, Jacques. *História e Memória.* 4ª ed. Campinas: Ed. da Unicamp, 1996.

LEFF, E. "Construindo a História Ambiental da América Latina". Tradução Ely Bergo de Carvalho. *Esboços*, Florianópolis, nº 1, vol. 13, 2005, p. 11-30.

LEFF, Henrique. *Racionalidade ambiental: a reapropriação social da natureza*. Tradução Luis Carlos Cabral. Rio de Janeiro: Civilização Brasileira, 2006.

LEITE, Ilka Boaventura. "Descendentes de africanos em Santa Catarina: invisibilidade histórica e segregação". In: ______. (org.). *Negros no Sul do Brasil.* Florianópolis: Letras contemporâneas, 1996, p. 33-53.

LENHARO, Alcir. *Colonização e Trabalho no Brasil: Amazônia, Nordeste e Centro-Oeste.* 2ª ed. Campinas: Editora da Unicamp, 1986.

LENHARO, Alcir. *Sacralização da Política.* 2ª ed. Campinas: Papirus, 1986.

LEVI, Giovanni. "Usos da biografia". In: FERREIRA, Marieta de Moraes; AMADO, Janaína. (orgs.). *Usos & Abusos da História Oral.* 4ª ed. Rio de Janeiro: Ed. FGV, 2001, p. 167-182.

LEVI, Giovanni. *A herança imaterial: trajetória de um exorcista no Piemonte do século XVII.* Tradução Cynthia Marques de Oliveira. Rio de Janeiro: Civilização Brasileira, 2000.

LINHARES, Maria Yedda; SILVA, Francisco Carlos Teixeira da. *Terra Prometida: uma história da questão agrária no Brasil.* Rio de Janeiro: Campus, 1999.

LOBATO, Monteiro. *Contos (extraídos de Urupês).* Curitiba: Pólo Editorial do Paraná, 1997.

LOPES, Ana Yara D. P. *Pioneiros do Capital: A Colonização do Norte Novo do Paraná.* Dissertação (mestrado em Ciências Sociais) - FFLCH., USP, São Paulo, 1982.

LUZ, France. *As migrações internas no contexto do capitalismo no Brasil: A macrorregião do "Norte novo" de Maringá, 1950-1980.* Tese (doutorado em História) - FFLCH-USP., São Paulo, 1988.

MAACK, Reinhard. "A modificação da paisagem natural pela colonização e suas consequências no norte do Paraná", *Boletim Paranaense de Geografia*, Curitiba, nº 2/3, vol. 1, 1961, p. 29-45.

______. "O ritmo da devastação das matas no Estado do Paraná". *Ciência e Cultura*, nº 1, vol. 15, mar. 1963, p. 25-34.

______. *Geografia física do Estado do Paraná.* 2ª ed. Rio de Janeiro: J. Olympio, Curitiba: Secretaria da Cultura e do Esporte do governo do Estado do Paraná, 1981.

MAPA do Estado do Paraná, Curitiba: Fundação Instituto de Terras e Cartografia. Divisão de Cartografia. 1974. Escala: 1:600.000. (Arquivo da Coordenadoria de Gestão Territorial - CGET - da Secretaria de Estado do Meio Ambiente e Recursos Hídricos do Paraná).

MARTINS, José de Souza. "O tempo da fronteira: retorno à controvérsia sobre o tempo histórico da frente de expansão e da frente pioneira". *Tempo Social*, São Paulo, nº 1, vol. 8, mai. 1996, p. 25-70.

______. *O cativeiro da terra*. São Paulo: Hucitec, 1986.

______. *Os camponeses e a política no Brasil: As lutas sociais no campo e seu lugar no processo político*. 5ª ed. Petrópolis: Vozes, 1995.

MARTINS, Silvia Helena Zanirato. *Artífices do Ócio: Mendigos e vadios em São Paulo (1933-1942)*. Londrina: Editora UEL, 1998.

MELO E SOUZA, Antônio Cândido. *Os parceiros do Rio Bonito: Estudos sobre o caipira paulista e a transformação dos seus meios de vida*. 2ª ed. São Paulo: Duas Cidades, 1971.

MENDES, Cesar Miranda. "A delimitação regional do norte paranaense". *Consciência*, Palmas, nº 3, jan./jul. 1989.

MENDONÇA, Sonia Regina de. *O ruralismo Brasileiro (1888-1931)*. São Paulo: HUCITEC, 1997.

MONBEIG, Pierre. *Pioneiros e Fazendeiros de São Paulo*. Tradução Ary França e Raul de Andrade e Silva. São Paulo: HUCITEC, 1984.

MONTEIRO, Duglas Teixeira. "Estrutura social e vida econômica em uma área de pequena propriedade e de monocultura". *Revista Brasileira de Estudos Políticos*, nº 13, out. 1961, p. 47-63.

MORAES, Antonio Carlos Robert. *Território e História do Brasil*. 2ª ed. São Paulo: Annablume, 2005.

MOREIRA, Vânia Maria Losada. "Os anos JK: industrialização e modelo oligárquico de desenvolvimento rural". In: FERREIRA, Jorge; DELGADO, Lucilia de Almeria. (orgs.). *O tempo da experiência democrática: da democratização de 1945 ao golpe-civil-militar de 1964*. Rio de Janeiro: Civilização Brasileira, 2003, p. 155-194. (O Brasil República).

MORIN, Edgar. *Ciência com Consciência*. Tradução Maria D. Alexandre e Maria Alice Sampaio Dória. 3ª ed. Rio de Janeiro: Bertrand Brasil, 1999.

MOTA, Lúcio Tadeu. *As Guerras dos Índios Kaingang: A História épica dos índios Kaingang no Paraná*. Maringá: EDUEM, 1994.

MOTTA, Márcia. "Movimentos rurais nos oitocentos: uma história em (re) construção". *Estudos Sociedade e Agricultura*, Rio de Janeiro, vol. 16, p. 113-128, abr. 2001.

NORTE do Paraná atração turística. *Tribuna do Interior*. Campo Mourão, p. 1, 9 maio 1971.

OLIPA, Vilson. *História de Mamborê*. [s.l.: s.n.], 199?.

ONOFRE, Gisele Ramos. *Campo Mourão: colonização, uso do solo e impactos socioambientais*. Dissertação (mestrado em Geografia) Universidade Estadual de Maringá, UEM, Maringá, 2005.

PÁDUA, José Augusto. *Um sopro de destruição: pensamento político e crítica ambiental no Brasil escravista (1786-1888)*. Rio de Janeiro: J. Zahar, 2002.

PARANÁ. Decreto nº 3.602, de 21 de agosto de 1961. *Diário Oficial [do] Estado do Paraná*, Curitiba, nº 159. 21 ago. 1961. p. 1.

PARANÁ. *Mensagem apresentada à Assembleia Legislativa do Estado por ocasião da abertura da sessão legislativa ordinária de 1957 pelo Sr. Moysés Lupion governador do Paraná*. Curitiba, 1957. (Arquivo Público do Paraná).

PARANÁ. *Mensagem apresentada à Assembleia Legislativa do Estado por ocasião da abertura da sessão legislativa ordinária de 1958 pelo Senhor Moysés Lupion governador do Paraná*. Curitiba, 1958. (Arquivo Público do Paraná).

PARANÁ. *Mensagem apresentada à Assembleia Legislativa do Estado por ocasião da abertura da 2ª sessão da 5ª legislatura pelo Sr. Ney Arminthas de Barros Braga governador do Estado*. Curitiba, 1964. (Arquivo Público do Paraná).

PARANÁ. *Mensagem apresentada à Assembleia Legislativa do Estado por ocasião da abertura da sessão legislativa ordinária de 1959 pelo Sr. Moysés Lupion governador do Paraná.* Curitiba, 1959. (Biblioteca Pública do Paraná).

PARANÁ. *Mensagem apresentada à Assembleia Legislativa do Estado por ocasião da abertura da sessão legislativa ordinária de 1960 pelo Sr. Moysés Lupion governador do Paraná.* Curitiba, 1960. (Biblioteca Pública do Paraná).

PARANÁ. *Mensagem apresentada à Assembleia Legislativa do Estado por ocasião da abertura da 3ª sessão ordinária da 5ª legislatura pelo Sr. Ney A. de B. Braga governador do Estado.* Curitiba, 1965. (Biblioteca Pública do Paraná).

PARANÁ. *Mensagem apresentada à Assembleia Legislativa do Estado por ocasião da abertura da 1ª sessão ordinária da legislatura pelo Sr. Bento Munhoz da Rocha Neto Governador do Estado.* Curitiba, 1951. (Biblioteca Pública do Paraná).

PARANÁ. *Mensagem apresentada à Assembleia Legislativas do Estado por ocasião da abertura da 4ª sessão ordinária da 4ª legislatura pelo Sr. Ney Aminthas de. Barros Braga governador do Estado.* Curitiba, 1962. (Biblioteca do Circulo de Estudos Bandeirantes).

PARANÁ. Secretaria de Fazenda e Obras Públicas. *Relatório dos serviços e ocorrências da Secretária de Fazenda e Obras Públicas no ano de 1934.* Curitiba, 1934. (Biblioteca do Circulo de Estudos Bandeirantes – Curitiba).

PARANÁ. Secretaria Estadual do Meio Ambiente e Recursos Hídricos. Coordenadoria de Gestão Territorial. Divisão de Terras. *Cadastro de Colônias* – fichas. Curitiba, 1930-1989.

PEREIRA, João Viana. *João Viana Pereira: depoimento* [1998]. Entrevistador: Ely Bergo de Carvalho. Engenheiro Beltrão, 1998. 1 fita cassete.

POLANYI, Karl. *A grande transformação: as origens da nossa época*. Tradução Fanny Wrobel. 8ª ed. Rio de Janeiro: Campus, 2000.

PRADO JÚNIOR, Caio. *Formação do Brasil contemporâneo*. 23ª ed. São Paulo: Brasiliense, 1995.

REVEL, Jacques. "Microanálise e a construção do social". In: _____. (org.). *Jogos de escalas: A experiência da microanálise*. Tradução Dora Rocha. Rio de Janeiro: FGV, 1998, p. 15-38.

RODOVIA Maringá C. "Mourão inicia-se hoje o asfaltamento". *O Jornal*, Maringá, 9 out. 1966, p. 1.

ROLIM, Rivail Carvalho. "Progresso e Destruição". *História & Ensino*, Londrina, nº 1, 1995, p. 23-32.

ROMANELLO, Jorge Luiz. *Imagens e visões do Paraíso no Oeste Paulista: Um Estudo do Imaginário Regional*. 1998. Dissertação (mestrado em História) – Unesp, Assis, 1998.

SACHS, Ignacy. "Crise e oportunidade". *Revista Desafio Sustentável*, nº 1, vol. 1, set. 2009, p. 1-4.

SAHLINS, Marshall. *História e Cultural: Apologias a Tucídides*. Tradução Maria Lucia de Oliveira. São Paulo: J. Zahar, 2006.

SCHAMA, Simon. *Paisagem e Memória*. Tradução Hildegard Feist. São Paulo: Companhia das Letras, 1996.

SCHWARCZ, Lilia Moritz. *O espetáculo das raças: cientistas, instituições e questão racial no Brasil 1870-1930*. São Paulo: Companhia das Letras, 1993.

SERRA, Elpídio. *Processos de ocupação e a luta pela terra agrícola no Paraná*. Tese (doutorado em Geografia) – Instituto de Geociências e Ciências Exatas, Universidade Estadual Paulista Júlio de Mesquita Filho, Unesp, Rio Claro, 1991.

SEYFERTH, Giralda. "Imigração, colonização e estrutura agrária". In: WOORTMANN, Ellen F. (org.). *Significados da terra*. Brasília: Editora Universidade de Brasília, 2004, p. 69-150.

SILVA, Carmen Lucia da. *Sobreviventes do extermínio: uma etnografia das narrativas e lembranças da sociedade Xetá*. Dissertação (mestrado em Antropologia Social) - Universidade Federal de Santa Catarina - UFSC, Florianópolis, 1998.

SILVA, Francisco Carlos Teixeira da. "Vargas e a Questão Agrária: A construção do fordismo possível". *Diálogos*, Maringá, nº 2, vol. 2, 1998, p. 113-127.

SIMIONATO, Edina. *Campo Mourão sua gente... sua história*. 2ª ed. rev. e amp. Campo Mourão: Bacon, 1999.

SORIANO, Sara Mônica Pitot de. *Expropriação e violência: A luta dos trabalhadores rurais pelo acesso à terra (Campo Mourão: 1946-1964)*. Dissertação (mestrado em História) - Universidade Estadual de Maringá/Universidade Estadual de Londrina, Maringá, 2002.

SORRENSON, Willian Jack; MONTOYA, Luciano Javier. "Implicações econômicas da erosão do solo e do uso de algumas práticas conservacionistas no Paraná". *Boletim Técnico IAPAR*, Londrina, nº 21, ago. 1989.

STOLCKE, Verena. *Cafeicultura: Homens, mulheres e capital (1850-1980)*. São Paulo: Brasiliense, 1986.

THOMAS, Keith. *O homem e o mundo natural: mudanças de atitude em relação às plantas e aos animais, 1500-1800*. Tradução de João Roberto Martins Filho, São Paulo: Companhia das Letras, 1996.

THOMPSON, E. P. *Costumes em Comum: estudos sobre a cultura popular tradicional*. Tradução Rosaura Eichemberg. São Paulo: Companhia das Letras, 1998.

______. *Senhores e Caçadores: A origem da Lei Negra*. Tradução Denise Bottmann. 2ª ed. Rio de Janeiro: Paz e Terra, 1987.

TOMAZI, Nelson Dacio. *"Norte do Paraná": História e Fantasmagorias*. Tese (doutorado em História) – Universidade Federal do Paraná, UFPR. Curitiba, 1997.

VEIGA, Pedro da. *Campo Mourão centro do progresso*. Maringá: Bertoni, 1999.

VELHO, Gilberto. *Projeto e Metamorfose: Antropologia das Sociedades Complexas*. 3ª ed. Rio de Janeiro: J. Zahar, 2003.

WACHOWICZ, Ruy Christovam. *História do Paraná*. 6ª ed. amp. Curitiba: Vicentina, 1988.

WAGLEY, Charles. *An introduction to Brazil*. New York: Columbia University Press, 1963.

WEINSTEIN, Barbara. "Warren Dean". *The American Historical Review*. nº 3, vol. 101, jun. 1996, p. 951-952.

WESTPHALEN, Cecília Maria; MACHADO, Brasil Pinheiro; BALHANA, Altiva Pilatti, "Nota prévia ao estudo da ocupação da terra no Paraná moderno". *Boletim da Universidade Federal do Paraná*, Curitiba, nº 7, 1968, p. 1-52.

WOORTMANN, Ellen F. "*Ein gutes land*: uma categoria do imaginário teuto-brasileiro". In: ______ (org.). *Significados da terra*. Brasília: Editora Universidade de Brasília, 2004, p. 23-68.

WOORTMANN, Klaas. "'Com parente não se neguceia': O campesinato como ordem moral". *Anuário Antropológico*, 1987 p. 11-73.

WORSTER, Donald. "Para fazer história ambiental". *Estudos Históricos*, Rio de Janeiro, nº 8, vol. 4, 1991, p. 198-215.

______. "Transformações da terra: para uma perspectiva agroecológica na história". *Ambiente & Sociedade*, nº 2, vol. 5, 2003, p. 23-44.

ZARTH, Paulo Afonso. "História Regional/História Global: uma história social da agricultura no Noroeste do Rio Grande do Sul (Brasil)". *História: debates e tendências*, Passo Fundo. nº 1, vol. 1, jun. 1999, p. 109-128.

ZARTH, Paulo Afonso. *Do Arcaico ao Moderno: o Rio Grande do Sul agrário do século XIX*. Ijuí: Editora UNIJUÍ, 2002.

Processos citados

Processo nº 100 de 1955. Ação de Reintegração. Requerente: Antonio Pereira da Silva e outros. Requerido: Erwino Hupers. Arquivo da Primeira Vara Civil da Comarca de Campo Mourão.

Processo nº 1009 de 1962. Ação de Interdito Proibitório. Requerente: João da Costa Faro Wircker e sua esposa e outros. Requerido: Flauzino Dias Paião e outros. Arquivo da Biblioteca da Universidade Estadual do Paraná – Unespar – Campus de Campo Mourão.

Processo nº 103 de 1951. Reintegração de Posse. Requerente: Alonso Carvalho Braga. Requerido: Joaquim Carvalho da Costa e outros. Arquivo da Primeira Vara Civil da Comarca de Campo Mourão.

Processo nº 11 de 1960. Interpelação Judicial. Requerente: Indústria e C. Prado & Cia Ltda. Requerido: Belin Carollo. Arquivo da Primeira Vara Civil da Comarca de Campo Mourão.

Processo nº 118 de 1960. Ação Reivindicatória. Requerente: Abílio Paes Carneiro. Requerido: Manoel Fernandes Moreira. Arquivo da Primeira Vara Civil da Comarca de Campo Mourão.

Processo nº 14 de 1959. Ação Reivindicatória. Requerente: Belin Carollo e sua mulher. Requerido: Maria Michalezeszen. Arquivo da Primeira Vara Civil da Comarca de Campo Mourão.

Processo nº 140 de 1957. Ação de Reintegração de Posse. Requerente: espólio de Francisco Ferreira Albuquerque. Requerido: José Pedroso Bueno e outros. Arquivo da Primeira Vara Civil da Comarca de Campo Mourão.

Processo nº 17 de 1958. Reintegração de Posse. Requerente: Fernando Peressim. Requerido: Ismael Pereira e Aurélio Benedini. Arquivo da Primeira Vara Civil da Comarca de Campo Mourão.

Processo nº 18 de 1956. Ação cominatória. Requerente: Irmãos Nascimento. Requerido: Miguel Skalki. Arquivo da Primeira Vara Civil da Comarca de Campo Mourão.

Processo nº 19 de 1956. Ação Cominatória. Requerente: Irmãos Nascimento. Requerido: Felisbina Matheus Mendes. Arquivo da Primeira Vara Civil da Comarca de Campo Mourão.

Processo nº 23 de 1951. Interdito Proibitório. Requerente: Lydio Slaviero e outros. Requerido: Mario Cyrino. Arquivo da Primeira Vara Civil da Comarca de Campo Mourão.

Processo nº 24 de 1951. Ação de Manutenção de Posse "initio-litis". Requerente: Benjamim C. Teixeira e sua mulher. Requerido: Pedro Viriato de Souza Neto e outros. Arquivo da Primeira Vara Civil da Comarca de Campo Mourão.

Processo nº 242 de 1959. Ação Reivindicatória. Requerente: Belin Carollo. Requerido: Espólio de José Michalezeszen. Arquivo da Primeira Vara Civil da Comarca de Campo Mourão.

Processo nº 28 de 1959. Ação Reivindicatória. Requerente: Juvenal Gaspar da Silva e sua mulher e outros. Requerido: Said Chaar e Francisco Pedroso. Arquivo da Primeira Vara Civil da Comarca de Campo Mourão.

Processo nº 304 de 1964. Imissão de Posse. Requerente: Juvenal Pedrosa da Silva. Requerido: Renato Celestino dos Santos. Arquivo da Primeira Vara Civil da Comarca de Campo Mourão.

Processo nº 31 de 1951. Reintegração de Posse. Requerente: José Nunes Rato e outros. Requerido: Pedro Sardinha. Arquivo da Primeira Vara Civil da Comarca de Campo Mourão.

Processo nº 314 de 1960. Ação de Reintegração de Posse. Requerente: Lino Sacchetim. Requerido: José Francisco dos Santos e outros. Arquivo da Primeira Vara Civil da Comarca de Campo Mourão.

Processo nº 58 de 1961. Ação Reivindicatória. Requerente: Francisco Vicente. Requerido: Manoel Saraiva. Arquivo da Primeira Vara Civil da Comarca de Campo Mourão.

Processo nº 590 de 1962. Ação de Reintegração de Posse. Requerente: Bráulio Marques da Silva e sua mulher. Requerido: Nicolau Susienka. Arquivo da Biblioteca da Universidade Estadual do Paraná – Unespar – Campus de Campo Mourão.

Processo nº 644 de 1962. Ação Declaratória de Nulidade Contratual. Requerente: Alicio Vitório. Requerido: Casimiro Biaico. Arquivo da Primeira Vara Civil da Comarca de Campo Mourão.

Processo nº 69 de 1957. Ação Reivindicatória. Requerente: Kanane Eda e sua mulher. Requerido: Abílio Ribeiro de Mello e sua mulher. Arquivo da Primeira Vara Civil da Comarca de Campo Mourão.

Processo nº 691 de 1963. Ação de Reintegração. Requerente: Carlos Caetano de Gouveia. Requerido: Joaquim Nogueira. Arquivo da Biblioteca da Universidade Estadual do Paraná – Unespar – Campus de Campo Mourão.

Alameda nas redes sociais:
Site: www.alamedaeditorial.com.br
Facebook.com/alamedaeditorial/
Twitter.com/editoraalameda
Instagram.com/editora_alameda/

Esta obra foi impressa em São Paulo na primavera de 2017. No texto foi utilizada a fonte Minion Pro em corpo 10,5 e entrelinha de 12,6 pontos.